聚合共振 心心向「融」

——上海区级融媒体中心建设发展研究报告（2019—2023）

本书编写组 ◎ 编著

复旦大学出版社

指导单位	中共上海市委宣传部	
编写单位	上海大学	东方网
参编单位	浦东新区融媒体中心	黄浦区融媒体中心
	静安区融媒体中心	徐汇区融媒体中心
	长宁区融媒体中心	普陀区融媒体中心
	虹口区融媒体中心	杨浦区融媒体中心
	宝山区融媒体中心	闵行区融媒体中心
	嘉定区融媒体中心	金山区融媒体中心
	松江区融媒体中心	青浦区融媒体中心
	奉贤区融媒体中心	崇明区融媒体中心
智库单位	上海大学新闻传播学院	
支持单位	上海东方怡动信息技术有限公司	

序
PREFACE

　　县级融媒体中心建设是新时代治国理政的新举措,是强化新闻舆论阵地、提升社会治理水平、加大风险防范力度的有效方法。2018 年 8 月 21 日,习近平总书记在全国宣传思想工作会议上强调:"要扎实抓好县级融媒体中心建设,更好引导群众、服务群众。"同年 9 月 20 日,中宣部作出部署,要求 2020 年年底基本实现县级融媒体中心的全国覆盖。

　　按照中央有关决策并结合上海实际,上海市委宣传部于 2019 年联合七家单位制定印发了《上海市关于加强区级融媒体中心建设的实施方案》,并在当年分两批完成 16 个区级融媒体中心的挂牌工作。挂牌后,16 个区级融媒体中心积极践行人民城市的理念,结合区域优势,强化特色亮点,聚焦各区的中心工作,打通媒体融合、基层宣传和服务群众的"最后一公里",开展了丰富多彩、生动活泼、有力有效的新闻宣传、舆论引导和综合服务。

　　五年来,随着媒体深度融合的快速推进,上海区级融媒体中心的建设发展逐步完成了从"相加"到"相融"的深度转型,逐渐发展为全方位、立体化、共融共同共治的全媒体传播生态体系,基本上实现了从区级媒体到区域媒体再到区域生态媒体的深刻变革。在此过程中,各区级融媒体中心坚持移动为先、技术引领,坚持用户需求、内容创新、导向管理、传播效果并举,以"新闻＋政务服务商务"功能叠加区域特色的发展模式日臻完善。上海区级融媒体中心已基本建成功能完善、流程合理、运作高效的基层全媒体传播体系,并在"新闻＋政务服务商务"领域作出了一系列积极有益的创新探索,逐步建成各区主流舆论阵地、综合服务平台以及社区信息枢纽。

为了更好地满足各区级融媒体中心健康、可持续发展,上海市委宣传部制定出台了一系列管理与保障措施,包括搭建常态化互通联动机制、做好新闻阅评工作、协调东方网创新打造区级融媒体中心统一技术平台、定期发布《"融媒上海"月度运营报告》等,为各区融媒体产品的迭代升级、运营创新及智能算法提供了有力支撑,促进各区级融媒体中心内部效能提升。同时,在区级融媒体中心从业人员的职称评定、新闻评奖制度化建设等方面持续发力,不断激发新闻工作者的创造力、创新力,进一步增强他们的工作主动性、积极性,鼓励持续打造融媒体精品力作。

为了全面梳理上海区级融媒体中心建设发展五年来的重要成果,上海市委宣传部牵头编制了这本《聚合共振　心心向"融"——上海区级融媒体中心建设发展研究报告(2019—2023)》,以期在顶层设计的框架下,推动上海区级融媒体中心建设行稳致远,进一步丰富、完善上海全媒体传播体系,为全力推进主流媒体系统性变革奠定坚实的基础。从2023年3月起,本书编委会和编写组先后走进16个区级融媒体中心,重点围绕机构运作、人才建设、内容生产、媒体运营开展调查研究,梳理总结媒体深度融合、基层社会治理、市场化运作等方面的先进经验和典型案例,历经9轮修订、多轮素材征集和意见征询,积累了近百万字的调研资料,后又经过集体编写、专家论证等多个环节,最终形成"4篇、24章、超20万字"的体例架构,全景式地呈现上海区级融媒体中心建设的现状,总结提炼区级融媒体中心建设的"上海经验",以期得到国内外学界、业界同仁的指导。

未来,上海各区级融媒体中心将继续坚守"为党立言、为人民发声"的不变初心,砥砺"犯其至难、图其至远"的坚定决心,锻造"专业专注、追求卓越"的极致匠心,汇聚"上下同欲、众志成城"的强大人心,坚持问题导向、需求导向,坚决破除和改进不利于创新发展的体制机制、激励方式,坚持以科技创新引领媒体创新,不断创新生产传播机制,持续提升内容生产力、文化创新力、品牌影响力,为上海建设习近平文化思想最佳实践地展现新担当、作出新贡献。

本书编委会
2024年11月

目录
CONTENTS

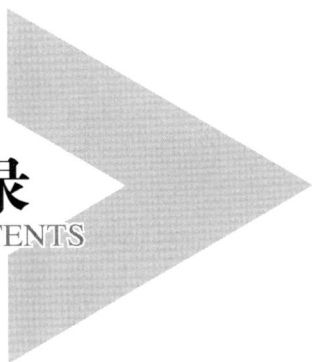

现 状 篇

经　验　篇

引言

在新一代信息技术及其各类媒体应用的推动下,信息传播方式、媒体格局、舆论生态都发生了深刻变化,传统舆论引导的垂直分级方式和既有的媒介分类方式、管理格局不断被打破,我们面临的舆论环境更加复杂,给基层舆论引导和社会治理带来了挑战。党的十八大以来,以习近平同志为核心的党中央深刻把握时代发展大势和信息化趋势,作出推动传统媒体和新兴媒体融合发展的重大决策部署。2018 年,中央提出建设县级融媒体中心这一战略工程,将其作为加强和改进基层宣传思想工作、巩固基层意识形态的重要抓手,作为推动基层媒体转型升级、建设全媒体传播体系的重要部分,并出台一系列建设方略。

各级党委坚决贯彻党中央决策部署,按照"先挂牌、后规范,先试点、后覆盖"的原则,推动县级融媒体中心建设取得全面进展。各地县级融媒体中心按照"主力军挺进主战场、守好主阵地、打好主动仗"的要求,加大力度推进优质资源向互联网和移动端倾斜,加快打造新型传播平台,实现信息内容、技术应用、平台终端、管理手段的共融互通,逐渐形成主流舆论引导能力、精品内容生产能力和传播能力、信息和服务聚合能力、先进技术引领能力、创新创造活力大幅提升的新型主流媒体格局,担负起巩固基层宣传思想文化阵地、壮大主流思想舆论的社会责任。全国范围内出现了一批具有强大传播力、引导力、影响力、公信力的新型县级主流媒体,它们坚持正确的舆论导向,以先进技术为支撑,以内容建设为根本,因地制宜地推进体制机制创新,在联系党和基层群众、及时传达党中央决策部署、传递群众心声、维护社会和谐稳定、提供公共文化服务等方面发挥了重要作用,打通了引导群众、服务群众的"最后一公里",有力提升了舆论引导和社会服务的一体化效能,成为我们党执政体系中离互联网最近、离大数据最近、离人民群众最近的一支骨干力量。

与中央、省和市级媒体相比,"船小好调头"是县级媒体融合的优势,它是全媒体传播体系中非常重要的一环。我国县级融媒体中心建设的普遍做法是:将县广播电视台、县政府举办的网站、内部报刊、客户端、微信、微博等县域公共媒体资源整合起来融合发展。经过五年建设,我国县级行政单位已经基本上完成了媒体资源整合和机构建设,建成了2 500多家县级融媒体中心。随着政策的推进和媒体融合发展的程度不断加深,加之各地经济社会和媒体发展基础不均衡,不同地区的县级融媒体中心在技术平台搭建、内容生产、媒体运营、统筹协同机制等方面不尽相同,也形成了不同的发展模式,需要通过经验总结和案例研究,相互借鉴、相互促进,推动我国县级融媒体中心更好地发展。

2019年,上海市16个区级融媒体中心分两批成立,经过五年的建设,以区级为节点、全市联动的基层主流舆论阵地成效显著,全媒体传播体系不断完善。各区级融媒体中心贯彻落实党中央的统一部署,主动探索媒体融合生产及突破路径,充分发挥"新闻＋政务服务商务"功能定位,围绕统筹推进经济社会发展开展了一系列卓有成效的探索创新。在各类重大时间节点、各类重大主题报道中,强化内容导向管理,严格把握宣传重点,开展多种形式的新闻宣传、舆论引导,取得良好的社会效果。在基层治理实践中,各区级融媒体中心深入践行人民城市理念,通过综合服务创新,不断探索媒体参与超大城市社会治理的路径,为加快建设具有世界影响力的社会主义现代化国际大都市奠定了坚实基础。

一、主流舆论引导从主干到支系的全盘激活

党的十八大以来,以习近平同志为核心的党中央多次作出推动传统媒体和新兴媒体融合发展的战略部署。2014年8月,中央全面深化改革领导小组第四次会议审议通过了《关于推动传统媒体和新兴媒体融合发展的指导意见》,提出要"着力打造一批形态多样、手段先进、具有竞争力的新型主流媒体,建成几家拥有强大实力和传播力、公信力、影响力的新型媒体集团,形成立体多样、融合发展的现代传播体系",央媒和各省级主要媒体的媒体融合工作持

续推向纵深,主流媒体的传播力、引导力、影响力和公信力显著提升。2018年8月,习近平总书记在全国宣传思想工作会议上指出:"要扎实抓好县级融媒体中心建设,更好引导群众、服务群众",从国家战略层面提出了县级融媒体建设的根本要求和发展方向。它意味着推进媒体融合工作的重点从省以上媒体延伸到基层媒体、从主干媒体拓展到支系媒体,而支系媒体的改革也将促进主流舆论引导格局和全媒体传播体系的全盘激活。

党的十九届四中全会审议通过了《中共中央关于坚持和完善中国特色社会主义制度、推进国家治理体系和治理能力现代化若干重大问题的决定》,提出"建立以内容建设为根本、先进技术为支撑、创新管理为保障的全媒体传播体系",它要求按照资源集约、结构合理、差异发展、协同高效的原则,完善中央媒体、省级媒体、市级媒体和县级融媒体中心四级融合发展的布局。习近平总书记指出:"在我们党的组织结构和国家政权结构中,县一级处在承上启下的关键环节,是发展经济、保障民生、维护稳定的重要基础。"[①]县级融媒体中心建设有利于实现主流舆论引导从主干到支系的全盘激活,是新时代治国理政的重大举措,是加强和改进基层宣传思想工作、推动县级媒体转型升级的战略工程,是强化新闻舆论阵地、提升社会治理水平、加大风险防范力度的有效方法。它对于将基层媒体资源整合为鲜活生动的新闻"富矿",实现全媒体传播体系从主干到支系的全盘激活具有关键影响。县级融媒体中心肩负着打通连接群众的"最后一公里"、丰富并完善社会治理功能、不断凝聚社会共识的使命。从"引导群众、服务群众"的目标着眼,县级融媒体中心建设促使社会治理平台的整体体系建构进一步下沉,提升了媒体在基层组织的社会动员和组织能力,促使整个全媒体传播体系在参与国家治理和舆论环境构建时,实现由传媒化管理型协同向传媒化治理型协同的范式转变,从而有效地引导舆论场,优化传播环境。为此,媒体融合需要实现从中央级融媒体平台至县级融媒体中心的广泛连接和功能升级,搭建主流媒体自主可控的新型互联网传播平台体系,在完善中央媒体、省级媒体、市级媒体和县级融媒体中心四级融合发展布局中发挥积极作用。

---

① 《习近平同中央党校县委书记研修班学员座谈》(2015年1月13日),人民网,http://cpc.people.com.cn/n/2015/0113/c64036-26372379.html,最后浏览日期:2024年11月8日。

上海区级融媒体中心建设的重要目标之一,就是加强和改进基层宣传思想工作,将其作为群众思想政治工作的重要平台,把基层百姓的所需所盼与党委政府的积极作为对接起来,把服务延伸到基层、问题解决在基层,切实推动基层宣传思想文化工作。提高基层党委政府的用网治网水平,强化基层治理,巩固思想共识,稳定基层社会,安定民心,夯实超大城市现代化治理基础。在上海市委的统一部署下,区级融媒体中心建设注重依靠主流新媒体构筑技术基座,建设强有力的市级统一技术平台(以下简称"上海平台"),形成"1+16"模式。通过对接上海平台,各区级融媒体中心整合区域媒体资源和生产要素,重构采编和管理流程,以"租户"方式在上海平台"拎包入住"。这种模式的突出优势在于从源头上避免了重复建设,实现了"全媒调度、全网传输、全域覆盖",不仅使各区级融媒体中心平台实现快速上线、快速迭代,以垂直管理渠道保证了各区中心的平台安全、内容安全和数据安全,更解决了全媒体传播体系建设的流程障碍和技术壁垒,基层主流舆论阵地建设的效能大大增强,进一步强化了各区级融媒体中心的传播力、引导力。

二、新时代治国理政的新平台

上海的区级融媒体中心建设并不是简单地推动基层媒体的融合发展,也不是单一的宣传手段转型升级,而是在新的技术和媒介环境下坚持以治理逻辑和互联网逻辑建设现代传播体系的理念创新和实践创新。其中,治理逻辑是指将县级融媒体中心作为治国理政的重要平台,以服务创新、数据治理、资源汇聚等优势,解决基层治理和舆论宣传毛细血管堵塞的问题;互联网逻辑则是在媒介变革的大背景下,在平台型媒体、生态型媒体、商业媒体逐渐成为信息传播的主要渠道的态势下,形成以主流媒体自主可控的新型互联网传播平台为核心的现代传播体系,牢牢把握网络舆论的主导权。两个逻辑不仅是叠加效应,更是一种化学反应,将大大推动主流舆论阵地建设和社会治理水平的发展。

作为超大城市,上海的区级融媒体中心建设具有典型特征。一方面,上海的社会治理结构顺畅有序,少了一些中间层级,区级融媒体中心在数据打通、市场化运作、资源整合等方面具有独特优势;另一方面,区级融媒体中心也面临央媒、市媒的垂直"压力"和各类政务服务平台的平行"竞争",在信息内容、人才资源、特色化发展等方面面临更大的竞争压力。在这种背景下,各区级融媒体中心坚持作为治国理政新平台的定位,不断创新发展模式,增强自身实力,在建设主流舆论阵地、打造基层信息枢纽、服务群众方面作出了诸多探索。

(一)建成主流舆论阵地,维护意识形态安全

习近平总书记指出:"当前,我国国家安全内涵和外延比历史上任何时候都要丰富,时空领域比历史上任何时候都要宽广,内外因素比历史上任何时候都要复杂。"[①]安全问题延伸到社会、政治、经济、文化、生物等领域,安全事务不再局限于传统领域,网络意识形态安全是总体国家安全观的重要组成部分。在互联网时代,我们面临的是更加开放、多元、复杂的舆论场,风险与挑战更为严峻,不仅要适应新的舆论环境、媒体格局和用户习惯,还要掌握意识形态话语权并赢得优势,防范意识形态渗透风险。习近平总书记指出:"我们党过不了互联网这一关,就过不了长期执政这一关"[②];"互联网已经成为舆论斗争的主战场。在这个战场上,我们能否顶得住、打得赢,直接关系我国意识形态安全和政权安全"。[③]

上海市各级党委政府充分认识到,作为连接群众的"最后一公里",区级融媒体中心是将党的声音传递到群众、坚守舆论主阵地、保障意识形态安全的重要基础,是坚持正确政治方向、舆论导向、价值取向和防范化解重大风险的重要防线之一。上海各区级融媒体中心始终坚持实事求是、因地制宜的原则,坚持问题导向和效果导向,经过五年建设发展,逐渐打造成为提供本地化信息和周到贴心服务的重要平台,在社会治理、疫情防控、经济建设等多方面发挥了重要作用,第一时间将矛盾解决在最基层,掌握舆论场的主动权和主导权,维护社会稳定和意识形态安全。上海区级融媒体中心已经成为主流媒体方阵中的重要方面军,它们及时有效地宣传党的政策主张,反映群众的意愿呼声,传播

---

① 《中央国家安全委员会第一次会议召开 习近平发表重要讲话》(2014 年 4 月 15 日),中国政府网,https://www.gov.cn/govweb/xinwen/2014-04/15/content_2659641.htm,最后浏览日期:2024 年 11 月 8 日。

② 中央网信办理论学习中心组:《深入贯彻习近平总书记网络强国战略思想 扎实推进网络安全和信息化工作》,《求是》2017 年第 18 期。

③ 《吹响媒体融合集结号,总书记这些话掷地有声!》(2019 年 2 月 19 日),求是网,www.qstheory.cn/zhuangqu/2019-02/19/c_1124132807.htm,最后浏览日期:2025 年 5 月 26 日。

社会主流价值,广泛凝聚社会共识,成为推动社会经济文化发展的重要力量。

(二)建成基层信息枢纽,推动基层社会治理

县级融媒体中心是党的政策上传下达的重要通道,是党和政府联系人民群众的重要窗口、重要纽带。党的政令法规通过县级融媒体中心在基层干部群众中传达,基层群众的声音通过网络问政和互动服务汇集反映。县级融媒体中心建设通过"指尖上的政务服务中心"打造地方党委政府和人民群众之间的沟通桥梁,也是基层社会治理的重要手段。

上海各区级融媒体中心以"新闻+政务服务商务"为引领,以"打通群众参与社会治理渠道"的总体思路来建设客户端,为群众参与基层社会治理创造了切实可行的条件。第一,打造开放、互动、协商式的新型治理模式。例如,在新冠肺炎疫情期间,上海市统一开发了"意见建议征集平台",为各区解决群众的急难愁盼问题提供了平台渠道。部分区级融媒体中心与12345市民热线实现数据联通和闭环管理,形成常态化基层社会沟通和治理新模式,将市民需求和各类问题解决在前端,提升了基层社会的治理效率,成为聚焦需求、受群众欢迎的重要服务功能。第二,注重将地方政务、民生、商务等数据进行整合、存储,引导有条件的区级融媒体中心积极参与智慧城市建设,基于大数据运营提供区域智慧城市解决方案。有的区级融媒体中心接入智慧城管、智慧市政、智慧停车、食品药品电子化监管平台、综合救助平台等智慧应用系统平台,将信息采集、加工、发布流程和实时反馈机制融入基层治理。第三,上海各区级融媒体中心注重全媒体传播体系建设,普遍建成面向不同街镇、社区等提供全方位、定制化信息的重要基层信息枢纽,以适应群众信息需求日益细分的趋势。各区级融媒体中心利用微信、微博、客户端等各种传播平台,通过开设专栏、视频号,培育社区达人等形式,为辖区内群众提供针对性的信息和服务。同时,还注重打通线上线下交流渠道,通过"意见建议征集平台""问政专栏"等渠道搭建与群众沟通联络的纽带,既促进基层建设,又争取到更多用户的参与,增强了用户黏性,为区级融媒体中心参与基层社会治理作出有益探索。

(三)建成综合服务平台,服务群众、引导群众

2018年8月,习近平总书记在全国宣传思想工作会议上指出:"要扎实抓

好县级融媒体中心建设，更好地引导群众、服务群众。"从国家战略层面对县级融媒体中心建设提出了发展要求，指明了发展方向。随着新技术推动下媒介社会一体化发展进程的加速，媒体在推进国家治理体系现代化建设中发挥的作用愈发重要，既是社会治理的重要主体，也是公众参与社会治理的重要平台。深入推进县级融媒体中心建设，能够有效地拓宽区域社会中的市民群众、社会组织、公司企业等多元主体参与政治生活的沟通互动渠道，拓展政民之间的对话空间，可以有效地激发社会治理主体的创新活力，将有力助推政府与社会的良性互动，构建协商共治的新格局。

依托社会资源优势，上海逐步将区级融媒体中心建成"新闻＋政务服务商务"的综合平台，把区域内的居民最大限度地纳入服务范围。同时，各区级融媒体中心与智慧政务密切结合，充分整合党政部门的信息资源，对接党政部门技术平台，打破信息壁垒、数据壁垒，直接面向群众开展政务信息服务，打造"指尖上的政务服务中心"。在服务群众方面，各区级融媒体中心改变单向信息发布的做法，接入 12345 数据端口，集成信息资源，在客户端、微信公众号等渠道上线功能入口，提供问政、求学、求助、监督等方面的服务，更好地倾听群众声音，为群众开通问题投诉、建言献策的渠道，及时跟进党政部门反馈的情况，推动民生热点难点问题解决，在地方党委政府和人民群众之间架设沟通的桥梁。在丰富各类功能的同时，各中心建设还与智慧城市建设结合起来，积极承建、参与智慧城市建设，例如，甘泉路街道分中心将微信公众号改版升级为街道融媒体平台，聚焦"一老一小"两个服务群体，实现"一站直达式"政务服务，通过"一机在手，点单配送，专业服务送到家"的模式，为社区居民构建一个便捷安心的云居甘泉社区。"徐汇通"APP 作为中心的综合服务平台，对接徐汇区大数据中心"汇治理""邻里汇"平台，提供覆盖 187 项受理事项、12 个部门的在线综合服务，包括在线预约、线上取号、办件查询等功能，实现了"一端在手、生活无忧"。各区级融媒体中心通过及时提供群众需要的服务，为更好地集聚用户、扩大影响提供了保障，成为上海进行城市数字化转型的重要力量。

随着社会治理生态日趋多元，新技术发展也使传播环境发生变化，区级融媒体中心在参与基层社会治理时，更须注意防范"治理媒介化"认知失准、协同功能失效等问题。对此，上海市在区级融媒体中心建设上，重视基层政府与群众之间的良性互动,引导群众积极参与基层社会治理,发挥群众的主观能动性,使区级融媒体中心更好地表达群众的意见建议,维护了自身的权威性、公共性和公正性。

三、政策引领下的区级融媒体中心多元融合发展

面对互联网时代传播格局和舆论生态的变革,上海市各级党委政府充分认识到区级融媒体中心建设的重要意义,坚持政策引领,做好顶层设计,坚持因地制宜、因时制宜,实行差异化发展,以问题和效果导向推进体制机制、流程管理等全方位创新,统筹推动市级平台和区级融媒体中心建设。

(一) 以理念创新、流程创新、传播创新壮大主流舆论的声音

2013 年 8 月,习近平总书记在全国宣传思想工作会议上指出:"很多人特别是年轻人基本上不看主流媒体,大部分信息都从网上获取。必须正视这个事实,加大力量投入,尽快掌握这个舆论战场上的主动权,不能被边缘化了,要解决好'本领恐慌'问题,真正成为运用现代传媒新手段新方法的行家里手"。为了解决主流媒体的传播路径问题,党和政府提出媒体融合的战略部署,各级主流媒体纷纷推出"移动为先"的发展策略,争夺舆论场中的主动权和主导权。

随着媒介融合走向"深水区",县级融媒体中心在巩固基层宣传思想文化阵地、壮大主流思想舆论中的责任和地位更加凸显,建设县级融媒体中心是中央面对媒体融合进程不断走向深入的系统性思考和顶层设计。2018 年 9 月,中宣部在浙江省湖州市长兴县召开县级融媒体中心建设现场推进会,提出"2020 年年底基本实现县级融媒体中心在全国的全覆盖",确定了县级融媒体中心建设的具体目标和总体要求。2018 年 11 月召开的中央全面深化改革委员会第五次会议审议通过了《关于加强县级融媒体中心建设的意见》,提出"组建县级融媒体中心,有利于整合县级媒体资源、巩固壮大主流思想舆论……不断提高县级媒体传播力、引导力、影响力",指明了县级融媒体中心建设的基本思路。2019 年 1 月,中宣部和国家广播电视总局联合发布了《县级融媒体中心建设规范》《县级融媒体中心省级技术平台规范要求》,进一步明确了县级融媒体发展的总体架构、功能要求、基础设施配套要求、关键技术指标及验收要求,

为县级融媒体中心规定了操作指南和建设规范。党的十九届五中全会通过的《中共中央关于制定国民经济和社会发展第十四个五年规划和二○三五年远景目标的建议》提出,"推进媒体深度融合,实施全媒体传播工程,做强新型主流媒体,建强用好县级融媒体中心"。2020年9月,中共中央办公厅、国务院办公厅印发《关于加快推进媒体深度融合发展的意见》,明确了媒体深度融合发展的总体要求,提出完善中央媒体、省级媒体、市级媒体和县级融媒体中心四级融合发展的布局。至此,建设县级融媒体中心的体制机制基本完善,技术路径也初步打通。

解决了路径问题,主流媒体便要面对传播内容是否为群众所选择、是否能够"入心入脑"的更深层次问题。面对多种媒体、多种内容、多种形态、多种形式的挑战,上海区级融媒体中心建设遵循网络传播规律和舆论生态发展变化的规律,提升新闻报道、舆论引导和社会服务水平,努力实现区级融媒中心发展的理念创新、流程创新和传播创新,通过"四全媒体"建设解决传播力、影响力缺失的问题。

2019年1月,习近平总书记在人民日报社就全媒体时代和媒体融合发展举行第十二次集体学习时指出:"全媒体不断发展,出现了全程媒体、全息媒体、全员媒体、全效媒体,信息无处不在、无所不及、无人不用,导致舆论生态、媒体格局、传播方式发生深刻变化,新闻舆论工作面临新的挑战。""四全媒体"是对未来媒体发展在时空、技术、社会、生态四个维度上的阐释,也为上海市区级融媒体中心建设指明了方向。上海各区级融媒体中心坚持以全时空要素满足基层群众的个性化需求,通过多种传播形态、传播渠道、传播平台进行融合型、多层次、全方位的信息生产、传播;充分利用物联网、大数据、人工智能等技术,创新内容表达语态、形式,进一步提升区级融媒体在信息内容上的多维传播效果;立足微信、微博、客户端等平台,采用移动优先战略增强传播的互动性和社交性,吸引群众的广泛参与;充分利用虚拟现实(virtual reality,VR)、非同质化权益(non-fungible rights)、元宇宙、数字人等载体,全面集成"新闻＋政务服务商务"等功能,使群众获得更加全面、深刻的体验感。

(二) 以现代传播体系统领区级融媒体中心建设

自党中央作出推动媒体融合发展的重大决策部署以来,全媒体传播体系作为党的新闻舆论工作应对信息技术变革进行的本土化探索与实践,受到高度重视。《关于推动传统媒体和新兴媒体融合发展的指导意见》明确提出:"着力打造一批形态多样、手段先进、具有竞争力的新型主流媒体,建成几家拥有强大实力和传播力、公信力、影响力的新型媒体集团,形成立体多样、融合发展的现代传播体系。"《国民经济和社会发展第十三个五年规划纲要》提出:"建设'内容＋平台＋终端'的新型传播体系。"党的十九届四中全会审议通过了《中共中央关于坚持和完善中国特色社会主义制度、推进国家治理体系和治理能力现代化若干重大问题的决定》,提出"建立以内容建设为根本、先进技术为支撑、创新管理为保障的全媒体传播体系"。全媒体传播体系成为指导中国媒体融合发展的新行动指南。党的二十大报告进一步提出:"加强全媒体传播体系建设,塑造主流舆论新格局",充分体现了以习近平同志为核心的党中央对新闻舆论工作的高度重视和科学部署。

从党的十八大到二十大,从"现代传播体系"到"全媒体传播格局"再到"全媒体传播体系",是我们党对媒体融合发展规律的认识不断深化的过程,也是媒体融合实践不断向纵深推进的过程。在全媒体传播体系"以内容建设为根本、先进技术为支撑、创新管理为保障,构建网上网下一体、内宣外宣联动的主流舆论格局"的建设过程中,亟须紧扣县级融媒体中心的基层属性。上海各区级融媒体中心注重贴近群众,满足人民群众的信息和服务需求,以强化自身的基层属性扩大主流价值的影响力版图,让党的声音传得更开、传得更广、传得更深入。各区级融媒体中心"普遍实现渠道下沉和资源整合,聚集起海量用户并建立用户黏性,形成全媒体传播体系"①建设所需的用户基础;依循"产品—平台—生态"的发展逻辑,通过丰富的融媒产品和多元化的传播平台,形成立体多样、融合发展的传播生态,推动全媒体传播体系形成由表及里、由点到面、由局部到整体的渐进式进程;通过融合灵活多变的资源整合和功能定位,反向推动"社区—街镇—区—市"的纵向价值流通体系建构,结合政务新媒体、拍客群、粉丝群、社区群和广大网民组成的横向价值流通新路径,最终推动媒体融合从各个媒体机构"各自为战"的初期探索,迈向建设全媒体传播体系所需的协同联动新架构。

---

① 冷松:《县级融媒体中心建设思路初探》,《卫星电视与宽带多媒体》2019年第16期。

（三）以体制性优势整合媒体和社会资源

郡县治，天下安。建设县级融媒体中心有助于进一步健全强化基层治理体系，打通毛细血管，使整个社会系统全身顺畅、良性运转。不能简单地将县级融媒体中心看作媒体，应当跳出媒体看融合，将其打造成新时代治国理政的新平台。近年来，上海区级融媒体中心构建起"互联网＋媒体＋智慧政务＋政府数据公开＋智慧城市运营"的新型媒体平台，利用自身制度优势获取优质资源，并将其转化为治国理政的新能力和新平台。① 平台架构下，上海各区级融媒体中心已普遍具备了良好的政治沟通、社会整合、民生服务、危机化解、文化黏合等功能，深度融入基层治理的能力，以着力打造基层主流舆论阵地的引导力、传播力、影响力，推动社会治理体系的现代化。

1. 聚焦群众需求，提升舆论引导能力

2018 年 9 月，中宣部在浙江省长兴县召开县级融媒体中心建设现场推进会，强调要把准功能定位，坚持分类指导，因地制宜地开展工作，努力把县级融媒体中心建成主流舆论阵地、综合服务平台和社区信息枢纽。做好基层舆论引导是县级融媒中心的核心使命，它需要创新报道理念和方法，实现媒体融合理念从认知层面到实际操作层面的下沉。县级融媒体中心建立的本地网络互动平台是基层党和政府听取民意的最短路径，舆论压力相对较低，但民生等领域诉求集中的反映，有利于将问题解决于萌芽状态，促进良政善治，以更高的效率打通与人民群众信息沟通的"最后一公里"。

对此，上海各区级融媒体中心推动内容生产策略由"自上而下"向"自下而上"转变，改变原来由上而下的内容生产模式，更加关注社会聚焦的民生热点、民生需求，从用户的角度出发创新话语体系，联动市媒、央媒等各类媒体资源，增强对区域民生热点的阐释引导，更加注重用户的感受和体验，增强用户黏性，发挥了良好的舆论引导作用。

2. 整合社会资源，提升社会服务能力

县级融媒体中心作为市民群众最广泛的接入端口、本地新闻报道和舆论引导的主要力量，承担着提供政务服务、社会公共服务等多重功能。随着居民生产生活、精神文化等各类需求日趋多元，"一个端口、多种功能集成"成为县

---

① 郭全中：《以生态化、社区化、服务化推进媒体转型升级》，《传媒评论》2020 年第 36 期。

级融媒体中心着力建设的方向。只有不断开发适应群众日常生活需求的服务功能,如政务服务、公共服务、电子商务、文化服务、娱乐服务、社交服务等,紧贴实际,满足基层群众对美好生活的向往和追求,才能有效地聚合黏性受众,满足舆论引导的流量需求。

在政务服务方面,上海各区级融媒体中心通过提供内容丰富、具有特色的服务,将客户端打造成为"指尖上的政务服务中心"。例如,虹口区融媒体中心不断扩大政务信息公开的范围,强调政务服务的精准性,推出"我要爆料""在线访谈"等栏目,在处理效果上提出要"有问必答、有求必应",设置专人处理问政信息,保证对接到负责部门;奉贤区融媒体中心与区"12345"公共服务平台联通,在"美谷奉贤"APP开设事务模块,提供用户问政入口,将居民诉求、反映问题同步到社会治理信息系统,分发各部门对口处理,以求精准匹配;闵行区融媒体中心注重问政服务的时效性,"今日闵行"区长直通车板块要求24小时内回复网民问题,建立了一套网信监测交办、部门限时答复、媒体监督报道的快速反馈机制。

在服务群众生活方面,上海各区级融媒体中心围绕区域群众日常需求挖掘服务资源,覆盖医疗、教育、就业、房产、文化、旅游等诸多领域。例如,抓住群众的需求痛点,静安区融媒体中心深入挖掘特色服务,在客户端接入红色场馆预约、医院预约挂号等功能,还结合区内白领办公场所聚集的特点,采用楼宇地推的方式,联合医院策划"上门为楼宇白领看病"活动,切中白领群体的身体健康痛点。闵行、杨浦等区级融媒体中心在客户端开通在线教育功能,缓解了疫情期间学生学习的压力,受到社会的一致好评。

各区级融媒体中心相对于市级融媒体而言,不仅具备一般媒体的属性与功能,而且还要具有多方位、多领域、多终端、多样化服务群众、服务社会的能力,具有更加贴近基层、更加贴近群众的天然优势,也更加清楚基层百姓的所需、所急、所盼、所要[①],通过发力建设新型的具有综合功能的媒体平台,正逐渐成为密切党同人民群众血肉联系的基础工程和民心工程。

3. 通过技术赋能推动主流媒体向基层下沉

大数据、人工智能等技术的迭代发展不断催生新的传媒价值,促使价值逻

---

① 方提、尹韵公:《区级融媒体中心建设的重要意义》,《光明日报》,2019年09月23日。

辑重构,不再单一地以生产者为中心,而是走向生产者与用户的内容价值共创,进一步推动数据驱动的更广泛的价值连接和跨行业的产业价值共创。因此,以新技术手段重构生产流程,重塑内容生态,并以自主可控的技术平台为驱动力量,建立与用户的精准连接以及与跨行业的资源整合,成为县级融媒体中心发展的必然路径。

上海各区级融媒体中心一方面着力打造以融合、垂直、沉浸、社交、场景等为特征的传播形态,推动内容生产和舆论引导向基层下沉,另一方面引入本地电子商务、在线教育、在线医疗、在线网络文化活动等,通过多种垂直应用的开发和各类便民惠民服务的聚合,盘活区域社会资源,方便群众线上处理个人事务。通过五年的建设,普遍构建起能够运用海量的用户数据、丰富的生活服务项目与有引导力的内容资讯,为各自区域百姓提供一站式综合服务的自主平台。各区级融媒体中心利用新媒体技术拓宽便民服务渠道,通过微信公众号、视频号、小程序、APP 等多种渠道,连接医疗、出行、预约等民生服务入口,实现智能传播、政务服务、政府数据公开、智慧城市建设等多重功能的有机融合。

按照这些功能层级建构的区级融媒体中心,已经不再是相对分散、功能单一的媒体机构,而是全媒体传播体系的有机组成部分。它依托党的执政优势,整合各类执政资源和社会资源,通过提供政务服务及其他公共服务等刚性需求,将辖区群众聚合在主流媒体自主可控的新媒体平台上,从而提升主流舆论的引导力,成为党和政府加强基层社会治理的有效抓手。

小结

上海作为超大城市,数字城市建设和社会治理实践均具有一定的引领性,以"主流舆论引导和基层社会治理新平台"为定位的区级融媒体中心,具有较好的行政资源、财政支持和市场基础,但中央媒体与市级媒体庞大的受众基础、政务新媒体平台的权威影响力等均给区级融媒体中心建设带来一定的竞争压力,如何实现创新发展,激活媒体融合这盘大棋,其实践经验具有重要的借鉴意义。

五年来,上海区级融媒体中心建设由主管部门主导驱动、统筹协调,通过一体化布局来整合资源,以体制改革、上下贯通和多元化运营为关键点,做强全媒体传播体系,形成了县级融媒体中心建设的"上海经验"。在市级层面,由上海市委宣传部作为主管领导部门主导统筹,不断完善人员编制、职称评定、内容评价等体制机制建设;推动市级统一技术平台建设,既实现了信息生产传播和政务服务的共通共融,又为形成多元化、立体化的全媒体传播体系提供了有效支撑。在区级层面,各区委对融媒体中心进行精心规划和资源配置,顺利推进相关机构调整与机制突破;各区级融媒体中心依托自身实际,积极开展"新闻+政务服务商务"实践探索,在主流舆论引导、服务群众、打造信息枢纽、推动或参与基层社会治理等方面形成了不同的发展路径和鲜明的发展特色。

　　本研究报告旨在通过对上海区级融媒体中心发展状况的全面分析和经验总结,从发展现状、平台建设、16个区级融媒体中心建设等层面,总结县级融媒体中心建设发展的"上海经验",以期在媒体深度融合的背景下,为全国县级融媒体中心建设发展提供有益经验。

现状篇

1

上海区级融媒体中心建设的概况

2019 年是上海区级融媒体中心建设的启动之年。2019 年 4 月 3 日,上海市委深化改革委员会通过了《上海市关于加强区级融媒体中心建设的实施方案》,确立了区级融媒体中心建设的方向和基本原则,为市级统一技术平台建设和各区级融媒体中心建设提供了政策、资金、工作机制和人员保障。同年 6 月 28 日和 9 月 16 日,上海分两批完成 16 个区级融媒体中心的挂牌。在快速发展阶段,上海区级融媒体中心在市委宣传部的统一领导下,坚持"一个平台、统筹推进",对标国家规范、紧贴上海实际,以体制机制创新为保障,以"新闻＋政务服务商务"为定位,深度融合区级广播电视、报刊、新媒体等资源,结合各区的区域特色等实际情况,推出了覆盖本地生活、教育、文化、交通等多方面的各类便民服务,形成分众传播、分类覆盖的良好格局,在做强主流舆论阵地、构建统一技术平台、基层社会治理和市场化运作等方面探索出融合发展的创新路径。

一、建设目标

上海市委对区级融媒体中心建设工作高度重视,始终深入贯彻落实党中央关于进一步加强和改进党的新闻舆论工作的决策部署,以及习近平总书记关于推动媒体融合向纵深发展和考察上海时的重要讲话精神,深入践行人民城市理念,以区级融媒体中心建设巩固拓展基层宣传文化阵地,夯实党的意识形态工作根基。根据中央有关要求,结合上海市实际,2019 年 4 月 3 日,上海市委深化改革委员会第二次会议审议通过了《上海市关于加强区级融媒体中心建设的实施方案》(以下简称《实施方案》),由市委宣传部等八家单位联合印发。

《实施方案》明确,由上海市委宣传部牵头,优先由具备互联网新媒体技术和资质、具备"新闻+政务+党务"能力的市互联网主流媒体单位,利用现有基础集中力量建好一个覆盖全市、互联互通的市级技术平台。依循中宣部等单位发布的《县级融媒体中心建设规范》《县级融媒体中心省级平台规范要求》等标准文件,坚持效果导向、因地制宜,统筹推进上海区级融媒体中心统一技术平台服务项目的建设工作。

《实施方案》明确了工作目标,将列入中宣部首批启动区(县)融媒体中心建设名单的黄浦区、徐汇区、长宁区、虹口区、杨浦区、嘉定区、金山区、松江区、青浦区、奉贤区 10 个区,于 2019 年 6 月底前基本完成机构整合并挂牌,推出客户端等新媒体产品;2019 年 9 月底前,浦东新区、静安区、普陀区、宝山区、闵行区、崇明区基本完成机构整合并挂牌,推出新媒体产品,实现区级融媒体中心在全市 16 个区的全覆盖。同时明确了具体任务,要在机构、内容、渠道、平台、人员、经营、管理等方面深度融合,促进基层宣传工作更好地服务各区党委和政府中心工作、更好地服务群众生产生活,提高区级媒体传播力、引导力、影响力,并逐步实现以下目标。

一是围绕中心,服务大局,建成基层主流舆论阵地,宣传好党中央决策部署,宣传好党的创新理论和社会主义核心价值观,宣传好市委、市政府中心工作和各区党委和政府工作安排,传播本区重要资讯,与中央和市级媒体形成有益补充。

二是建成综合服务平台,向基层干部群众提供政务服务、生活服务、社交传播、教育培训等综合服务,增强互动性,在各区党委、政府和人民群众之间架设沟通桥梁。

三是建成社区信息枢纽,面向人口聚集的街镇、村居及大型社区,提供精准实用的生活资讯,打通线上线下,开展社区交流。同时,积极发挥社会沟通中枢和组织动员作用,增强服务群众和社会等功能。

在区级融媒体中心建设方面,多数直辖市采取多元化的建设思路,即各区级融媒体中心分别与报业、广电、网站等进行合作建设,上海则选择了新的建设模式,即主管部门和新兴主流媒体共建。在顶层设计上,上海区级融媒体中心建设由主管部门主导驱动、一体化布局。在市级层面,由上海市委宣传部作为主管领导部门主导统筹;在区级层面,区级融媒体中心由各区委或区委宣传部直属,按照正处级单位配置。这种市级垂直统筹加区级横向直属的方式,有利于对区级融媒体中心进行统筹规划和统一部署,从源头上避免重复性建设,也便于区级政府进行相应的资源配置和措施落地,在较短时间内实现了"全媒调度、全网传输、全域覆盖",为上海区级融媒体中心建设赢得了宝贵的时间。在市级统一技术平台搭建上,经比对遴选,上海东方网股份有限公司(以下简称东方网)相较于其他单位和企业,更具有互联网技术开发以及媒体服务、党务服务、政务服务建设和维护运营能力。因此,最终方案以东方网先期投入平台建设,市委宣传部每年以购买服务的方式分期支付服务资金,这样可更好地保障平台的迭代升级和运营维护。这种方式与依托报业、广电或网站的方式有很大不同,它有利于后期可持续的资源投入和运维保障,也有利于支撑区级融媒体中心进行灵活多样的个性化业务拓展。

从建设实践来看,上海区级融媒体中心建设以"一级核心、二级配置、三级管理"的互动架构为主要建设目标。[①] 上海平台是一级核心,满足区级融媒体全业务需求;区级融媒体中心为二级配置,形成 2+16 个客户端:"2"是指两个对内开展协同工作和管理的客户端工具,即"融上海"管理客户端、"融采编"采编客户端;"16"是指 16 个区级融媒体中心对外向用户展现和提供服务的融媒体客户端;街镇、社区是三级管理,实现基层用户覆盖。经过五年的建设,上海区级融媒体中心的一二级架构已经建设完成,正在逐步向三级管理架构发展和完善。

二、建设原则

上海市委宣传部按照全媒体传播体系建设"以内容建设为根本、先进技术为支撑、创新管理为保障,构建网上网下一体、内宣外宣联动的主流舆论格局"的总体要求,紧扣区级融媒体中心的基层属性,确定了"坚持正确方向、坚持集

---

① 张克旭、赵士林、邓江:《国家战略的地方路径:区县融媒体中心建设的上海探索——基于上海 8 个区级融媒体中心的实地调研与问卷调查》,《新闻记者》2020 年第 38 期。

约发展、坚持移动优先、坚持'媒体＋'理念、坚持因地制宜"的工作原则,部署了"整合媒体机构、明确相关资质、设立采编中心、建设全媒体矩阵"的重点任务。具体工作原则如下所述。

坚持正确方向。一是坚持党管媒体原则,坚持政治家办报、办刊、办台、办新闻网站,坚持团结稳定鼓劲、正面宣传为主方针,坚持正确政治方向、舆论导向和价值取向,坚守社会责任,把社会效益放在首位;二是坚持管建同步、管建并举。各区委宣传部在市委宣传部和各区委领导下,加强对区级融媒体中心建设工作的指导和管理,全面落实"两个所有"(所有从事新闻信息服务、具有媒体属性和舆论动员功能的传播平台都要纳入管理范围;所有新闻信息服务和相关业务从业人员都要实行准入管理),规范新闻采编工作,确保区级融媒体中心建设沿着正确方向推进。

坚持集约发展。整合区内各类媒体资源、生产要素,统筹运用各类传播平台、信息技术,盘活资源、优化配置,激发活力、形成合力,提高综合利用效率。加强宏观调控,调整优化媒体布局,一般不再新增区级报纸、内部资料性出版物和广播电视台。

坚持移动优先。顺应传播技术的发展趋势,强化移动优先意识,实施移动优先战略,以创新移动新闻产品、运用移动传播技术为重点,推动形成渠道丰富、覆盖广泛、传播有效、可管可控的移动传播矩阵。

坚持"媒体＋"理念。坚持以人民为中心的工作导向,顺应群众多样化信息需求,做精做强媒体主业,探索"媒体＋新闻""媒体＋政务""媒体＋服务""媒体＋商务"等运行模式,从新闻宣传向公共服务领域拓展。

坚持因地制宜。区级融媒体中心建设遵循中央要求,结合上海市实际和各区的不同情况,实事求是、因地制宜。各区在现有工作的基础上,突出特色、发挥优势、改革创新、大胆探索,创造性地开展工作,走出区级融媒体中心建设发展的新路。

三、保障措施

根据《实施方案》的要求,上海区级融媒体中心建设在工作机制、政策、人才队伍等方面均得到了重点保障。

　　一是建立完善工作机制。上海市委宣传部会同市委网络安全和信息化委员会办公室、市委机构编制委员会办公室、市经济和信息化委员会、市财政局、市人力资源和社会保障局、市文化和旅游局(文化广播影视管理局)、市新闻工作者协会以及各区党委宣传部,建立联席会议制度,加强对区级融媒体中心建设的统筹指导。联席会议的日常工作由市委宣传部牵头负责,相关部门抽调人员参加。

　　二是加强政策保障。各级财政统筹利用相关资金渠道,依法合规地采取财政拨款、项目补助、资金引导、以奖代补、政府购买等多种形式,支持区级融媒体中心建设运营。市级财政安排的资金主要用于市级技术平台建设运维,各区财政安排的资金则用于支持各区级融媒体中心建设运营。《实施方案》还要求,在智慧城市建设中,将可以开放的数据、信息、服务等优先向区级融媒体中心开放。同时,合理确定区级融媒体中心人员力量,完善融媒体中心岗位设置管理工作,合理设置专业技术岗位,并进一步完善融媒体中心专业技术人员的职称评审政策,确保同岗同酬同待遇。

　　三是强化人才队伍建设。创新人才引进、激励政策,加大内容生产、技术开发、经营管理等高端人才引进的力度。上海市委宣传部会同网信、广电部门和新闻工作者协会,采取高级研修班等多种形式,分级分层地对区级融媒体中心人员进行培训,培养善用现代传播手段的全媒型人才,以此加强对融媒体中心人才队伍的培养。组织区级融媒体中心与市级媒体人员双向交流,鼓励市级媒体主动对接区级融媒体中心建设,推出更多市、区合作打造的新媒体项目。市委宣传部依托部校共建新闻学院工作机制,定期组织优秀的师生前往各区级融媒体中心开展新闻实践,提供智力支持,同时反哺大学生,增强他们的"四力"实践能力。

第二章

市级统一技术平台的建设与运营

　　为了更好地服务上海各区级融媒体中心的建设发展,提供功能架构、流程管理、数据分析等在技术层面的有力支撑,在上海市委宣传部的指导下,东方网搭建了上海区级融媒体中心统一技术平台。该平台按照中宣部、广电总局等发布的《县级融媒体中心建设规范》《县级融媒体中心省级技术平台规范要求》等行业文件高标准搭建,从开发建设、运行保障、升级迭代、运营服务、宣传协作等多个方面进行系统规划,形成全方位、立体化的功能模块,有效地推动各区级融媒体中心建设,助力各类产品、业务和服务的创新发展。上海区级融媒体中心统一技术平台的建设与逐步完善是形成统一技术支撑、个性内容创作生产、媒体融合、区域"新闻＋政务服务商务"运营方案的基础,与 16 个区级融媒体中心共同构成"上海经验"的整体架构。

一、市级统一技术平台的建设背景

　　上海市委宣传部认真贯彻落实《关于加强县级融媒体中心建设的意见》的有关要求,明确了市级统一技术平台建设的基本原则:一是坚持统筹建设,确保平台自主、安全、可控,能够为 16 个区级融媒体中心提供稳定可靠的技术支撑、运营维护和网络安全保障;二是坚持集约建设,最大限度地避免市、区两级财政在技术方面的重复投入,切实减轻基层负担;三是坚持规范建设,科学规范地核算投入成本,严格依法依规用好财政资金,切实提高资金的使用效益和透明度。按照《上海市关于加强区级融媒体中心建设的实施方案》的具体要求,在统一平台的业务支撑下,各区级融媒体中心负责内容生产、审核、分发,依托市级技术平台建设融媒体客户端,定制发布新闻信息,提供政务服务入口,接入个性化的区级特色服务。同时,与微博、微信等商业平台合作,开放接口,形成融合传播和创新服务的良好格局。

在平台建设的先期阶段,由市委宣传部、市委网信办牵头,充分调研、明确定位,走访调研了多个区级融媒体中心,形成可行性分析报告,确定以政府主导、社会参与的方式进行平台建设。委托第三方专业咨询机构进行项目采购,重点考察是否具备以下要素:一是有互联网新媒体技术和资质;二是有"新闻＋政务＋党务"能力的互联网主流媒体单位;三是能够提供持续稳定的运营维护、更新换代和安全保障;四是通过其承接的多个融媒体建设项目积累了优质的内容;五是具备充足的技术服务资源。经比对遴选,最终确定由东方网作为市级统一技术平台供应商,服务期6年,为16个区级融媒体中心提供技术、资源和运营服务。此外,还联合上海市级新闻单位的技术负责人和华为、阿里云等互联网平台厂商,组建融媒体技术咨询委员会,定期沟通、调研、分享,推进统一技术平台及时升级,保持平台活力。

在市委宣传部的统一领导下,联合市委网信办、东方网组建市级统一技术平台项目组,按照职能划分,架构了领导组、管理和咨询组、系统安全组、应用开发组、产品设计组、测试质量组、技术保障和运维运营组8个专职团队,与各区级融媒体中心技术部门协同沟通,做好技术保障工作。

市级统一技术平台依托云计算技术,采用私有云部署架构设计,具有更强的安全、可用、可扩展等特性,通过软件即服务(software as a service,SaaS)模式提供满足媒体融合业务发展快速迭代升级的各类服务,支持16个区级融媒体中心实现"拎包入住"。平台能够适配全市各区级融媒体中心的接入需求,并通过安全可靠的技术手段实现不同中心、不同用户、不同业务之间的数据隔离和安全管控,具备完善的安全保障能力和系统容灾能力。

市级统一技术平台提供包括基础资源、工具、服务、运营管理、宣传管理与媒体协作和安全保障等在内的全方位技术支持,并通过数据接口实现与其他互联网系统互联互通,支撑区级融媒体中心开展业务。在基础资源方面,提供计算、存储、内容分发网络(content delivery betwork,CDN)、通信、网络、安全、媒体处理、容灾备份等坚实可靠的基础设施服务;在业务功能方面,提供内容监管、通联协作、内容交换、培训指导等宣传管理和媒体协作功能,媒体、党建、政务、公共、增值和其他服务，以及快编、直播、排版、点播、运营等丰富的媒体工具。平台统一接入政务服务与应用，支持各区集中打造以"新闻＋政务服务商务"为主体的客户端，支持各区建设移动传播矩阵，实现平台赋能，增强区级融媒体中心服务能级的深度、广度、活跃度。2020 年 6 月，平台通过国家广电总局的测评，完全符合相关国标要求。

依据国家网络安全等级保护的相关标准，市级统一技术平台建立相应的网络安全保护技术体系，从整体安全、物理安全、网络安全、主机安全、应用安全、数据安全和动态监测等方面通盘分析，形成建设方案；从安全管理制度、安全管理机构、人员安全管理、系统建设管理、系统运维管理五个方面细化完善安全要求，强化管理水平；通过提供有效的安全服务，提升日常运维及应急处置风险的能力，并于 2019 年年底通过网络安全等级保护第三级测评。同时，平台严格落实区级融媒体中心网络安全规范、运行维护规范、监测监管规范的要求，按照层层授权管理模式，实现一体化集中管控，确保整个系统安全、稳定、可控（见表 2.1）。

表 2.1　上海区级融媒体中心统一技术平台建设服务大事记

时 间	进 展 节 点
2019 年 6 月	上海区级融媒体中心统一技术平台正式上线并开展服务
2019 年 6 月	上海市首批 10 家区级融媒体中心挂牌成立、入驻平台并推出融媒体客户端
2019 年 9 月	上海市第二批 6 家区级融媒体中心挂牌成立、入驻平台并推出融媒体客户端
2019 年 10 月	上海区级融媒体中心统一技术平台通过网络安全等级保护第三级测评
2020 年 4 月	上海区级融媒体中心统一技术平台媒体融合生产信息化节点获国家专利认证
2020 年 6 月	上海区级融媒体中心统一技术平台通过国家广电总局验收测评
2020 年 7 月	上海区级融媒体中心统一技术平台 V2.0 版上线，围绕新媒体创作运营全新升级
2020 年 9 月	上海 16 家区级融媒体中心获得互联网新闻信息服务许可资质
2020 年 9 月	上海 16 家区级融媒体中心客户端通过网络安全等级保护第三级测评
2021 年 7 月	上海区级融媒体中心统一技术平台荣获王选新闻科学技术奖二等奖

时　间	进 展 节 点
2021 年 11 月	上海 16 家区级融媒体中心客户端完成适老化及无障碍服务技术改造
2022 年 3 月	上海区级融媒体中心统一技术平台联合各区融媒体中心推出"市民意见征集"频道
2022 年 8 月	上海区级融媒体中心统一技术平台 V3.0"阅读即服务"平台上线
2023 年 4 月	上海区级融媒体中心统一技术平台推出 AIGC 融媒体辅助创作大模型
2023 年 6 月	上海区级融媒体中心统一技术平台发布社区传播 MCN 计划——"融邻云媒"

二、市级统一技术平台的建设情况

市级统一技术平台的主要建设和服务内容由"1＋6"构成：1 个技术平台，6 大专业服务（基础资源和技术服务、统一媒体服务、宣传管理与协作服务、大数据服务、综合服务、安全保障和运营管理服务）（见图 2.1）。在做好平台建设运维的基础上，东方网作为平台服务方还充分发挥主流媒体和党务、政务及公共文化服务的经验，为上海 16 个区级融媒体中心提供业务培训、技术指导、内

图 2.1　上海区级融媒体中心统一技术平台的业务架构

容共享、数据服务、经验分享等全流程、全方位的配套服务支持。

平台的搭建为各个区级融媒体中心实现并保障新闻宣传与舆论管理、融媒体产品快速生成与汇聚、政务信息和服务接入、信息共享与公共服务等功能创造了条件,打造出集内容策划、生产、传播、运营、移动管理等功能于一体的新一代融媒体业务服务平台。助力各个区级融媒体中心提升移动采编能力,满足舆情分析,线索资源整合遴选,稿件策划,采、编、发流程管理,全媒体内容生产,智能写作,全媒体资源管理,内容多渠道发布,传播效果监测反馈,绩效考核,决策指挥等各环节的全业务需求,为各个区级融媒体中心探索"新闻+政务服务商务"运营模式打下基础,助力打造全媒体传播体系。

(一) 坚持生态规划,满足"快迭代、微创新"

上海区级融媒体中心统一技术平台在规划与建设方面,始终坚持从生态格局进行整体部署,力求满足媒体深度融合发展背景下区级融媒体中心的建设与运营需求。自投入运行以来,根据上海媒体融合的实际情况、各平台用户的使用需求及反馈等不断完善整体架构,与各个区级融媒体中心互为支撑,初步形成上海市区级融媒体中心生态,这在业务、系统、运营等诸多层面均能得到体现。

1. "融化"媒体业务

对传统媒体业务模式与流程的梳理、升级、创新是区级融媒体中心建设的基本遵循,上海区级融媒体中心统一技术平台全面整合各类生产要素及"报、台、网、微、端"等区级媒体资源,形成"统一办公、统一管理、协同联动"的高效运行机制,再造"采编发"流程,打造出"一体策划、一次采集、多种生成、多元传播"的媒体业务新模式。业务模块与流程设计(见图2.2)符合媒体深度融合发展趋势下,对各区级融媒体中心创新媒体内容生产、拓展业务类型的需要,从设计理念、框架设计到具体的业务流程均呈现出"融化"的特点。

平台为区级融媒体中心整合广电、纸媒等传统媒体以及互联网新媒体运营业务,建设媒体融合、强化各媒体平台转型升级的技术支撑,打造一个既能结合融媒体中心的实际应用需求,又能支持"融媒体、全业务、全流程、全覆盖、可扩展"适应融媒体中心未来发展需要的一体化平台。

融媒体:支持"报、台、网、微、端"中对文字、图片、音频、视频等各种多媒

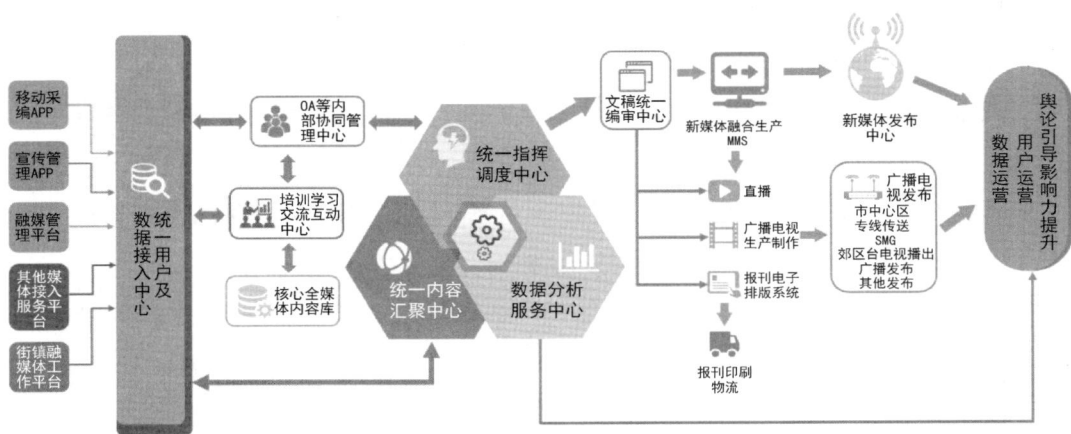

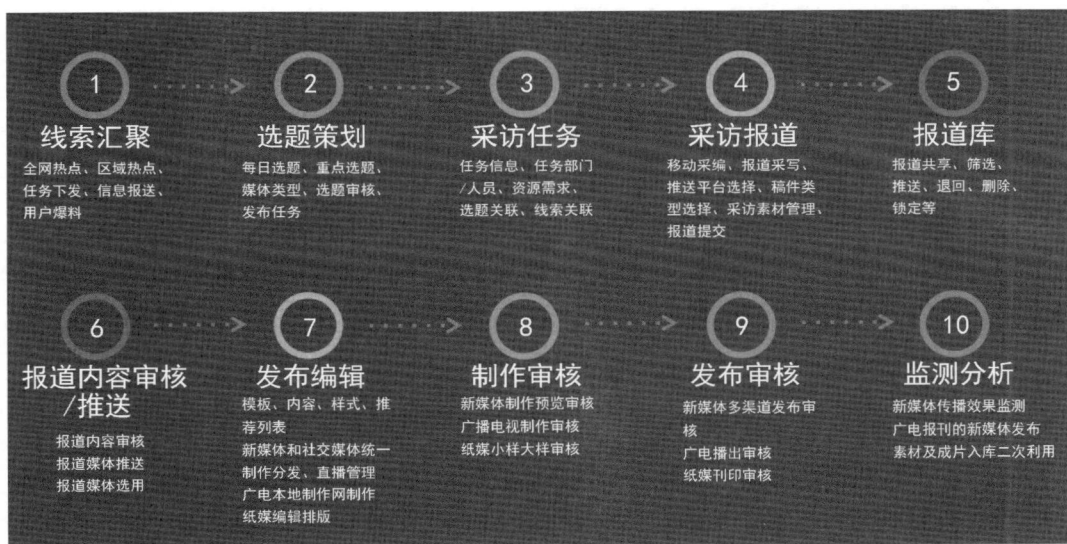

图 2.2 上海区级融媒体中心统一技术平台的业务流程

体内容的生产。

全业务：支持广播电视、报刊、网站、移动客户端等各媒体平台业务模式。

全流程：支持不同业务流程的灵活定制和全程管控。

全覆盖：跨部门覆盖融媒体中心所属各媒体、各部门及外部合作机构。

全扩展：标准化设计，预留接口，满足今后业务模式不断变化的需要。

2. "云化"系统资源

为了更好地支撑各个区级融媒体中心开展更为个性化、灵活的业务模式探索，平台将多种资源通过"云化"的模式整合成为基础系统，即通过提供融媒体专属云服务，支持主管部门和区级融媒体中心在其上开展监管和媒体业务。

通过不断优化技术手段，提升技术能级，平台系统架构突破传统的面向服务的体系架构（service-oriented architecture，SOA），进化到微服务架构，实现可扩展、可伸缩、可定制、可预警、可监测的组件化和服务化模式，能够更好地适应媒体机构灵活的业务形态，满足服务对象的需求变化。

"云化"系统资源的整合与服务以开放的云架构搭建为基础，平台系统采用容器云分布式部署方案，最大化地屏蔽原生复杂概念，依据传统用户的使用习惯进行极简优化，提供多"租户"、多集群、资源配额管理、CI/CD（持续集成和持续部署）等功能，通过容器云聚合底层异构的基础设施资源，形成统一弹性的资源池和灵活高效的资源调度机制，大幅优化 IT（information technology，信息技术）资源，满足敏捷开发、快速响应、弹性扩展等需求。这样的云架构具有松耦合、资源池化、高可扩展等特性，能助力媒体业务快速迭代升级，支撑平台的存储、计算网络、运管能力，适配区级融媒体中心的接入需求。通过这种开放式云架构的搭建，平台能够基于多"租户"的管理机制与技术手段，实现对不同网络、不同业务之间云主机的隔离和安全控制，能够根据不同用户、不同业务的计算、存储、网络负载情况，实现资源的动态分配、弹性伸缩。①

具体来说，利用微服务技术、模块化设计、容器化部署以及中台化设计，主管单位和媒体机构以"租户"的形式快速入驻，平台可对不同"租户"的个性化需求提供个性化服务；通过标准化数据接口，平台实现与其他媒体生产系统和互联网系统互联互通；通过建设私有化基础平台，为"租户"提供计算、存储、CDN、通信、网络、安全、容灾备份等坚实可靠的基础设施服务，全面支撑区级融媒体中心业务拓展，极大地提高了资源的利用率。

3."池化"运营模式

上海区级融媒体中心统一技术平台全面对照国家标准，打造 SaaS 应用服务资源池，满足不同"租户"在数据应用权限、流程配置等方面的灵活业务需

---

① 郑涛、崔俊生、覃毅力：《县级融媒体省级技术平台并发性能测试研究》，《广播与电视技术》2022 年第 49 期。

求,支持各个区级融媒体中心"拎包入驻","点单"选择满足自身业务需求的云服务功能。

平台为主管部门和区级融媒体中心提供宣传管理、内容监管、通联协作、内容交换、培训指导五方面媒体协作服务功能,还包括媒体、党建、政务等服务支撑,以及快编、直播、点播、排版、互联网运营等辅助工具。平台统一接入政务服务与应用,支持各区集中打造以"新闻+政务服务商务"为主体的客户端,支持各区建设移动传播矩阵,基于各类资源与服务"池化"聚合为平台与用户赋能,保证区级融媒体中心建设的深度、广度、活跃度。

"池化"理念与模式可以为使用者的运维管理提供便利,支持可视化、虚拟化资源统一管理方式,能够对计算资源、存储资源、网络资源等进行配置,简化了运维人员的操作步骤,提高了运维效率。平台提供资源池及云管理平台各类信息的数据搜集、存储以及展示功能,智能化展示各种统计报表和分析报告;同时,提供统一告警和故障管理,辅助用户管理资源池内所有告警和故障信息,包括对告警信息的查看、查询、撤销等。

(二)坚持技术驱动,确保自主、安全、可控

先进技术发展是驱动媒体形态创新的核心要素,在互联网技术持续创新迭代的背景下,一大批平台级 APP 快速发展,5G、大数据、云计算、物联网、区块链、人工智能等各类技术不断地被应用于融媒体平台,技术发展的步伐稍有迟滞,就会存在被替代的风险。因此,从 2019 年启动建设开始,上海区级融媒体中心统一技术平台便瞄准移动互联的技术发展趋势,引入新技术、开发新模式,坚持以技术驱动,通过"快速迭代、小步快跑"的敏捷开发模式推动技术平台的建设和迭代,满足了媒体生产与发布对时效性、准确性、完整性的高要求。历经多年的持续迭代,平台在基于云计算、大数据分析、区块链等技术驱动业务创新方面作出了比较成熟的探索,平台运行自主、安全、可控,为上海市区级融媒体中心建设提供了坚实保障。

首先,平台基于云计算技术的创新应用,为驱动媒体内部有机融合更加一体化、系统化打下基础。特别是面对联系广泛、相互渗透的各种媒体组织与第三方渠道,区级融媒体中心需要打破传统界限,探索开发各种新的运营与治理模式,实现跨边界、跨领域、跨机构、跨层级的一体化管理。云计算则能够在不

改变当前基础架构的前提下,通过网络虚拟化手段,以更加灵活的方式完成组织重构和资源共享,实现相关部门与媒体应用平台的互联互通。①

其次,技术平台基于大数据、人工智能技术的创新应用,驱动媒体生产、发布、运营更加自动化、智能化。为了满足各区级融媒体中心对于高效率、高质量、低成本事务处理和功能服务的要求,平台将人工智能技术创造性、广泛性地应用到各个物理与技术节点,逐步实现以知识、算法和模型为基础,从前端的语音、图像识别和自然语言分析,到后端的系统优化、辅助决策、内容咨询的完整闭环,在这个过程中,逐步实现一系列专有应用的陆续开发,以及特定场景下的自动感知、精准推荐和智能反馈等各种功能的更新迭代。

最后,平台基于区块链技术,为维护、提升上海区级融媒体中心内容版权价值创造了条件。平台为媒体生产的原创内容提供基于区块链技术的版权鉴权和互联网传播溯源应用,满足各区融媒体中心的版权追溯等一系列业务需求,为未来构建区域和主流媒体的版权交易交换联盟提供技术底座。

目前,平台正紧贴生成式人工智能、非同质化权益(non-fungible rights,NFR)、元宇宙、数字人等前沿科技,探索全新媒体形态的落地应用,为打造下一代超级场景媒体产品打下了基础。

(三)坚持实用管用,建设"1+6+8+4"产品体系

上海区级融媒体中心统一技术平台构建了"1+6+8+4"产品体系,由1个基础资源平台、6个能力支撑平台、8个核心业务平台和4个信息拓展节点构成,实现与传统广电、报刊等不同平台互联互通、数据共享,满足用户对媒体内容深度融合的业务需求,提供全方位融媒智能生产运营服务支撑。

1. "1"——安全、稳定、可靠:搭建基础云资源支撑平台

为了有效地支撑区级融媒体中心顺利地开展融媒生产协作,上海区级融媒体中心统一技术平台向各区"租户"提供包括计算资源、存储资源以及网络集成在内的整套基础资源服务。从而确保平台安全、稳定、可靠、高效地运行,并从多个维度进行了科学设计,体现在以下三个方面。

---

① 陈小萍、王虎:《价值重塑与生态建构——大数据驱动媒介治理的实践创新》,《电视研究》2023年第39期。

首先,多元技术支撑确保平台安全、稳定、可靠。为了满足大用户量访问的查询功能,以及数据存储和对外服务功能,基础资源整体采用专业机房托管加云管平台、存储平台的方式建设,并基于虚拟化的方式提供可扩充的基础资源平台,由此实现虚拟化统一管理、"租户"管理、容灾备份、可视化资源编排、应用中心拓展等功能。

其次,科学地设计系统架构,提升云资源平台的支撑效率。计算资源服务采取 Zstack 架构服务器虚拟化的方式,降低投入,增强服务器的冗余度和持续性。存储资源服务采用对象存储技术,提高系统的读写性能,提升系统安全冗余,并最大程度地提升扩容能力。在网络集成服务方面,平台向各个区级融媒体中心"租户"提供负载均衡服务、1000M 综合出口带宽服务、100M 互联网专线对接服务等,实现与各"租户"内部网络对接。

最后,创新技术应用方式,在确保安全稳定的基础上增强实用性。上海区级融媒体中心统一技术平台实现内外部多层安全域隔离,加强网络、数据库等重要服务区域的针对性防护措施;增加运维管理区,部署网络安全审计、检测、运维等核心设备,达到全网安全事件可查、可控。通过在虚拟机中增开运维网段,使用专口专网将系统运维同业务网络隔离,采用离线方式在虚拟机上进行上线系统部署。此外,实现管控面和数据面分离设计,无单点故障,任何一个管理节点失联,均可秒级切换至备用管理节点,确保各类业务不受影响。

2. "6"——智能、快速、便捷：集约融媒体能力支撑平台

上海区级融媒体中心统一技术平台通过构建内容、资源、服务、数据、智能、运营 6 个中台组成的服务支撑矩阵,做到"统一技术规范、统一用户认证、统一应用管理、统一数据监测、统一接口管理、统一控件管理"6 个"统一",支撑融媒体海量业务服务,使各类前台应用模块能够快速有效地投用,适应各区融媒体中心灵活多变的融媒体运营业务。

其中,内容中台提供内容汇聚、内容分析、内容安全、内容鉴权和内容分发能力支撑;资源中台提供音视频点播、直播流、资源处理和资源分发能力;服务中台提供汇聚管理、服务认证、服务分发能力;数据中台提供数据采集、数据分析、用户画像、数据可视化能力;智能中台提供智能分析、智能推荐和智能检索能力;运营中台提供用户认证鉴权、适老化无障碍服务、低代码前端开发、票券码分发能力支撑。同时,平台为各中台矩阵提供标准化应用程序接口

(application programming interface，API)，协同互联，面向不同的前台业务模块提供组合能力支撑。

3. "8"——合情、合理、合规：构建 SaaS 化融媒核心业务平台

在上海区级融媒体中心统一技术平台的规划和建设过程中，为更好地满足各区级融媒体中心对各类业务场景的多样化需求，平台对各功能模块进行了解耦再组合，逐步打磨形成了融合生产平台、媒资服务平台、线上直播平台、活动运营平台、商城营销平台、学习服务平台、线上预约平台和纸媒生产平台8 个子平台，组成 SaaS 化平台服务矩阵。各子平台既可以单独使用，也能实现平台间的业务关联、数据互通及相互调用，区级融媒体中心可根据自身业务实际，在"拎包入驻"的同时实现"一体策划、一次采集、多种生成、多元发布"的媒体融合业务，全面支撑网络直播、互动运营、电子商务、在线学习、预约服务、用户运营等互联网新媒体运营业务。不仅能够为区级融媒体中心多种业务提供技术支撑，又能够最大限度地保证区级融媒体中心合规运营。

融合生产平台（见图 2.3）基于大数据支撑、自然语言处理、知识图谱、视觉、语音的整合技术能力，为媒体创作者提供线索汇聚、选题策划、内容创作、审核校对、多元发布等多项能力，集成了智能内容写作、智能短视频生产等多种工具，助力新闻生产的策、采、编、审、发全流程，实现了媒体策划、图文创作、短视频等多种工作场景的智能支持，全面提升媒体生产的效率。同时，平台提供包括主流社交媒体平台在内的新媒体渠道和报纸、电视生产系统的内容分发功能，并通过技术手段对接国家和上海主流媒体融媒号的发布接口，满足各区级融媒体中心的全平台内容运营业务，极大地提升了工作效率。

媒资服务平台（见图 2.4）为各区级融媒体中心搭建了媒体智能化资产管理中心，包括媒体数字资产存储管理、数字资产库元数据管理，多模态检索，通知中心、配置中心等。除基础的入库出库、编目管理、转码处理等能力外，平台基于人工智能（artificial intelligence，AI）算法实现了对视频、音频、图片、文字、数字报等数字资产的统一管理，通过"大数据＋人工智能"实现媒资的结构化存储和智能管理。

为了解决区级融媒体中心愈加多元的互联网直播业务要求，同时满足对直播内容安全、数据安全的基础需求，平台集成线上直播平台模块（见图 2.5），为各区融媒体中心提供集多渠道直播发布、实时监控、数据统计、直播间管理、

图 2.3　融合生产平台

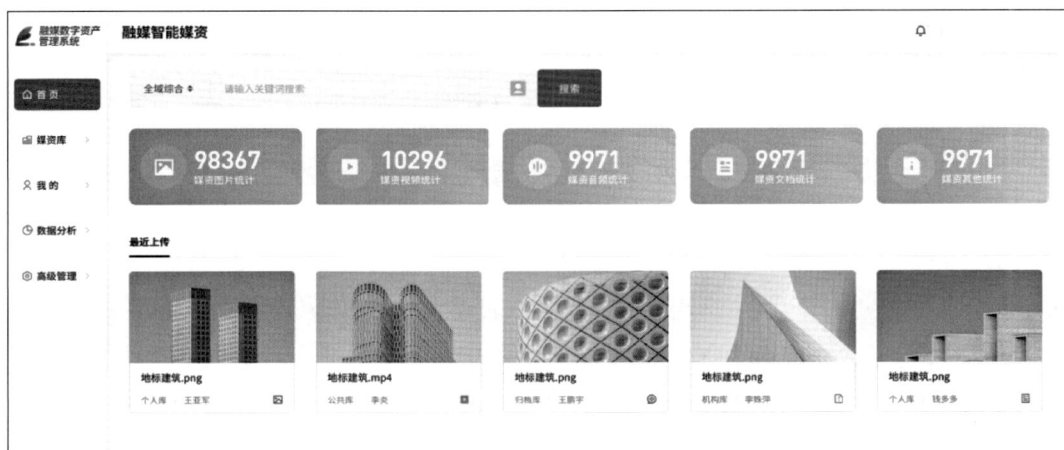

图 2.4　媒资服务平台

互动聊天、直播收录、主播入驻、带货营销等于一体的全业务闭环服务，实现直播现场的监察监管、可控、互动，满足区级融媒体中心开展直播访谈、活动会议现场直播、慢直播、直播带货、网红直播等多种业务场景。

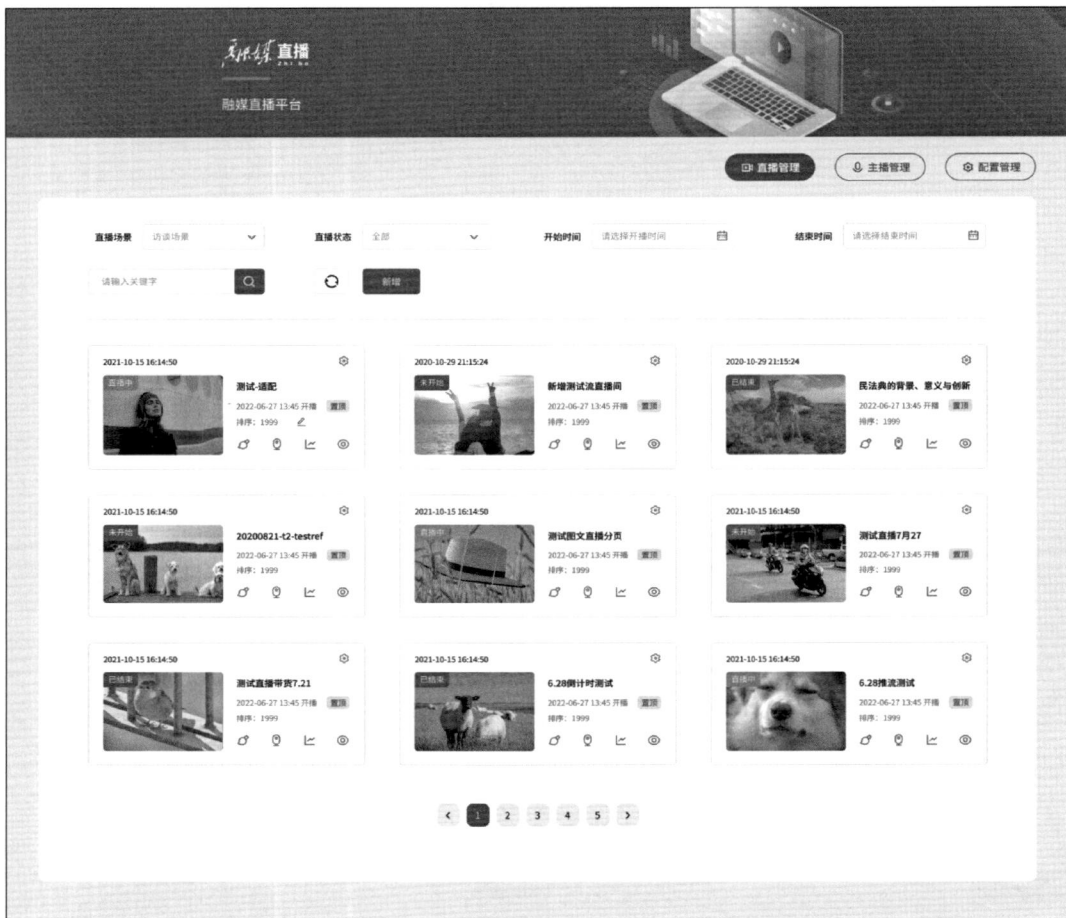

图2.5　线上直播平台

　　活动运营平台（见图2.6）是面向区级融媒体中心开发的快捷活动页配置生成平台。该平台利用人工智能、大数据分析等新技术，可将使用频率高、功能复用高的营销活动自动存为活动模板，同时内置表单，满足征集、答题、投票、抽奖等各类单项或组合活动页面的快速配置，协助用户高效地开展各类营销活动。

　　商城营销平台（见图2.7）包含电商运营功能，支持"租户"对商品、订单、营

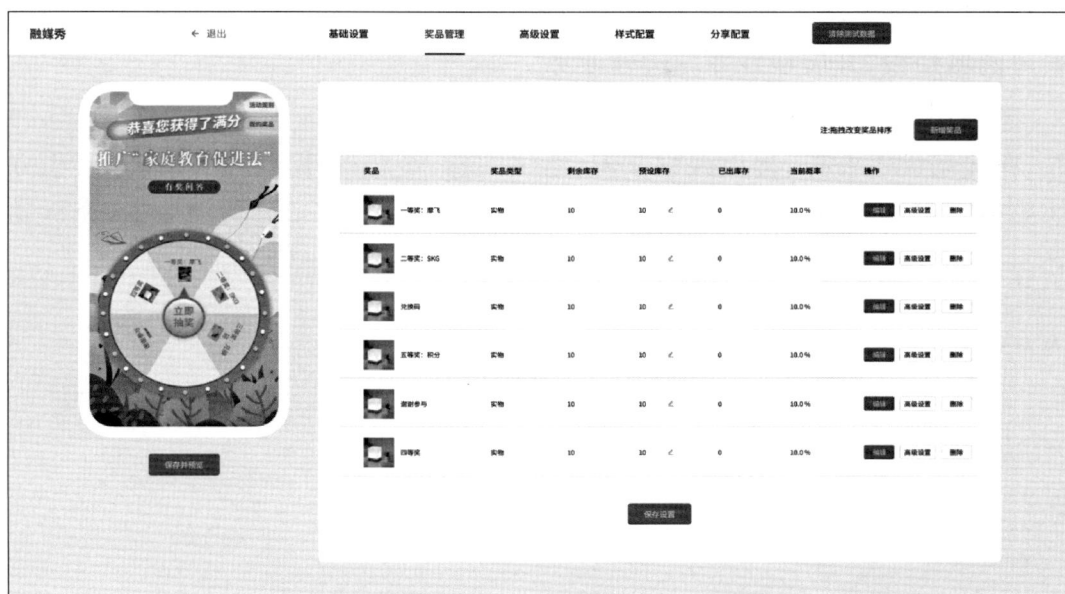

图 2.6　活动运营平台

图 2.7　商城营销平台

销、会员、积分、支付、物流等全业务流程进行管理,支撑"租户"快速定制官方渠道商城建设,开展在线商城运营业务。

学习服务平台(见图 2.8)面向区级融媒体中心开展内部线上学习、在线问卷、在线培训等业务,提供课程学习、考试问卷、考题课件、课堂互动、学习积分等服务,"租户"可基于该平台快速搭建课程培训和用户学分管理体系,通过移动客户端、微信端和网页端为互联网受众开展学习培训服务。

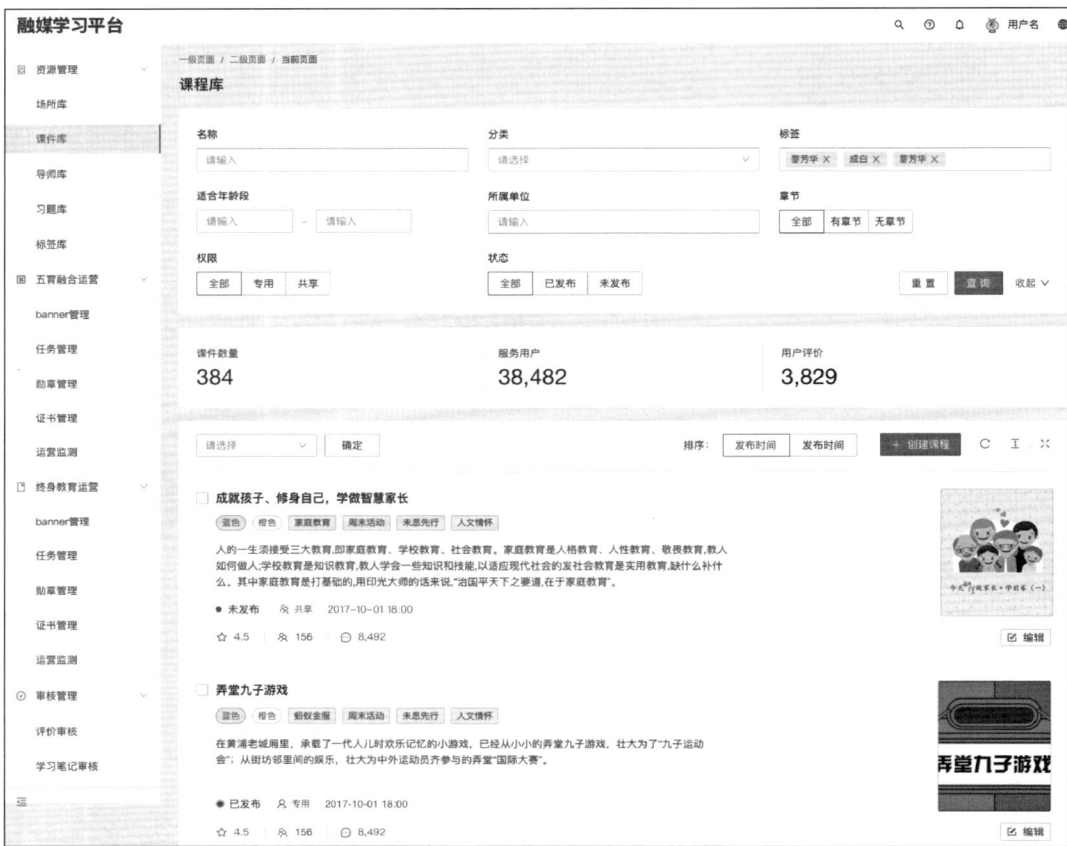

图 2.8　学习服务平台

在线预约平台(见图 2.9)依托融媒客户端服务渠道,向用户提供便捷的公共服务线上预约服务。平台以数字化技术与文旅景点、公共场所、体育场馆、学校场馆、文化场馆、教育基地等各类公共场馆动态联动,使各类活动服务更均衡、更精准、更充分,增强公共服务预约管理功能。

纸媒生产平台(见图 2.10)为报纸、杂志等机构提供内容创作、内容编排、

图 2.9　在线预约平台

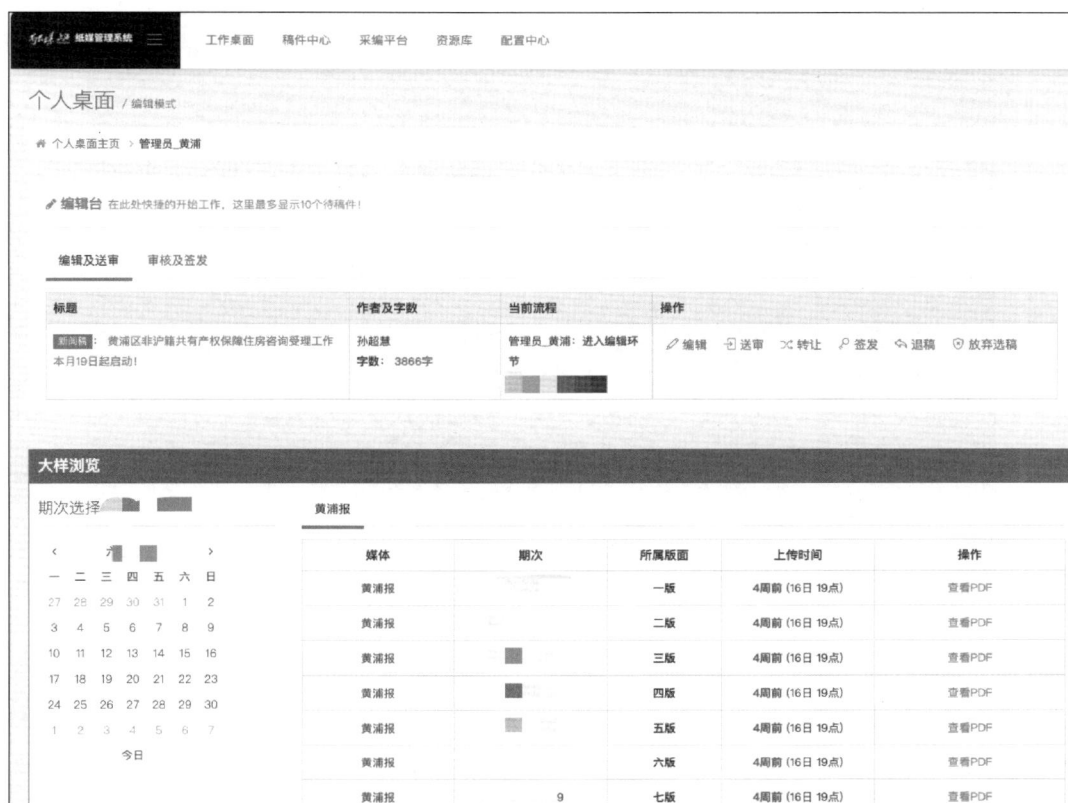

图 2.10　纸媒生产平台

内容校对、内容审核、分版签发、小样管理、大样管理等全流程在线业务管理功能,同时,用户可通过客户端与排版软件对接交互,实现报纸版样签发审核管理功能。

4."4"——随时、随地、随需:拓展可移动化多维场景应用

针对各区级融媒体中心边缘计算、高效协同、移动办公等多维应用场景,上海区级融媒体中心统一技术平台还拓展开发了"媒体融合生产分布式节点""媒体融合生产边缘节点""媒体融合生产调度节点""媒体融合生产管理节点",以边缘计算一体机、5G直播车、智慧屏客户端和数据可视化大屏组成平台拓展信息化节点服务矩阵(见图2.11),满足区级融媒体中心媒体生产资源拓展下沉的需求,以及各类移动生产、移动管理、移动运营和灵活部署的业务需求。

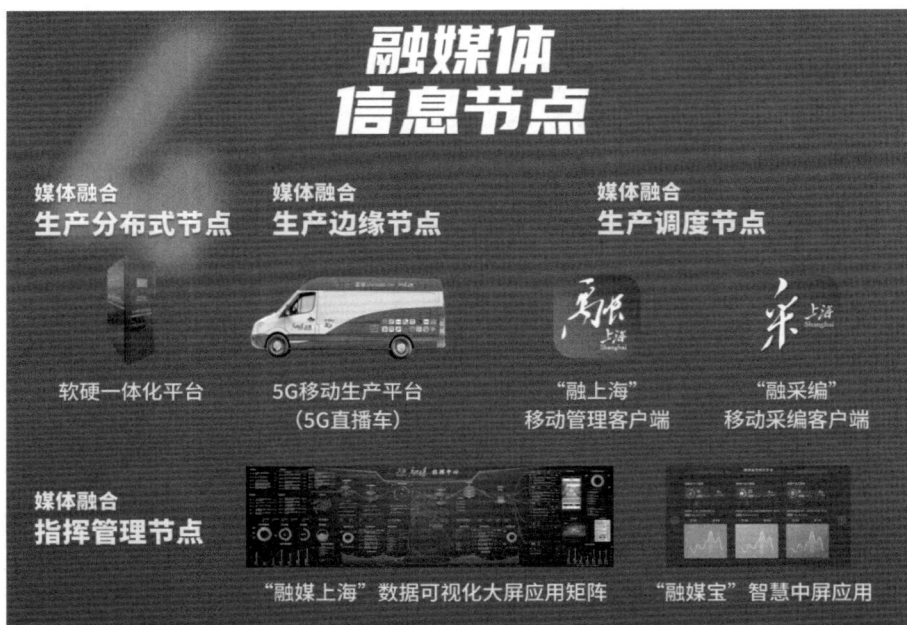

图 2.11 融媒体信息节点

"媒体融合生产分布式节点"边缘计算一体机采用软硬件一体化平台架构,集成计算节点、存储资源和网络交换于一体,内置完整的融媒体全流程业务系统,与统一技术平台互联互通,实现"开箱即用",有效地降低了融媒体信息化基础设施的建设与运维成本,满足个性化生产部署的需求。

"媒体融合生产边缘节点"5G融媒体直播车依托统一技术平台的云服务，集成5G信号传输、直播点播快速包装系统，将融媒体中心"开"进区域内的每一个网格化角落，满足全天候、全方位地对重大事件、重要报道、活动现场等全平台同步即时发布，为移动直播报道提供轻量化解决方案。

"媒体融合生产调度节点"由移动采编客户端"融采编"（见图2.12）和指挥调度智慧屏客户端"融媒宝"（见图2.13）组成，与统一技术平台的数据和流程互联互通。融媒体中心采编人员可通过"融采编"在手机、平板电脑上写稿编辑、素材上载、直播拍摄、编审校对，方便在外采现场迅速开展工作。同时，融媒体工作室等小型团队依托"融媒宝"客户端进行视频会议、资源调度、内容审阅和数据监测，满足策划会、编审会、快速调度轻量化指挥协同应用场景。

图2.12 "融采编"客户端

"融上海"移动管理客户端和"融媒上海"数据可视化大屏应用矩阵组成了"媒体融合生产管理节点"。"融上海"移动管理客户端（见图2.14）是一款面向

图 2.13　"融媒宝"智慧屏客户端

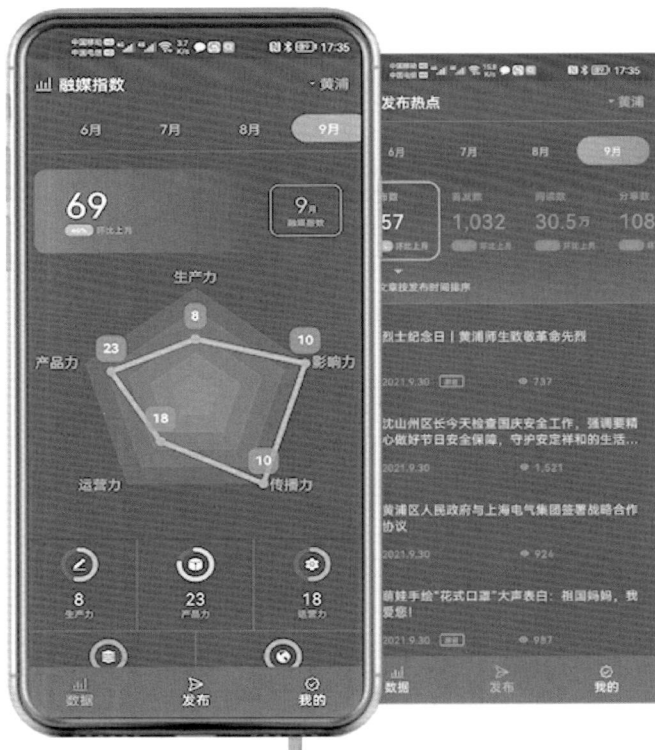

图 2.14　"融上海"移动管理客户端

融媒体机构管理人员的大数据移动管理工具,基于大数据采集和分析能力,提供内容发布监测、数据统计分析、宣传管理协同等功能,依托该客户端,管理人员可随时随地地开展宣传管理和数据决策业务,为融媒管理工作移动化和数据化赋能,"融媒上海"数据可视化服务(见图 2.15)向"1+16"(市级宣传管理部门和各个区级融媒体中心)提供选题策划、媒体生产、多元分发、融媒运营、实时监测、指挥调度等全业务流程数据综合分析大屏服务。

图 2.15　"融媒上海"数据可视化大屏

依托上述多元化的融媒体生产管理工具,用户可以在多重业务场景间实现高效协作闭环。例如,工作人员可在采访现场通过"融采编"APP 将现场采访情况实时反馈至"融媒宝",相关管理人员可借助"融上海"APP 对采访人员进行实时的工作指导与部署,采编人员可在采访完毕后利用"融采编"APP 实现稿件在线编辑及发布,极大地提高了内容生产协作效率(见图 2.16)。

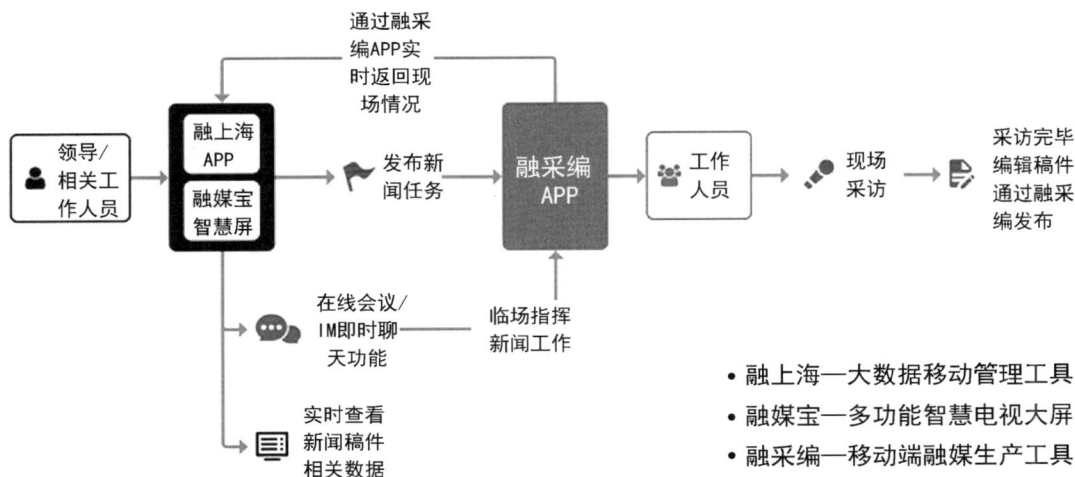

图 2.16　移动协作闭环示例

三、市级统一技术平台的运营情况

2019 年,上海市分两批挂牌成立 16 个区级融媒体中心,彼时其他省份并未有成熟的案例可供研究和借鉴,因此,上海市级统一技术平台在全国具有一定的参考意义。平台在建成投用之后,需要动态关注、充分调研上海各个区级融媒体中心建设要求和实际情况,结合各区的组织架构、业务整合进程、技术基础特点不断整合与优化,在符合国标要求的基础上,通过"租户"入驻模式满足各区的个性化要求,提升上海区级融媒体中心统一技术平台的整体运营水平。

(一)坚持全面深度融合,完善业务闭环运转

《上海市关于加强区级融媒体中心建设的实施方案》明确指出,区级媒体要在机构、内容、渠道、平台、人员、经营、管理等方面深度融合,市级统一技术平台面向宣传管理部门和 16 个区级融媒体中心超 2 000 名工作人员提供集宣传管理、媒体协作、媒体生产为一体的融媒业务闭环运转服务,助力各区级融媒体中心探索全面深度融合。

首先,融媒体内容资源共享管理系统基于内容核心资源驱动全面深度融合发展,支撑市域内区级融媒体中心内容资源的管理和共享,包括内容接入、权限设定、内容创建、内容上传、数据导入、作品管理、频道管理等,完善市域内区级媒体间的内容资源交换以及区级融媒体中心下属宣传单位的内容上报功能。

其次,持续完善宣传管理服务功能,拓展业务运营模式。依托市级融媒体统一技术平台,支撑市级宣传管理部门、各个区级融媒体中心对全网信息、指定媒体、特定地域或主题等信息进行实时监测和分析,实现宣传管理工作中任务统筹、重大选题策划、任务下发等全流程闭环管理,支撑相关业务的高效运营。此外,还实现了舆情监测、发布渠道管理和内容监管方式的创新,包括区级融媒体中心的微博号、微信号、网站及 APP 等发布渠道的扩展,宣传管理部门能够及时监控和掌握社会舆论走向和网络热点信息,通过监控和分析制定宣传方案和报道任务,对 16 个区委宣传部及区级融媒体中心的新闻宣传工作

进行指导部署。

最后,上海区级融媒体中心统一技术平台有效地赋能各区级融媒体中心,促使它们的业务类型日益丰富,传播效果稳步提升。平台运营为各区级融媒体中心的内容产品建设运营保持传播热度、增强受众黏性提供了坚实保障,支持各个区级融媒体中心陆续推出立体化的移动产品矩阵,创新全媒体传播形式,打造融媒直播、融媒商城、融媒活动、融媒服务、融媒学习、融媒招聘等系列业务平台,培养了一大批忠实的终端用户,运营强度与热度呈现逐年递增的势头。

(二)坚持移动策略优先,支持客户端多元运营

2019 年 1 月 15 日,中共中央宣传部和国家广播电视总局联合发布《县级融媒体中心建设规范》,为各地县级融媒体中心建设提供了重要依据。总体要求是:按照移动优先的原则,利用移动传播技术,形成渠道丰富、覆盖广泛、传播有效、可管可控的移动传播矩阵。上海区级融媒体中心统一技术平台(见图2.17)在建设运营中始终坚持以"移动优先"为根本遵循,强调融合发展的关键在于融为一体、合而为一。平台对我国媒体融合发展过程中存在的媒体融合简单化,媒体融合行政化,媒体融合极端化等问题进行了深入调研与分析,结

图 2.17 上海区级融媒体中心统一技术平台

合区级融媒体中心建设的任务与目标,注重在运营中加强媒体融合的一体化发展力度,优化媒体融合的方式方法,变简单相加为有机相融,实现各种媒介资源要素的深度整合、共融互通,支撑各个区级融媒体中心在采、编、审等各流程中高效协同,建立健全安全运营保障机制,形成"一体策划、一次采集、多种生成、多元发布"的工作格局。

在这一过程中,上海区级融媒体中心统一技术平台注重以服务各区用户为原则,支撑用户解决融媒生产与传播过程中遇到的各种问题,基于以服务为核心的理念打造出多个服务产品矩阵,形成"1+6"模式来支撑各个区级融媒体中心的业务运营,即1个统一技术平台、6大专业服务领域,着眼于基础资源服务、宣传管理服务、媒体协作服务、媒体生产服务、媒体运营服务、安全以及运营保障服务等,以区级融媒体中心为客户,全方位地服务好区级融媒体中心的业务生产及运营传播。区级融媒体中心以市民为用户,通过服务平台和移动客户端等多元载体来全面服务市民用户。

上海区级融媒体中心统一技术平台全力支撑各区开展融媒体客户端运营业务,自2019年平台投入运行以来,截至2023年年底,支撑各区开展网络直播3 572场,观看人次超过970万,各类活动专题493场,商城总运营订单突破6.2万单,统一技术平台支撑各个区级融媒体中心以客户端为核心传播平台开展线上直播、电子商务、数字化媒体运营等多元化业务取得了较好成果。

(三)坚持以应用促建设,提供运营数据辅助分析

基础在建,关键在用。如何推进上海区级融媒体中心统一技术平台的创新应用,加快形成"以用促建,建用并举"的良好发展循环,是平台运营的重要目标。平台坚持适度超前建设、以建带用、以用促建的原则,力求推动数字基础设施建设与应用场景协同发展,在建设过程中注重将专有云建设、高速网络、内容分发服务、大数据、AI智能等新技术创造性地应用于融媒体业务平台之中,提升平台数据的高效采集和传输能力,支撑移动客户端产品矩阵的打造,构建多层次协同工作与决策体系。同时,平台在运营过程中注重加强技术与业务的融合协作,通过技术人员下一线、点对点培训及实操辅导的方式使各区融媒体中心采编人员快速熟悉和适应关键技术环节,让平台充分运转起来,并通过应急响应、预警通知等保障手段,全程服务各项业务的有序开展。

平台还注重基于科学的数据沉淀与分析为业务管理和运营提供高效支撑。2022年8月17日,中共中央办公厅、国务院办公厅印发了《"十四五"文化发展规划》,对县级融媒体中心的建设运营提出了明确的目标和要求,推动全国2 500余家县级融媒体中心深化"新闻＋政务服务",更好地引导群众、服务群众。上海区级融媒体中心统一技术平台围绕这个目标,在对全市16个区级融媒体中心不间断统计分析的基础上对各项指标数据进行了聚合,形成生产力、产品力、传播力、影响力、运营力五大维度指数,合并计算成为综合融媒指数,并且推出融媒上海周报,帮助管理者与运营者及时、直观地掌握区级融媒体中心的运营状态,发现问题、分析问题,辅助决策。

目前,融媒上海周报对生产力(融媒生产平台使用评估)、产品力(内容产品生产的数量和质量评估)、传播力(内容产品在全网的传播效果)、影响力(内容产品在全网用户中的影响效果)、运营力(APP用户的增长和运营效果)这五个维度的各项指标数据进行详细的统计分析,实现了融媒体中心内容生产—运营—传播—用户服务的全链路跟踪监测。新的融媒指数在此数据统计的基础上,对各项指标进一步量化评价计算,形成通俗易懂的百分制指数,直观地体现各个区级融媒体中心的阶段性发展水平,辅助各单位保持优势维度,优化提升弱势维度,助力各区级融媒体五维度的均衡发展,进一步提升区级融媒体中心的整体运营能力和服务水平。

(四) 坚持以用户为中心,提供全方位保障服务

为了保证各区级融媒体中心能够全面、高效地使用平台开发的多元化工具,上海区级融媒体中心统一技术平台采用了诸多先进的设计理念,结合媒体深度融合发展的需要,从技术开发、模块设计、功能规划等多个方面进行整体布局,形成了以各区级融媒体中心"租户"业务为核心的特色保障服务模式。

项目伊始即组建了专业的项目服务团队,依照信息化质量标准构建了完善的平台服务保障体系,制定并持续优化服务流程。项目组由东方网牵头,负责平台具体建设的管理和运维工作,协调并建立市级相关政务服务、公共服务、便民服务资源。在平台的技术支撑及运营保障工作方面,项目组同步安排专人建立服务小组,向各区"租户"提供日常保障服务以及重大活动保障等全程运营保障服务,确保其始终获得最佳服务支持。同时,为确保服务质量,实

现业务闭环管理,平台严格要求内部服务保障系统对各环节的维护记录均有详细备案,用于统计和质量追踪。项目组还建立了平台的网络安全保障工作机制,以提高应对网络安全事件的能力,预防和减少网络安全事件造成的损失和危害,确保不发生重大网络安全事件。此外,项目组向区级融媒体中心提供在线技术和应用培训,并配套教学视频;提供远程培训支持以及业务系统使用帮助,支持在线答疑、培训考核等。

安全保障是上海区级融媒体中心统一技术平台有效运行的重要前提。依据国家网络安全等级保护的相关标准,结合各个区级融媒体中心系统建设的实际情况,上海区级融媒体中心统一技术平台从网络安全、主机安全、信息安全、人员安全等多方面入手,搭建了全方位的安全保护技术体系。在网络安全保障方面,从外到内形成纵深防御保护体系,网络架构合理,管理边界清晰,建立起符合信息安全等级保护要求的基础支撑网络。在主机安全保障方面,对所有主机(服务器和计算机终端)、数据库进行系统加固,加强漏洞扫描和病毒防护措施,构建上网行为管理和终端安全管理系统,实现对计算机终端的非授权外联合接入控制,完善主机操作系统的集中审计、强账户认证和补丁管理,搭建安全的主机系统环境。在信息安全保障方面,平台从身份鉴别、访问控制、安全审计、通信完整性、通信保密性、软件容错等环节加强应用安全管理,同时从数据的备份与恢复等环节强化数据安全管理。在人员安全保障方面,从人员管理制度、人员管理机构等多方面优化对各类人员的管理与培训,一方面,考虑到不同类型人员及其工作的差异,制定相应的管理规章;另一方面,从区级融媒体中心建设的战略地位出发,全面提高人员安全管理要求,确保从源头加强专业指导,有效地保障各项工作的安全。

第三章

区级融媒体中心的建设与发展

一、上海区级融媒体中心的建设历程

《上海市关于加强区级融媒体中心建设的实施方案》（以下简称《实施方案》）明确规定了上海 16 个区级融媒体中心建设的基本要求、建设内容和时间表，主要包括以下六个方面。

一是整合媒体机构。各区党委宣传部牵头，归并本区区级新闻中心、报纸、内部资料性出版物、广播电视台及所办新媒体等，组建区级融媒体中心，归口区委或区委宣传部领导。有条件地逐步将政府部门、乡镇街道所办的政务信息网站、"两微一端"等平台整合进来。区级报纸、广播电视台的名称暂时予以保留，区级广播电视台的原呼号暂时予以保留。

二是明确相关资质。根据中宣部、中央网信办、国家广电总局的有关规定，支持上海各区级融媒体中心申请互联网新闻信息服务许可、信息网络传播视听节目服务许可，支持相关区级融媒体中心申请广播电视播出机构许可，支持区级融媒体中心播音主持人员申领播音员主持人证、采编人员申领新闻记者证等。

三是设立采编中心。区级融媒体中心设立统一的新闻信息采集中心、编辑中心，建立全媒体内容管理系统，建设稿库、数据库、媒资库，持续完善集中指挥、采编调度、高效协同、信息沟通等基本功能，实现"一体策划、一次采集、多种生成、多元发布"。

四是建设全媒体矩阵。集中力量打造区级融媒体中心客户端，着力提高下载量、日活率，进一步拓展在区域内的受众覆盖面。根据不同地区、不同职业、不同年龄段的受众需求,综合运用报纸、内部资料性出版物、广播、电视、农村大喇叭、新闻网站、微博、微信、手机报、电子阅报栏、户外大屏等多个终端,形成分众传播、分类覆盖的格局,实现传播效果的最大化,力争最广泛地引导群众、服务群众。

五是开展综合服务。充分发挥信息服务的作用,积极参与智慧城市建设,开设申报审批、注册办证、社保事务、投诉受理等政务服务入口,开设公用事业缴费、环境监测、就医、税务等便民服务入口。同时,根据各区受众的实际需求有针对性地开展各区级层面的特色服务。开展网上党建、干部培训、党务政务公开、舆情监测、民意收集、数据分析、建言咨政等工作,服务基层党建和公共决策。区分公益性服务和经营性服务,划清边界,明确管理要求。

六是开展群众活动。区级融媒体中心可组织开展各类群众性文化、体育、科普、公益活动,打通线上线下,丰富群众的文化生活、强化为民服务功能。坚持采编经营分开,对区级融媒体中心开展专题片摄制、会展、节庆等经营性活动分类指导、区别对待,不作硬性要求,不搞一刀切。

按照《实施方案》的要求,2019 年全市 16 个区级融媒体中心全部建成并挂牌,比原定实施方案提前半个月完成了任务目标。历经五年建设,各区级融媒体中心的普遍做法有如下三点。

第一,制定完善的工作方案。为了保障建设进度,各区级融媒体中心因地制宜,整合原有"报、台、网、微、端"等各类平台、渠道,创新工作机制流程,以体制机制融合为抓手,在机构设置、岗位选聘、薪酬体系和激励机制、人才培养、"中央厨房"信息化建设等支撑融媒体中心建设的各个重要环节,求真务实,守正创新,推动区级融媒体中心建设向纵深发展。

第二,聚焦顶层设计,推动功能定位精准融合。各区融媒体中心根据实际情况,将原来的报纸、电视和新媒体记者、编辑,按照移动端新闻生产流程和个人特长进行岗位调整,转型为全媒体记者和全媒体编辑,在功能定位上进行充分整合,实行"采编分离、一岗多能、联动互助"的业务运行模式。整合设立全媒体编辑部、全媒体运营部、全媒体舆情部,成立全媒体采访组,全面提升记者熟练地运用文字、影像和新媒体等综合技能进行全媒体报道的能力。

各区融媒体中心依托市级统一技术平台开展流程重塑,聚焦产品开发,统筹"汇、策、采、编、发、营、评"等各个环节,实现新闻要素在网上流动,数据资源得以积淀。上海 16 家区级融媒体中心成立后短时间内全部推出融媒体客户端,作为自有核心媒体产品重点运营(见图 3.1)。区级融媒体中心依托市级平台,实现信息共享融通,并通过市级平台整体入驻"人民号""上观号"等,扩大了主流媒体的影响力。此外,区级融媒体中心还接入第三方商业平台、社交媒体平台、门户网站等,形成分众传播、分类覆盖的全媒体矩阵。

图 3.1　上海 16 个区级融媒体中心推出的客户端

在深度推进区级媒体业务融合的过程中,部分区正在探索将区级媒体资源进一步下沉至街镇社区,通过建立街镇分中心、片区工作点、融媒驿站等模式,将服务触角直接延伸到基层。

第三,强化人才队伍建设,创新探索人才培养及激励机制。区级融媒体中心依托市委宣传部和部校共建高校的智库优势,举办新闻宣传专题培训班,将区级融媒体中心打造成为全区宣传干部的培训基地。区级融媒体中心加强对自身采编人员的培训,例如,静安区融媒体中心通过与采编基地的联动,进一步加强对基层采编队伍的指导,强化新闻敏感,提升供稿质量,拓宽传播终端,加快培养高素质的基层采编队伍;杨浦区融媒体中心邀请区委相关部门领导和专家为中心全体人员辅导区情,讲授专业知识;嘉定区融媒体中心党政领导班子成员与各街镇"点对点"结对,着力与各街镇宣传部门、服务站加强交流合作。通过组织专业培训,不断增强各区新闻工作者、基层宣传干部的马克思主义新闻观素养,增强"脚力、眼力、脑力、笔力",要求做到"一专多能",提升"会写好稿、巧摄优片、善用软件"的综合业务能力,培养善用现代传播手段的全媒型人才,切实提升区级媒体的传播力、引导力、影响力和公信力。

二、上海区级融媒体中心的发展业态

上海区级融媒体中心建设采取一个平台、统筹推进的方式,结合地方发展的实际,以"新闻+政务服务商务"为基本定位,深度融合区级广播电视、报刊、新媒体等资源,将融媒体中心打造为各区新闻资讯的集散地,并主动对接上海"一网通办""一网统管"等政务服务平台,接入政务、文化、体育、教育、养老、公共事业等广大市民关心的服务内容,方便用户使用,形成分众传播、分类覆盖的格局。同时,由于各区的媒体基础、经济发展水平等情况不同,中心城区与郊区在具体的推进方式、流程再造等方面呈现出一定的差异和特色。

上海中心城区经济发达,社会资源丰富,但是多数中心城区没有自己的电视台和报刊,媒体资源相对薄弱。区级融媒体中心建设主要在新媒体端发力,尤其重视移动客户端的建设,改变之前的"任务式"新闻工作模式,普遍把整合本地资源、下沉到社区进行宣传和服务作为重点,通过向基层一线延伸新闻触角、挖掘新闻线索。记者深入街道社区实地了解居民需求,并在医疗、教育和商业等刚需领域丰富"新闻+政务服务商务"功能的应用实践。

上海郊区原本就有相对独立的报纸、广播电视运营机构,业务基础比较好,区级融媒体中心在媒体矩阵建设方面往往兼顾传统媒体与新媒体的融合发展。由传统的条线部门转变为采编中心,内部流程比较通畅,形成部门制、新媒体、小组制、项目制等多种形态。① 但是,部分区级融媒体中心在软硬件基础和人才资源方面相对薄弱,且数字治理水平与电子政务资源不一,媒体尤其是新媒体的渗

---

① 张克旭、赵士林、邓江:《国家战略的地方路径:区县融媒体中心建设的上海探索——基于上海8个区级融媒体中心的实地调研与问卷调查》,《新闻记者》2020 年第 38 期。

透率和传播影响力较低,为了更好地打通"最后一公里"并使其效果达到最佳状态,普遍采用的发展策略是以新闻宣传连通部分政务,逐步拓展民生服务。[①]

三、建设完成情况

2019 年 6 月 28 日和 9 月 16 日,上海市分两批完成市统一技术平台和 16 个区级融媒体中心的挂牌工作(见表 3.1),同年完成上海区级融媒体中心统一技术平台的抽检工作并正式投入运行。2020 年 6 月,市级统一技术平台通过了国家广播电视总局广播电视规划院的验收检测,均达到各项国标要求。2020 年 4 月至 7 月,16 个区级融媒体中心相继完成验收,标志着上海市区级融媒体中心建设全面步入正轨。截至 2024 年 7 月,各区级融媒体中心已具备以下关键表征。

表 3.1　上海 16 个区级融媒体中心建设情况

	单　位	主管部门	类　别	更名时间	挂牌时间
1	浦东新区融媒体中心	浦东新区委宣传部	公益二类事业单位	2019 年 9 月 18 日	2019 年 9 月 16 日
2	黄浦区融媒体中心	黄浦区委宣传部	公益一类事业单位	2019 年 6 月 26 日	2019 年 6 月 28 日
3	静安区融媒体中心	静安区委宣传部	公益一类事业单位	2019 年 9 月 10 日	2019 年 9 月 16 日
4	徐汇区融媒体中心	徐汇区委宣传部	公益一类事业单位	2019 年 6 月 6 日	2019 年 6 月 28 日
5	长宁区融媒体中心	长宁区委宣传部	公益一类事业单位	2019 年 6 月 21 日	2019 年 6 月 28 日
6	普陀区融媒体中心	普陀区委宣传部	公益一类事业单位	2019 年 8 月 15 日	2019 年 9 月 16 日

[①]　张克旭、赵士林、邓江:《国家战略的地方路径:区县融媒体中心建设的上海探索——基于上海 8 个区级融媒体中心的实地调研与问卷调查》,《新闻记者》2020 年第 6 期。

	单　位	主管部门	类　别	更名时间	挂牌时间
7	虹口区融媒体中心	虹口区委宣传部	公益一类事业单位	2019 年 6 月 19 日	2019 年 6 月 28 日
8	杨浦区融媒体中心	杨浦区委宣传部	公益一类事业单位	2019 年 8 月 22 日	2019 年 6 月 28 日
9	宝山区融媒体中心	宝山区委宣传部	公益一类事业单位	2019 年 8 月 2 日	2019 年 9 月 16 日
10	闵行区融媒体中心	闵行区委直属	公益二类事业单位	2019 年 7 月 31 日	2019 年 9 月 16 日
11	嘉定区融媒体中心	嘉定区委宣传部	公益二类事业单位	2019 年 6 月 23 日	2019 年 6 月 28 日
12	金山区融媒体中心	金山区委直属	公益二类事业单位	2019 年 6 月 19 日	2019 年 6 月 28 日
13	松江区融媒体中心	松江区委宣传部	公益一类事业单位	2019 年 5 月 6 日	2019 年 6 月 28 日
14	青浦区融媒体中心	青浦区委直属	公益二类事业单位	2019 年 6 月 17 日	2019 年 6 月 28 日
15	奉贤区融媒体中心	奉贤区委直属	公益二类事业单位	2019 年 5 月 31 日	2019 年 6 月 28 日
16	崇明区融媒体中心	崇明区委直属	公益二类事业单位	2019 年 9 月 16 日	2019 年 9 月 16 日

一是逐步完善组织架构及体制机制建设。各区级融媒体中心的实施方案、编制方案、机构整合机制合理,班子配备齐全。对"策、采、编、发"生产流程进行了科学再造,建立了统一的新闻信息采集中心,实现了素材、稿件的快速共享和精确生产。"报、台、网、端"等多平台融合传播能力大为提升,重大主题、重点题材宣传能力大为增强,移动端与市级平台内容数据、用户数据实现了互联互通。各区级融媒体中心牢牢掌握意识形态工作的领导权,落实前台工作责任制,全面落实"两个所有制"的相关制度,强化内容运营的监测监管,

确保各环节均做到安全部署,严格落实新闻采编三审责任制。在新浪微博、微信公众号、新闻客户端以及各类第三方平台,新闻从业人员以职务身份开设的账号均以同一标准进行网上网下严格管理。

二是建设功能完善、具有较好传播力和影响力的全媒体矩阵。各区级融媒体中心的全媒体传播体系符合规范,能够实现自主原创、自主运营。各项内容能够实现在客户端优先发布,并且在微博、微信等社交媒体和第三方商业平台开设官方账号,建立较为齐备的传播矩阵,进一步夯实在多终端开展分类传播、分众覆盖的能力。各区级融媒体中心在下载量、日活率、覆盖率等关键指标上持续增长,有效地增强了传播力和影响力。

三是综合服务水平不断提升。各区级融媒体中心逐步建立起新闻发布、政务公开、政务办理、投诉处理等"新闻＋政务服务"功能,为实现基层党建、干部培训、舆情监测、民意收集等提供了基础平台,进一步拓宽了为民服务的覆盖面。

四是持续加强人才队伍建设。各区级融媒体中心建立了系统化、常态化的培训机制,重点培养和发展全能型人才,并逐步推进薪酬制度和激励制度改革,完善了与媒体融合发展相适应的绩效考核制度。

五是严格规范资金使用。各区级融媒体中心严格按照上海市公共文化服务体系建设专项资金流程,规范使用各项资金,并按照要求开展审计工作。

总的来说,上海各区级融媒体中心自成立以来,能够围绕经济社会发展中心工作,开展一系列卓有成效的探索创新,建成一批综合服务平台、社区信息枢纽,巩固了基层主流舆论阵地。尤其是在各类重大时间节点、各类重大主题报道中,各区级融媒体中心坚决贯彻落实党中央决策部署,强化内容导向管理,严格把握宣传重点,同时注重结合本地实际,聚合特色资源,以用户为中心进一步做好"新闻＋政务服务商务"运营业务,开展形式多样、卓有成效的新闻宣传、舆论引导和综合服务,取得较好的社会效果。截至 2024 年 7 月 14 日,16 个区级融媒体中心融媒体客户端的总下载量突破 2 400 万次,总注册用户超过 700 万人,客户端每周阅读量超百万次。随着媒体融合的深入推进,上海各区级融媒体中心客户端在运营思路、资源、模式等方面不断升级,通过技术赋能推进公共服务领域深度应用,不断完善服务群众、引导群众的功能和作用。

建设篇

2

第四章

浦东新区融媒体中心建设运营报告

一、浦东新区融媒体中心简介

浦东新区融媒体中心于 2019 年 9 月 16 日正式成立,为公益二类事业单位(见图 4.1)。中心归并整合原浦东时报社、浦东广播电视台的刊播平台资

图 4.1 浦东新区融媒体中心主体建筑和广播电视塔

源,立足浦东特色,建设全媒体矩阵,开展综合服务,实现纸媒、广电、新媒体的融合发展。同时,上海浦融传媒有限公司作为中心的功能性平台与中心一体化运作,公司的全资股东为上海外高桥资产管理有限公司,业务和经营由全资股东委托浦东新区宣传部(文体旅游局)管理。

中心负责浦东区属媒体报、台、网、端等多平台内容生产和融合传播工作,运营由"浦东发布"微博、微信、视频号、抖音号、"浦东观察"客户端、"学习强国"浦东融媒号、脸书"中国浦东"账号组成的移动新媒体矩阵,以及一报(《浦东时报》)、一刊(《浦东开发》)、一频道(浦东电视台频道)、两频率(综合频率 FM106.5、文艺生活频率 FM100.1)具体实施。

中心坚持"传统媒体平台做精做实,新媒体平台做大做强"的方针,整合内容资源,优化发稿机制,加强与中央级和市级主流新媒体平台合作,推进内容产品全网分发,聚力提升"浦东发布"矩阵的传播效能,向网端、移动端大力拓展舆论主阵地,2023 年入选全国县融中心综合影响力优秀案例(新华社新闻信息中心发布)、上海市广播电视媒体融合十大优秀案例(上海市广电局发布)。截至 2023 年年底,"浦东发布"微博、微信粉丝分别达到 75 万人和 170 万人,稳居全市政务新媒体头部梯队,"浦东发布"微博连续三年入选人民网"全国十大党政新闻发布微博"并在新浪政务微博外宣榜上排名全国前列。包括"浦东发布"视频号、抖音号以及在央视频、今日头条、B 站等头部平台账号在内的短视频矩阵全网累积粉丝 330 万人,日均流量近千万次,抖音号名列上海抖音政务号首位。移动客户端"浦东观察"开设有产业、时政、财经、文化、民生等12 个资讯专栏,截至 2023 年年底拥有注册用户 230 万人。脸书"中国浦东"账号是全市首个区级脸书官方账号,粉丝超 107 万人,年帖文总覆盖量近 500 万人次,向世界展示浦东形象、传播浦东文化、讲述浦东故事。"学习强国"浦东融媒号 2020 年 12 月 14 日上线,是全国首批上线的"学习强国"县级融媒号之一。《浦东时报》为上海报业集团主管主办的日报,每周五期,每期全彩八版,是唯一一份面向全国公开发行、集中反映浦东改革开放最新发展成果的经济类综合报纸。浦东人民广播电台开设多档以直播为主的自办节目,每天播音18 个小时,文艺生活广播在全国地市级电台音乐频率云端点击量排名前五。浦东电视台有线用户覆盖人群超过 800 万人,每天播出 18 个小时,现有《浦东新闻》《浦东纪事》《浦东新脸谱》《访谈录》等八档自办新闻和专栏节目。

二、浦东新区融媒体中心运营情况

(一) 宣传管理：把方向、抓导向、管阵地、强队伍

一是突出主流舆论引导,传播正能量、奏响主旋律。围绕全年重大部署、重要政策,实行重大宣传报道"项目制",强化重大主题内容生产。二是强化内容把关,细化完善内容审核机制。中心对包括新媒体在内的所有新闻内容产品都严格遵守"三审制"流程,做到重大时政新闻专人负责;成立专项检查小组,针对违法新闻活动、虚假新闻等进行自查。三是把时、度、效作为内容生产发布的重要标尺,明晰规范,从选题策划、采访编辑、内容产出、平台发布全流程加强品控,加强用稿点评反馈,形成长效机制。四是加强舆情研判处置,开展风险排摸,制定应急预案,强化突发事件处置和报告机制。五是顺应"融媒"发展趋势,以"融媒匠星"评选为抓手,着力提升从业人员的专业能力。通过跨部门项目化整合,打破部门与岗位的壁垒,建立以项目需求配置人员的工作机制,提升人力资源的效能。

(二) 指挥调度：多平台分发,形成"正能量＋大流量"的传播影响

一是建立融媒体指挥中心,设立值班长、采前会制度,严格贯彻落实市委宣传部、区委宣传部的要求,紧紧围绕浦东重大任务、重点工作、重要节点,统一安排指挥调度,统一内容生产,多平台分发,形成"正能量＋大流量"的传播影响。二是成立中心编委会,对上级宣传要求和宣传任务根据宣发时间节点进行部署落实,并及时上报有关宣传情况,形成宣传要求的部署、策划、落实、反馈的闭环。三是根据市级规范要求,宣传口径和有关密件通知等专人负责管理,形成第一时间传达,第一时间执行监督落实。

(三) 融合生产：不断优化平台的内容生态

一是组织机构上保持平台的完整性,确保报纸、广播、电视节目的正常运行。二是内容生产流程上通过融媒体指挥中心编前会、采前会、专题策划会等形式统一报题、统一策划、统一采集、分平台分发,确保报纸、广播、电视、新媒体业务的采、编、播顺畅(见图 4.2)。三是人员配置上加强一线采、编、播的力

量,中心采访部融合打通原有广播、电视、报社的采编力量,并进行音频、视频、图文等全媒体实践,一线新闻采、编、播人员规模效应更大,选题更丰富。四是在分发渠道上不断拓展原创节目的影响,开发浦东观察 APP,运营"浦东发布"微信、微博和抖音号,同时开设人民号、上观号、今日头条号等内容运营账号,将广播、电视、报纸原创的图文、音频、视频分发到各个渠道。五是发力原创新闻内容采制,努力打造各种传播形态的"爆款"内容,完善项目化主导、团队化运作、立体化作战的高质量内容产出机制,持续推出有思想、有温度、有品质的原创新闻作品。

图 4.2　浦东融媒体指挥中心统筹指挥策、采、编、发

（四）安全传播:健全安播机制,加强责任落实

中心把安全播出、网络安全、广播电视设施安全保障作为首要的政治任务,按照中宣部、广电总局的要求制定保障方案、应急预案,开展安全播出大检查,组织应急演练,高标准、高质量地完成各项安全保障任务。一是做好各类重点时段的广播电视安全播出保障工作,健全安播机制,强化重点时段、重要节目的安全播出管理制度,梳理各类应急预案,加强设备巡检、维护,不断提升

安全播出保障水平。二是强化网络安全主体责任落实,提前谋划、提前部署,强化各项网络安全管理措施,做好重要时间节点的网络安全保障工作。三是做好广播电视设施保护工作,加强汛期安全防范措施,加大巡视检查力度,妥善应对台风等自然灾害对广播电视安全播出的影响。

(五)服务基层:形成宣传合力,有效地促进基层工作

中心以全媒体矩阵服务基层工作,围绕学习贯彻习近平新时代中国特色社会主义思想和党的二十大精神,在全平台推出"学思想强党性重实践建新功"和"引领区新征程　一把手谈发展"系列短视频,各街镇、委办局及开发区一把手结合工作实际,畅谈如何把宏伟蓝图变为生动实践。聚焦基层社会治理体系建设,推出"基层社区治理典型""我们的小巷总理"等系列报道。"浦东发布""浦东观察"及时发布权威信息,服务基层工作,开通疫情防控工作问题建议征集平台,累计征集问题 2.8 万个,邀请区防控办回复市民留言问题 1 000 条以上,征集群众疑难、共性问题 1 500 多个,及时上报网信办协助解决,有效地通达民情民意,有力地服务基层防疫工作。聚焦党史学习教育、建党百年、文明城区创建、科创引领、民生热点等主题,推出"微博话题♯上海党史小课堂♯""我为群众办实事""创城进行时""民生直通车""临港新片区""筑梦张江""浦东群文"等专栏。

三、全媒体服务应用实践

融媒体中心自成立以来,在服务浦东"引领区"建设大局中找准自身坐标,在做好重大主题报道凸显舆论引领、打造爆款增强平台影响力、凝聚力量破壁融合等方面取得积极进展。

(一)构建主流舆论阵地,集中展示浦东成就

2020 年,聚焦浦东开发开放 30 周年,全平台整体发力,在及时转发转载权威媒体重磅文章的同时,推出一系列全媒体原创内容,包括:20 个版面的《浦东时报》纪念特刊和系列综述;广播专题展播"30 年 30 个精彩瞬间";创意互动H5"三十而已　定格你的浦东时刻""奔跑吧　浦东!",短视频"浦东　你好!"

"大话浦东""爱浦东DOU一下";系列海报"致敬人民　感恩奋斗者""浦东桂冠之路";15个小时大直播"穿越30年　感受浦东加速度"等,形成宣传声势。尤其是"而立浦东再出发"系列报道,累计发稿230多篇,全网阅读量8000多万次,集中展示了浦东开发开放的伟大成就。

2021年,聚焦庆祝建党百年,推出"奋斗百年路　启航新征程""党旗在浦东高高飘扬"等系列主题报道,多平台分发,累计发稿800多篇次,全网流量2500万+,有55篇被"学习强国"选用。推出《浦东时报》庆祝中国共产党成立100周年"百版"特刊、电视百分钟特别节目、电台百名青少年红色经典诗词诵读、微信H5互动游戏、抖音"浦东最先锋"系列、"走浦东红途　讲红色故事"短视频系列等原创作品,形成宣传强势。聚焦党史学习教育,推出"学党史　担使命""我为群众办实事"等专栏,报道浦东"学习读书会"党史教育品牌定制化、场景化党课的特色和亮点,全媒体平台累计发稿1400多篇,新媒体浏览量总计超4000万次,微博话题♯上海党史小课堂♯运营15周阅读量达到414万人次。

2022年,以迎接、宣传、贯彻党的二十大精神为主线,聚焦"奋进新征程建功新时代"主题,汇聚全网重要新闻信息资讯,全平台呈现主流央媒、市媒"领航中国""非凡十年""引领区""百姓话思想""大家聊巨变""海外员工看中国"等专题、专版重磅新闻作品,以及"喜迎二十大　非凡十年"区委书记访谈、"人民之城"融媒联播浦东专题等主打内容,通过集纳报道,营造浦东"引领区"的主流舆论场。聚焦"引领区"建设、市场主体宣传、打赢"大上海保卫战"、文明典范城区创建、基层社会治理等重点工作,多角度深层次地讲述浦东故事,展现浦东"因改革开放而生、因改革开放而兴"的发展特质。

2023年,围绕学习贯彻习近平新时代中国特色社会主义思想主题教育、营商环境建设、"五个中心"核心区建设、文明典范城区创建等重点工作,聚焦自贸区十周年、"引领区"两周年、浦东开发开放三十三周年以及进博会、陆家嘴论坛、世界人工智能大会等重要节点和重大活动,推出"直击引领区""自贸区十周年""市场主体说浦东"等主题专栏,和"走近浦东民营企业家""外籍人士看自贸""浦东非遗""花开浦东"等系列报道,生动地呈现浦东制度创新、重大工程项目建设、三大先导产业和六大硬核产业发展、优化营商环境等方面的成果案例,讲述浦东服务国家战略、推动高水平改革开放的生动实践,宣传浦东践行人民城市理念全面推进现代化城区建设的新举措。

(二) 以"融媒十"强化政务服务,促进基层宣传工作

1. 做强政务新媒体,打造宣传主引擎

紧紧围绕区委区政府的部署安排,不断推动政务新媒体"浦东发布""两微"改版,完善重点选题策划、新闻线索对接、用稿协调、考核评价等管理机制,在内容生产上更加紧贴中心、服务大局,在传播力、影响力上不断创新方法,提升竞争力,更敏锐地捕捉浦东正在发生的深刻变化,更精准地把握浦东持续推进的重大任务,更深入地宣传浦东不断积累的比较优势,更系统地总结浦东"走改革路、打开放牌、吃创新饭"的经验做法,如,2023年推出的"九张图带你感受 TA 的巨变""33 周年,33 道题,测测你有多了解浦东",全面展示浦东开发开放 33 年来的发展成就,获"上海发布"全文转发,进一步凸显了"权威声音发布主渠道、改革创新宣传主阵地、高品质生活呈现主舞台、区委区政府中心工作导向风向标、各单位争先创优点将台"的定位。此外,"浦东发布""两微"还集纳浦东各委办局、街镇、重要机构微信公众号形成矩阵,成为浦东勇当标杆、示范引领的宣传主引擎。

2. 强化政务功能,用好移动客户端

移动客户端"浦东观察"上线"党史学习教育巴士""浦东 30 周年主题展"等 15 个预约系统,以及报纸订阅、公园预约等便民服务,引入浦东新区新时代文明实践中心"志慧"云平台,推出浦东开发开放 30 周年线上主题展,开通民生直通车爆料平台,集纳浦东各委办局、街镇、重要机构微信公众号形成矩阵,在原有便民服务功能的基础上,完善市级政务平台随申办的服务接口,拓展政务办理、投诉受理等"媒体十政务"功能,提供满足群众基本需求的线上政务服务。

3. 强化服务功能,拓展服务平台

在 2020 年浦东开发开放 30 周年庆祝大会期间,习近平总书记参观了由融媒体中心负责运营和讲解的浦东开发开放 30 周年主题展并给予了高度评价。该展馆已成为全面展示浦东开发开放辉煌成就、传奇历程和思想溯源,学习贯彻习近平新时代中国特色社会主义思想的重要载体和鲜活教材。这一当好"政务十服务"运营商角色、做强政务服务功能的实践,践行了习近平总书记关于"坚持以人民为中心""加快推动媒体融合发展,构建全媒体传播格局"的导向要求。

"大上海保卫战"期间,"浦东发布""浦东观察"开通疫情防控工作问题建议征集平台,通达民情民意,及时发布权威信息,讲述一线抗疫故事,推出报道15 000余篇,《方舱里的爱心接力》在"学习强国"主站播放量137万次,《这只破皮的手 在与时间赛跑》《儿童医学中心十二时辰》《多措并举保障封控小区生活物资供应》等报道被《人民日报》、新华社、中央电视台等央媒转载,为央视频"上海同心抗疫特别直播"栏目提供长达两个多小时的独家内容"跟着叮咚小哥去看保供在路上",通过"正能量+大流量"的传播力,凝聚众志成城、共克时艰的强大力量。

(三)拓展线上服务,助力城市精细化管理

中心进一步完善市级政务平台"随申办"浦东新区旗舰店的服务接口和街镇旗舰店矩阵,拓展政务预约、查询、办理等功能,提供线上政务服务,满足浦东群众的基本需求。

微博开设话题♯浦东城市服务台♯,提供民生政策解读等与居民生活息息相关的信息资讯,实时发布天气预警、公交路况、加装电梯、社区服务、文旅资讯等信息。为了应对台风来袭,及时做好信息发布,在2021年7月的"烟花"、9月的"灿都"、2022年的"梅花"台风期间,进行"追风"大直播,立体化、多角度、全方位地呈现浦东新区防御台风的举措,用镜头记录下城市的努力、精细、温暖,在线观看人数分别达到550万人和200万人,直播间关注人数超过20万人,留言评论数超过2万条,直播信号被央视、上视、浙江卫视、澎湃新闻等十多家媒体平台传送共享。突出资讯便民服务,注重提供与居民生活息息相关的信息资讯,节庆假日期间推送"浦东人文乡村之旅""外籍人士看浦东"等系列文旅线路信息,以及上海图书馆东馆开馆、上海旅游节、重阳敬老日等活动资讯,方便市民选择丰富多彩的假日节目。

(四)"移动优先",引领全媒体传播体系建设

中心依托市级技术平台,建成集内容汇聚、生产和发布于一体的融媒体指挥中心,统筹采编资源,统管全媒体新闻宣传,实现"一次采集、多种生成、多元传播"。在创设人民号、新华号、上观号、澎湃政务号等主流媒体平台账号的基础上,入驻第三方平台并开设今日头条号、网易号、喜马拉雅号、阿基米德号等内容运营账号。

以"浦东发布"视频号、抖音号为主渠道,让短视频在重大主题宣传方面发挥更大的作用。已形成视频号、抖音号、快手号、今日头条号、B站UP主、央视频号在内的短视频矩阵,累积330余万个粉丝,获赞7 800余万次,日均流量保持在千万次级别。"浦东发布"抖音号围绕"引领区"建设,开设的文明浦东、平安浦东、硬核浦东等合计播放量达10亿次+,成为宣传浦东的重要平台和阵地。2021年8月,开通政务新媒体"浦东发布"微信视频号,"主播说新闻""浦东时政""市场主体说浦东"等原创内容产品全网分发,为受众打开一扇"看见浦东、看懂浦东"的窗口,2022年粉丝增长近20倍、总阅读量超6 000万次,2023年播放量超千万次的短视频作品30余条,其中,《陆家嘴"焕彩水环"一期贯通》充分体现人民城市理念,《沪滇携手:老姆登村开启"浦东加速度"》在新华社客户端浏览量达80万次+。重点突出、亮点纷呈、生动有趣的短视频作品,扩大了主题宣传的声量,成为媒体宣传的"最强音"。

四、创新探索"浦东特色":围绕"三个圈层",呈现社会主义现代化建设引领区的新成效

浦东融媒体中心对标浦东"社会主义现代化建设引领区"主流媒体的责任担当,围绕浦东改革发展的大局,推行一系列改革举措,在重大主题报道、基层社会治理、新商务、国际传播等领域努力深耕,创新探索了"浦东特色"。

(一)聚焦重大主题报道,呈现社会主义现代化建设引领区的新成效

融媒体中心紧紧围绕国家战略,重点聚焦高水平改革开放、综合改革试点,打造社会主义现代化建设引领区、"五个中心"核心承载区、营商环境综合示范区、丝路电商合作先行区等浦东承担的重要功能,展现浦东全力以赴"拼经济、闯改革、保民生、敢作为"的新进展、新成效。

中心关注企业发展和产业平台建设,推出《直击引领区》《引领区进行时——百家企业大走访》《走近浦东民营企业家》《特色产业园》等系列作品。2023年,推出"直击引领区"系列报道350余篇,聚焦浦东引领区建设新举措、新进展、新成效,同时,围绕三大先导产业、六大硬核产业等重点产业,深入企业一线,反映企业创新创业的最新进展以及浦东打造一流营商环境的最新成

果。推出"自贸区十周年"系列报道 115 篇,聚焦上海自贸试验区十年来取得的重要成就、改革创新举措和典型案例,创新形式,以系列视频、长图、系列海报、微信 SVG(Scalable Vector Graphics,可缩放矢量图形)交互产品等形式丰富的新媒体产品,集中做好重点报道。

案例呈现

《引领区进行时——百家企业大走访》

自 2022 年 3 月起,中心开设《引领区进行时——百家企业大走访》系列报道,通过采访市场各类企业,反映浦东在打造市场化法治化国际化营商环境、倾听市场呼声、聚焦企业关切、推进"放管服"改革方面的亮点和引领性做法。同时,聚焦企业对政府的需求和建议,例如,如何进一步激发企业活力,如何进一步减税简政、缓解融资难,如何为企业生产经营、参与公平竞争提供更宽松的环境等方面的需求和建议等,为浦东打造社会主义现代化建设引领区营造良好的舆论氛围。

系列报道细分为多个重要版块,旨在多维度、多角度地做好服务经济、服务企业的宣传报道。其中,有三个亮点小系列。

一是"外商说浦东"系列。聚焦于报道跨国公司在浦东的发展现状以及本土化情况,特别是与跨国公司深入交流探讨在浦东新区打造社会主义现代化建设引领区建设过程中,跨国公司如何更好地参与国际合作与竞争,探索具有较强国际市场竞争力的开放政策和制度。

链接:"外商说浦东"系列作品

扫一扫,观看视频

二是"外籍员工看浦东"系列。聚焦在外籍员工这一群体身上,从一名外籍员工的角度讲述他们眼中的浦东。通过对这一群体的采访和展示,表现近十年来特别是近两年来浦东的发展,展现浦东优越的营商环境。该系列短视频获得 2022 年的上海市银鸽奖。

链接:"外籍员工看浦东"系列作品

扫一扫,观看视频

三是"走进浦东民营企业家"系列。聚焦贯彻落实《中共中央　国务院关于促进民营经济发展壮大的意见》中提出的"加强对优秀企业家先进事迹、加快建设世界一流企业的宣传报道,凝聚崇尚创新创业正能量,增强企业家的荣誉感和社会价值感",中心携手浦东新区工商联推出的这一系列报道,反映了浦东在引领区建设的生动实践中有效地激励民营企业提信心、聚同心,进一步弘扬优秀企业家精神。

链接:"走进浦东民营企业家"系列作品

扫一扫,观看视频

(二) 围绕"三个圈层",探索基层社会治理新路径

浦东新区五届区委四次全会审议通过的《关于深入践行人民城市重要理念　全面推进现代化城区建设的意见》,进一步明确打造精品城区、现代城镇、美丽乡村"三个圈层"的目标任务。

2023 年,浦东融媒体中心以"人民城市人民建,人民城市为人民"为主题,围绕精品城区、现代城镇、美丽乡村"三个圈层"建设,分别推出三大系列报道近80篇,宣传践行人民城市理念、全面推进现代化城区建设的"浦东精彩",探索符合浦东气质的基层社会治理之路。

一是贯彻落实浦东打造"三个圈层"三年行动计划,聚焦各街镇在经济发展、企业服务、民生治理方面的新举措、新进展,重点抓住"四个一批"项目、产业园区转型升级、"城中村"改造、生态清洁小流域建设、乡村产业项目、全域土地综合整治等题材,展现浦东打造现代化城区新格局的火热干劲。

二是围绕浦东重大民生实事项目,如"两旧一村"改造、养老工作与养老院建设、加装电梯、规划动态、文化建设、城市环境治理、浦东首店等市民关心的议题,持续推出新进展、新成效的原创报道。2023年10月27日发布的高东镇配套中学规划——《这里即将新建一所中学,一起来看详情》,阅读量逼近10万次+。反映浦东商业、交通、教育、医疗等民生领域新进展的稿件一经及时发布,都会受到网友的高度关注。

三是积极报道"从盆景到苗圃再到森林"发展过程中的创新做法和积极成果,从党建引领、公建配套、"城中村"改造等方面多角度、多维度地呈现该项目推进中的新闻价值亮点,既着眼于项目建设第一感受这个"面子",更着眼于城镇实质性变化这个"里子"。在唐镇小湾村等地块"城中村"拔点改造项目推进中,多次报道项目规划和拆迁的阳光政策,宣传"城中村"改造惠及居民的实实在在的好处,为签约工作提供助力。

四是精选报道国外先进的城市建设和发展案例,以他山之石为"三个圈层"建设提供智库、汇聚智慧。2023年11月29日,记者报道的新加坡新镇规划和建设报告会,探索新发展理念在城市规划和城市治理领域的实践与应用,搭建国际交流平台,为引领区建设提供空间规划和资源保障的新思路。

(三)探索都市农业新商务,打造"云上农博"新经济

自2020年起,连续三年承办浦东新区农产品博览会,助力乡村振兴,探索构建"新闻＋政务服务商务"的运营模式。2020年,"云上"农博会成交3万余单,交易总金额达237万元,新疆喀什地区的扶贫带货专场销售额超千万元。

1. 新媒体直播开拓传播渠道

依托直播栏目《云看》,每年农博会邀请镇领导、"新农人"轮番上台,直播

带货。平台涵盖微信视频、抖音、微博、"浦东观察"APP 等。新媒体直播的方式能够集中展示新区的特色农产品,提升影响力、知名度,同时,开辟出全新的销售渠道,打造"永不落幕的农博会"。

2. 专业策划打造展会空间

线下展会现场依托融媒体中心的专业活动导演及视觉设计团队,制作搭建展台,安排参观动线,营造消费氛围。同时,设立舞台区域打造专场演出,由浦东新区各非遗展演团队驻场为逛展市民带来精彩表演。

3. 讲好乡村振兴故事助力农民增收

农博会前后,依托浦东发布、浦东时报、浦东新闻等各媒体矩阵,通过短视频、专题节目、专版文字报道等形式,讲好浦东新区农产品的"品牌故事",赋予特色农产品更多内涵、更高价值。此外,对于对口援助地区的农产品宣传,促进了浦东新区与云南、新疆、西藏、福建地区的对口援助和合作交流,实现了"农民得利、市民得实惠、举办方得好评"的良好效应。

(四)创新外宣实践,精准构建浦东国际传播新格局

在全市各区中,浦东率先开设了脸书"中国浦东"外宣账号,坚持聚焦国内外共同价值,以柔性化、全球化的叙述方式,向世界立体呈现浦东开发开放的国际形象、高质量发展的政策举措与世界一流的营商环境,扩大浦东、上海软实力的国际影响。账号于 2020 年 4 月正式上线运营,截至 2023 年年底,账号粉丝数已突破 107 万人。

1. 找准定位,将地方叙事置于中国话语和中国叙事体系之中

脸书"中国浦东"账号在对外传播格局中找准自身定位,发挥差异化优势,探索国际传播的新型模式。立足浦东、突出主题,努力塑造可信、可爱、可敬的浦东形象、中国形象。

一方面,围绕国家重大主题开展宣传,如聚焦浦东开发开放重大主题,推出浦东开发开放 30 周年帖文 87 条,总阅读量达 1 344 万次;2023 年,重点围绕上海自贸试验区 10 周年,开设 ♯ShanghaiFTZ10Years 专栏,发布帖文 20 余条,总阅读量约 90 万次,以系列视频、图文故事形式,生动地展示十年间上海自贸试验区面积不断扩大、产业不断聚集、功能不断增强,有力地推动上海高质量发展,勇当改革开放排头兵、先行者的国际形象。

另一方面,立足本地区域特点,聚焦发展热点和创新亮点。结合浦东的地标性建筑与人文景点,如陆家嘴建筑群、上海迪士尼、上海世博会建筑等区域特色;结合国际受众感兴趣的中国元素,如上海野生动物园的大熊猫、浦东的众多古镇等;聚焦浦东六大产业,如国产大飞机、汽车、医疗、智能制造等,这些既是讲好中国故事的好素材,也是海外网友较为关注的题材,《国产特斯拉正式出口欧洲》《特斯拉超级工厂》等帖文,阅读量超百万次,展现了浦东制造的实力。

2. 把握规律,提升内宣话语向外宣话语的转化效能

在做好内容的基础上,脸书"中国浦东"账号努力把握好国际传播规律,提升内宣话语向外宣话语的转化效能。

一是创新传播话语,形成面向国外受众的选、编、发策略。把握国内外舆论环境的不同、网民群体的政治观点和阅读习惯的不同,采取视觉为主、文字为辅的传播话语策略,选稿以视频、美图、漫画等搭配少量文字,不断积累粉丝,打好提升国际传播力和影响力的基础。

二是构建粉丝画像,依托大数据做好精准国际传播。经分析发现,账号粉丝中,男性占比为 74%,女性占比为 26%。真实、及时的反馈成为脸书"中国浦东"账号内容调整和更新的指针。据此,积极摸索掌握外国网民的兴趣点,及时选取适合外宣的题材进行策划与创意加工,如对文化非遗、迪士尼、特斯拉、自贸区等相关内容,适当地增加推送频次。

三是把握国际传播规律,把握海外传播差异化细节。例如,在发布时间上,选择海外网民较活跃的时间段发布内容,提高传播效果;在产品形式上,精选高质量的图片和视频,把长文章"精加工"转化为简短易懂的帖文,尝试网民喜爱的创意类短视频和手绘漫画、趣味类海报等;在联动互动上,积极探索与大 V 和主流媒体账号的沟通,积极地以浦东原创优质稿件推动共享、转发等平台联动,壮大国际传播声势,放大集群宣传效果。注重与海外网民的互动交流,加强对账号帖文的评论管理,积极回复评论,不断提升粉丝黏性,扩大账号的传播力和影响力。[1]

---

[1] 郑雯、施畅、丁超逸:《以双循环战略融入国际传播格局——浦东新区融媒体中心讲好中国故事的创新实践》,《新闻战线》2023 年第 68 期。

第五章

黄浦区融媒体中心建设运营报告

一、黄浦区融媒体中心简介

黄浦区融媒体中心是中共上海市黄浦区委宣传部下属的公益一类事业单位。2019 年 6 月 28 日，黄浦区融媒体中心正式挂牌成立，成为全市第一批挂牌成立的区级融媒体中心之一（见图 5.1）。

图 5.1　黄浦区融媒体中心的智能展示屏

黄浦区融媒体中心内设总编室、综合办公室、采访部、编发部、专题部、运营部、技术部、网络信息部 8 个职能部室。中心现有媒体产品及平台包括:《黄浦报》,每周一期,周五出报;《黄浦时间》有线电视节目,每晚 8 点播出,收视对象为区域内全体居民;《上海外滩》杂志,每月 18 日出刊;黄浦区人民政府网站,目前每日更新;"上海黄浦"APP;"上海黄浦"微信公众号;"上海黄浦"微博;"上海黄浦"抖音号。中心负责区新闻媒体宣传工作,主要包括电视、报纸、杂志、微信、微博、移动客户端等媒体信息的生产传播以及公益广告、专题片的制播。此外,黄浦区融媒体中心还承担新闻媒介的技术开发与服务、教育培训、商务会展等传媒衍生服务及其他相关业务,是辖区内民众了解全区动态、获取相关服务的重要窗口。

目前,中心依托上海区级融媒体中心统一技术平台实现了统一办公、统一指挥调度、统一宣传发动,做到了区域媒体平台全覆盖,产品、渠道、技术、人员等深度融合。

二、黄浦区融媒体中心运营情况

中心积极推进媒体深度融合发展,努力构建全媒体传播体系,在打造自身平台的基础上,与新华网、人民网、今日头条、澎湃新闻、看看新闻网、腾讯企鹅号、网易号等各大新媒体平台签订合作协议,实现信息的互联互通,扩大平台的传播影响,力求将自身打造为黄浦区的"主流舆论阵地、综合服务平台、社区信息枢纽"。

(一)聚焦主题宣传报道,提高传播效能

中心紧扣黄浦经济发展、城市建设、民生改善等重大主题,鼓励采编人员发挥"四力",深入一线,在电视、报纸、新媒体等平台推出一批接地气、有温度的新闻报道和精品创作(见图 5.2)。

2023 年,中心记者向各级发布平台供稿 4 700 余篇,其中,670 余篇有温度、有质量的报道被央媒、市媒平台选用。"上海黄浦"微信订阅用户数达 37.2 万户,日均阅读量 3.9 万次;微博订阅用户数达 35.7 万户,日均阅读量达 27.27 万次。中心采编人员主创的《上海成片二级以下旧里改造收官　"水塔

图 5.2　黄浦区融媒体中心记者采访老年护理院的老人

人家"要搬迁》荣获第 33 届中国新闻奖三等奖；新闻消息《烈日下的坚守，城市蛙人潜入井下》荣获上海市五一新闻奖三等奖。中心开展的"奋楫笃行启征程"黄浦区街道党工委书记系列访谈融媒体直播节目入选新华社（2023 年第三季度）全国县融中心爆款创作典型事例。

2022 年，由中心运营部主创人员联合采制的《主持人讲党史——"一夜成军"的白衣天使》短视频，分别荣获由上海市广电协会发起的"奋斗与荣光——庆祝中国共产党成立 100 周年"主题短视频大赛二等奖、由上海广播电视台发起的"我的红色印象——庆祝建党 100 周年"短视频大赛一等奖以及 2022 年度上海广播电视奖媒体融合传播三等奖。

2021 年恰逢建党百年，黄浦区是党的诞生地、初心始发地和伟大建党精神孕育地所在区。中心联合上海交通大学媒体与传播学院、上海交通大学党建新媒体研究中心、上海出版印刷高等专科学校以及北京字节跳动科技有限公司等单位，共同发起了"追寻红色记忆，传承红色基因"短视频征集大赛。最终 30 条作品在"上海黄浦"抖音号、视频号以及"上海黄浦"APP 上先后展播。仅以"上海黄浦"抖音号为例,大赛征集期间推送红色系列短视频共达成曝光量197.8万次、点赞增量7.5万次的成绩。

(二)整合区域特色,打造客户端品牌

中心依托区融媒体中心统一技术平台的内容和运营管理能力,加强对移动客户端"上海黄浦"APP的建设,并于2021年8月份进行全新改版升级,重点打造"黄浦圈"社区板块,陆续推出"公益圈""美食圈""宠物圈""摄影圈"等主题圈子,吸引了众多主题爱好者参与互动。中心还结合自身特色,推出了"美食召集令"等特色活动,吸引更多新用户注册登录。2021年10月,"上海黄浦"APP完成无障碍适老化整体改造升级,是工业和信息化部"互联网应用适老化及无障碍改造专项行动"首批通过适老化及无障碍水平评测的APP之一。截至目前,客户端累计更新版本7次,更新方向涵盖了客户端全新改版、"黄浦圈"板块、场馆预约、实名认证等新功能及按用户需求进行的功能性完善。

(三)以多元化运营手段提升用户黏度

中心重点建设"上海黄浦"APP中的"黄浦圈"社区板块,安排专属工作人员负责运营,采用移动、PC双端进行用户发帖和评论审核,及时更新用户动态信息。同时,结合客户端积分任务体系,有效地调动用户的活跃度,提升用户黏性。例如,结合特定主题或法定节日,组织运营"邀请赢积分""中秋有礼兑换月饼券""召唤黄小牛开启新年礼"等活动;结合本区传统美食和商圈经典的特色,推出"'上海黄浦'请你吃月饼""美食圈召集令""刀鱼面免费送"等活动。此外,中心主办与承接了区内多场直播活动,以持续的优质内容输出不断吸纳新用户。2020年,中心通过"上海黄浦"APP移动客户端、"上海黄浦"门户网站、"上海黄浦"公众微信号进行线上直播近40场,吸引受众近12万人次在线收看;2021年,共直播34场,包括《2021年淮海杯"黄浦微旅行"城市讲者竞赛总决赛》《2021年思南赏艺会"我的祖国——胡琴中的红色电影音乐"》《2021年"淮海杯"首届商旅文行业技能大赛发布会》《"初心铸师魂·奋斗启新程"黄浦区庆祝第37个教师节大会》等;2022年,直播近130场,包含"疫情发布会""公共卫生大家谈"等权威转播12场,直播总时长超233个小时。

（四）利用平台优势，提升融媒综合服务能力

中心依托融媒体平台优势，不断完善和优化"媒体＋服务"功能，对接群众需求。"上海黄浦"APP内集"新闻＋政务服务"于一体，其中，新闻资讯类包含"政务""民生""城事""乐活""青春""教育""就业""公益"等多个新闻频道板块，给用户提供多样化的新闻消息，帮助用户更好、更快地了解周边民生与实时热点新闻。此外，端内还开辟了"红色记忆""黄浦日记""百姓话思想"等专题板块，提供丰富且多内容类型的资讯展示。中心还携手人社部门，引入全新的"直播带岗"新模式，通过"云聘大会"助推应届毕业生就业。

三、全媒体服务应用实践

黄浦区融媒体中心自成立以来，全力支持党委政府的中心工作，有效地促进基层宣传工作，注重开发拓展"新闻＋"的公共服务与社会治理参与面向，与区域内的老字号品牌企业进行商务合作，以更好地服务区域经济发展，便捷区域居民的生产生活。

（一）以"政策＋新闻＋知识＋服务"提升社会治理效能

2022年"大上海保卫战"期间，中心积极作为，顶住压力，充分发挥全媒体优势，运用"政策＋新闻＋知识＋服务"的形式诠释政务新媒体在公共传播与社会治理方面的定位与使命，拓宽了联系群众、服务群众的渠道。一是加大权威信息的发布力度，定期以告居民书、情况通报、新闻消息等形式及时发布黄浦保供保障、就医救治等工作的最新信息；二是充分运用新闻漫画、创意海报等新媒体产品，及时发布疫情防控科普知识等实用信息，加强政策措施的解读力度，减少群众焦虑。在2020—2022年新冠肺炎疫情防疫期间开通快速回复渠道，急百姓之所急，切实为社区居民解决了就医、配药、买菜、心理失调等各类救助问题，受到辖区居民的好评。

（二）结合区域发展特色，精准对接公共服务需求

中心结合区域发展特色，配合区委区政府的重点工作，扩大区域内演艺大世界的宣传力度，充分利用现有资源，以平台化、数字化的方式连接线上线下

服务资源,融合黄浦区各类演艺场馆、各种活动资源,提供统一的线上购票、报名及招募渠道,进一步推动区域内演艺类场馆、活动资源的高效整合。

此外,中心以上海区级融媒体统一技术平台为基础,依托"上海黄浦"APP服务渠道,向用户提供便捷的公共服务。2021年,中心运营的新媒体平台为群众提供建党100周年红色场馆预约服务,以数字化技术推动红色文化场馆类公共服务活动更均衡、更精准、更充分地发展,精准对接群众需求。针对区内企业发展的用人需求,中心还与区就业促进中心合作建设"云招聘"系统,拓展线上招聘新渠道,完善区域人才服务链,推动黄浦区人才市场的可持续发展。

(三) 助力新时代文明实践信息平台建设

新时代文明实践信息平台是面向区级新时代文明实践机构提供的一站式信息化服务平台。以智慧化、信息化、特色化为支撑,汇聚VR(virtual reality,虚拟现实)、LBS(Location Based Services,基于位置服务)、移动互联、人工智能、大数据分析等信息技术,黄浦区融媒体中心整合了区域内三级阵地的文明实践服务资源和志愿者、团队资源,提供供需对接、活动超市、活动报名、基地预约、服务地图、在线培训、实践动态、精准推送等功能,通过菜单式、订单式、随时随地的文明实践服务,构建起服务管理一站式、PC移动一体化的新时代文明实践信息平台。

(四) 商务拓圈,携手打造老字号美食活动

黄浦区融媒体中心将"地标+美食"打造作为商务拓圈路径,与黄浦区老字号企业开展线上线下合作。中心在"上海黄浦"APP开展了"美食圈召集令——我心中'必吃'餐厅""新春送福气""品尝'刀鱼面'APP积分兑换""黄浦刨冰大比拼""'一品一店'中秋月饼"等系列活动,在"上海黄浦"APP、微信公众号、微博、抖音平台对老字号企业进行品牌宣传的同时,让融媒体中心的各产品平台进一步提升了传播力和影响力,实现商务拓圈和传播力建设的双赢。

(五) 深度融合,全景展示社区基层建设成果

自2023年3月起,黄浦区融媒体中心联合全区十个街道,共同推出"奋楫笃行启征程"黄浦区街道党工委书记系列访谈融媒体直播活动,用鲜活生动的

案例全景展现人民城市建设的生动实践。节目设置了"社区介绍""书记访谈""直播连线""市民海采"等板块。"直播＋短视频"多维度的产品线多角度地展现了黄浦区域生活的温度、街区的烟火气、城市的变迁以及未来发展的期盼,彰显出黄浦的幸福底色。据统计,在"上海黄浦"APP 和视频号上的直播节目吸引超 5 万人观看,点赞近 15 万次。节目入选新华社(2023 年第三季度)全国县级融媒中心爆款创作典型事例。

四、创新探索"黄浦特色":推动区域特色发展,构建数据考核体系,创新服务样态,培育人才队伍

中心自 2019 年挂牌成立以来,持续探索超大城市区县融媒体的生存发展之道。在根据"报、台、网、端、屏"不同载体的媒介属性进行深度融合的同时,对内深化改革,建立起极具数据思维的内部考核管理体系;对外依靠区位优势,整合优质资源,将业务拓展融入区域发展实际,在充分践行"以人民为中心"的发展思路的同时,注重资源的开发变现,进行了富有特色的转型尝试。

(一)发挥全媒体传播优势,主动融入区域特色发展

中心充分研判身为老城区在地理、经济、文化等方面长期积累的区位优势资源,发挥媒体特色,进行适配功能孵化,积极融入区域特色战略规划之中,创新性地开展"人无我有"的特色业务。

1. 借势客户端建设,辅助打造黄浦"演艺大世界"文化名片

"演艺大世界"(SHOW LIFE)是以上海市黄浦区人民广场为核心区域,辐射整个黄浦区乃至上海市中心城区的演艺集聚和产业发展区。黄浦区域内现有专业剧场 22 家,展演空间 37 家(其中,26 家已获"演艺新空间"授牌),汇聚了戏剧(含歌剧、舞剧)、戏曲、音乐剧、音乐会等各个门类的艺术表演形式。在人民广场周边 1.5 平方千米范围内,正常运营的剧场及展演空间有 21 个,密度达 14 个/平方千米,是全国规模最大、密度最高的剧场群。"演艺大世界"内已有上海国际音乐剧节、上海国际戏剧邀请展、上海国际喜剧节、思南城市空间艺术节、表演艺术新天地、百年大世界沉浸式展演秀、上海城市草坪音乐会、思南赏艺会、"艺树"计划等诸多专业性、国际性的节展和活动品牌。

中心积极对接"演艺大世界"的优质文化资源,在融媒体客户端开设界面入口,用于各类演艺演出活动的信息展示,打造"演艺大世界"的移动电子名片。在功能设计方面,中心秉承演艺内容搜索精细化、直观化的设计思路,将舞台剧、话剧、音乐会、音乐剧、脱口秀、儿童剧等演艺资讯汇总分类及时发布,以更符合用户收视习惯的页面和音视频内容进行融媒展示,并按照地标和演出类别进行演出信息快速检索。此外,中心在文化名片打造时充分发挥互联网思维,以项目化的形式进行分批分次规划设计,例如,"演艺大世界"1.0版本优先解决演艺信息的集成与展示,强化用户的搜索体验;2.0版本引入互动与评论,并借鉴市场化的作品评分系统和积分商城系统,实现粉丝互动和社群运营,增强用户黏性;3.0版本与各票务公司合作,以差异化经营的方式进行折扣尾票的经济效益和社会效益变现。针对区域内中老年与白领青年的文化需求差异,中心还积极引入社会力量,与小红书进行战略合作,将目标用户扩大化,协同提升"演艺大世界"品牌知名度的区域外影响力。

2. 携手"中华老字号",推促经济效益与社会效益的双向提升

黄浦区是沪上"老字号"企业最集聚的区域之一,在20.52平方千米聚集了96家"中华老字号",这构成了黄浦区重要的区域特色和战略发力点。黄浦区融媒体中心以此为契机策划一系列活动,实现经济效益与社会效益的双丰收。

在服务区域经济发展方面,黄浦区融媒体中心打造了"五五购物节"商务品牌,吸引区域内一批老字号、新品牌参与购物节促销活动中,以直播等形式充当产销端的沟通渠道,以互联网思维助力经济样态的更新。2021年5月28日,在黄浦区融媒体中心的组织对接下,区内60余个老字号品牌以及对口帮扶地区的特色产品品牌集中参展,通过现场直播带给用户"老字号、新国潮"体验、老字号文创购物体验和非遗工匠技艺体验,增强了品牌展示的互动性。同时,黄浦展区还设置了"黄浦好物"展区,集中展示黄浦老字号新品靓品、伴手礼以及文创产品等,设立"淮海路共享直播间",限定时段提供品牌直播带货、限时秒杀等活动,实现线上线下联动,进一步汇聚人气、商气,重启生产、流通、消费的良性循环,促进消费回补和潜力释放。

在服务社会效益方面,中心积极配合区民政局提出的"五边形"养老服务体系建设,协助各街道牵手老字号品牌成立了"老字号长者助餐联盟",以参与

打造"老字号长者餐厅"的形式为黄浦老人带来用餐"食"惠,让舌尖上的"豪华阵容"融入社区居家养老服务的版图,助力为老服务"10分钟生活圈"的构建。

3．"慢直播"技术加持,展现大上海"外滩"形象品牌

中心注重媒体技术优势与区位地理优势的创新性结合,以"上海黄浦"视频号为渠道,采用"慢直播"的方式对大上海"外滩"名片进行全时段、全方位的展示。2022年年底,中心以此为基础策划了"与你相约·许愿阳光"活动,邀请市民共同参与2023年第一缕晨曦之中,以全新的思维方式展现对新年的期许,产生了较好的活动效应与影响力。此外,中心还拟在此基础上增加设备投入,多点机位、多画面、菜单式打造直播矩阵,以"慢直播"的方式吸引用户收看,并配合多样活动提升粉丝的转化率。

（二）重视数据的互联互通与价值挖掘

中心纵向上与市级融媒平台进行采编资源共享,横向上与区党建服务中心、新时代文明实践中心等进行互联互通,实现了"策、采、编、发"全流程线上运营模式,严格落实"三审"制度。2022年,中心着力建设黄浦区融媒体分中心平台,涉及教育、消防等多个行业和部门,充分发挥融媒体中心阵地、聚力、辐射等优势作用,同步谋划、同步推进、多中心协同,盘活各类线上线下资源,有效地避免了一稿多投、一文多平台推送、基层宣传疲于在各平台转换和重复操作的问题。中心凭借与上海区级融媒体中心统一技术平台实现无缝对接,实现数据内容、流程流转等数据信息的互联互通,支持融媒中心业务管理的互联互通,并提供标准接口,保持与上海区级融媒体中心统一技术平台互联互通。

此外,中心注重数据价值的发掘与开发,建设了黄浦区融媒体中心大数据影响力分析系统,实现了对各主要媒体渠道的信息内容采集以及传播力、影响力分析。随着系统数据分析能力的逐步完善,中心进一步加强对各个时期热点的传播效力分析,以对重点舆情进行及时研判,快速反应,正面引导,扩大主流价值影响力的版图,让党的声音传得更开、更广、更深入。通过整合"上海黄浦"APP、微信公众号、微博、微视号、抖音五大平台的信息数据,结合已有绩效考核制度,中心建立和完善了较为科学的绩效考核体制,从新媒体的舆论生态、媒体格局、传播方式、内容结构方面进行深度剖析,使传播力和影响力得到量化,让记者和编辑切实了解到自身工作的效能,提升了融媒体的整体工作成效。

（三）创新服务样态，打造"一体化"就业服务新平台

中心聚焦青年就业需求，不断拓宽渠道、挖掘潜力、创新服务形式，联手黄浦区人社局、黄浦区就业促进中心，精心打造"云聘大会"线上招聘专场，在"线上带岗"的基础上不断创新云端探企、人岗匹配新模式，推出"重点企业直播探岗"系列活动，并邀请高校毕业生、长期失业青年、云南对口援助地区求职者观看和参与。通过主播探访企业，让重点群体沉浸式地感受企业发展活力和工作环境，并在直播间设计交流环节，让企业与求职者开展深度互动，为供需双方提供便捷高效、精准有效的求职对接平台。

据统计，中心在2022年6—11月共举行6场直播，"上海黄浦"APP累计观看人数达8 743人，期间吸纳参与线上直播的企业有120家，提供岗位321个，招聘岗位人数达2 465人。2023年1—9月共举办7场直播，"上海黄浦"APP累计观看人数达22 000人，吸纳参与线上直播的企业有72家，提供岗位数389个，招聘岗位人数达1 195人。与此同时，参与线上直播的团队也从原先仅为"上海黄浦"APP、"上海黄浦"微信视频号、"黄浦就业"视频号组成的政务新媒体群不断拓展，逐步引入智联招聘、毕业申等市场化人力资源服务平台的参与宣推，13场"直播带岗"实现总浏览数896 175次、收到简历投递数3 076份的成绩。

（四）以各类项目为依托，培育后备人才队伍

黄浦区融媒体中心通过项目制的方式，在各年龄、各层面的受众群体中进行了融媒体分中心的创新筹备与建设工作，深入基层一线培养媒体队伍，为媒体人才动力机制优化和储备力量建设提供了可能。

1. 重视"未来媒体人"项目，孵化人才队伍与产出优质作品

2022年11月，黄浦区融媒体中心与上海市民政局、黄浦区就业促进中心、黄浦区妇联等相关职能部门合作，委托上海颂鼎社会公益创新发展中心运营打造了"未来媒体人"项目，从上海各高校新闻传播院系中定向招募一批优秀见习生，围绕助老帮困、创业就业、妇女儿童保障等民生话题进行再挖掘、深加工，产生出具有影响力、传播力的融媒作品。

"未来媒体人"团队通过前期的素材遴选、人物推荐，到之后以"采访口述＋图文照片＋短视频"等多元方式，研磨打造了可覆盖多渠道传播需求的

《助业者说——创·述》栏目。截至目前,共吸纳 4 批次 15 名大学生进行 2—5 周的新闻采写实践。自 2023 年 4 月底起,已完成 25 期《助业者说——创·述》系列专栏的每周更新任务,通过中心的线上宣发渠道进行多维度传播。

2023 年 5—6 月,恰逢上海市民政局(上海市社会组织管理局)主办的 2023"筑梦公益"上海社会组织联合招聘系列活动,"未来媒体人"团队深度参与 5 场线上"直播带岗"及宣传片拍摄和剪辑等工作,为系列活动提供直播技术协助、内容脚本撰写及摄影剪辑等服务。据统计,5 场活动均通过微信视频号"沪上社会组织"和"公益新天地"进行网络直播,直播线上总观看人数接近 1 万人次。全市范围内共 168 家社会组织参与报名,其中,有 25 家社会组织及行业协会商会会员单位直接参与线上线下的直播访谈,平均每场邀请 5 家社会组织。整个"直播带岗"系列活动期间共收到求职者投递简历 3 121 份。与此同时,系列活动也吸引了上海人民广播电台《长三角之声》栏目的长三角热线对其中一场的线上招聘进行同步音频直播,1 小时的收听人次达 1.6 万人。

2. 培养"小主持人",充实媒体人才储备的校园力量

黄浦区融媒体中心联手黄浦区教育局,诚邀全区首批 14 所中小学的"师生报道员"加盟"上海黄浦"APP 教育频道"思政"板块,并以小主持、小记者的身份参与黄浦区中小学生社会实践认证点和媒体素养实训基地,以媒体体验的方式引进"外力",共同办好"专业频道"。

此外,黄浦区有 146 处红色历史文化遗址、遗迹和场所,具有得天独厚的红色资源和悠久绵长的革命文化。黄浦区融媒体中心以此为契合点,联手黄浦区教育局、上海教育电视台策划打造优质节目《1 公里行走课堂》,邀请来自黄浦区各中小学的小主持人带领观众穿行于黄浦城区的老街巷陌,通过镜头让更多受众了解、认识上海历史最悠久的城区。期间,中心以媒体人才培养标准对标"红色小主持人"的相关课程设计和活动策划,不但提升了小学生的媒体行业认知和实践参与能力,进行了广泛的红色文化和爱国主义教育,还将分中心建设的触角延伸至各小学,充实了媒体人才储备的校园力量。

案例展示 ·━·┄·━·┄·━·┄·━·┄·━·┄·━·┄·━·┄·━·┄·━·┄·━·┄·━·┄·━·┄·━·┄·━·┄·━·┄·━·

《1 公里行走课堂》系列视频自 2022 年 1 月 1 日正式亮相,一共 12 集,实现周播,覆盖黄浦区最富人文历史的打卡路线。《1 公里行走课堂》不同于普通

的"行走课堂"节目,主要有如下4个特点。

(1)栏目用独特的人文视角来解读城市的人文景观,有趣生动。

(2)栏目选用黄浦区的中小学生做小主持人来讲黄浦区的人文景观,更有代入感,节目播出后,引起了黄浦区学生对自己生活的城区历史的浓厚兴趣。

(3)栏目在行走中浏览城市的美好风景,每一集精心设计一条路线,全长1公里左右,目的就是让学生们能有机会走出家门,响应"双减"政策,既学习了人文知识,又能锻炼身体,是践行"读万卷书,行万里路"的经典学习方法。

(4)栏目每一集都精选一个主题,12集全部收看完毕观众能够完整地了解黄浦区深厚的人文历史,整个节目编排系统化、课程化,可复刻程度较高;栏目以"城市是本书,在行走中阅读"为口号,希望每个学生都能把自己生活的城市作为一本书,细细品读。

据上海教育电视台地面电视频道大屏播出数据反馈,12集节目的平均收视率为0.02%,平均市场份额为0.22%,平均每期每分钟的观众人数为5 000人,单期每分钟平均最高收视率为0.13%,单期每分钟平均最高观众人数为3.2万人。节目在"上海黄浦"APP、"上海黄浦"公众号累计播放量达5.5万次,其中,有5期节目成功入选"学习强国"APP,播放量达5 236次,取得了较好的宣传效果和人才培育效果(见图5.3)。

图5.3　视频:"1公里行走课堂":探访上海老城墙之路

第六章

静安区融媒体中心建设运营报告

一、静安区融媒体中心简介

2019 年 9 月 16 日,静安区融媒体中心挂牌成立,是中共上海市静安区委宣传部下属的公益一类事业单位(见图 6.1)。静安区融媒体中心下设 7 个部门:采访部、编辑部、专题部、产品部、推广部、技术部与办公室,同时形成总编室统领内容生产事业群、发展运营事业群、保障支撑事业群 3 个工作事业群的

图 6.1　静安区融媒体中心

灵活架构。总编室以"中央厨房"为角色定位,及时对重大采访、大型活动或突发事件新闻采编进行策划、组织和调度。在内容生产事业群中,采访部整合所有记者,统一调度采访工作;编辑部汇聚报纸、电视及"两微"端的所有编辑,完成近 20 个新闻媒介平台的日常选题策划、稿件审核、平台分发等工作;专题部围绕区内重点工作、重大选题,开发制作专题策划类产品的工作。在发展运营事业群中,产品部负责"上海静安"APP 客户端的设计开发、内容编辑与平台运营工作;推广部负责中心各平台的推广外联工作,加强同中央级、市级媒体及优质商业平台的联系,进一步提升中心产品矩阵的影响力和传播力。在保障支撑事业群中,技术部负责中心技术保障工作,包括中心技术平台、指挥平台、媒体资产管理与设备维护等。办公室承担中心的综合协调事项,负责机构编制、行政管理、财务管理、干部人事、员工培训以及薪酬绩效考核等保障工作。

静安区融媒体中心贯彻执行宣传党的路线、方针、政策,有效地传播党和政府的声音,成为区内新闻报道和舆论引导的主流力量;负责区属媒体的新闻宣传工作,围绕区域重点工作进行全媒体形态策划、组织新闻报道;整合各类媒介资源、生产要素,实现"新闻+"移动综合服务平台的快速发展,巩固、拓展主流舆论阵地;向群众提供以政务服务、本地化服务为核心的信息交互平台,发挥社区信息枢纽的作用;加强专业媒体队伍建设,协助做好基层通讯员队伍建设。

二、静安区融媒体中心运营情况

2019 年以来,静安区融媒体中心紧紧围绕习近平总书记"抓好县级融媒体中心建设"的总要求,不断强化顶层设计,在转型中促发展、在互联中求增量,坚持守正创新、开拓进取、真融深融,以高质量规划引领静安区融媒体中心深度融合发展,丰富运营方式与维度。

(一)强化宣传管理,着力资源整合,优化内容采编

基层宣传思想文化是维护社会稳定的"安全阀",作为区域官方媒体,静安区融媒体中心自觉承担起举旗帜、聚民心、育新人、兴文化、展形象的使命任务,不断强化宣传阵地管理,做好区域正向舆论引导。

在体制机制建设方面,中心坚持召开每日编前会、碰头会,及时传达市、区宣传工作的最新指令。自 2020 年 6 月起,中心邀请市级专家成立新闻阅评组,每日发布新闻阅评,每月召开 1—2 次一线采编人员业务会,分析工作数据、点评工作成效,实时监测产品质量,提升新闻报道水平。每周评好稿,设置每月总编奖、年度好新闻评选,激发一线人员创作优秀作品的热情,每周完成工作周报,每月制作工作简报,及时总结各阶段工作,以制度执行切实保障各项工作的有序推进和高效运转。夯实内部管理,狠抓制度落实,切实把制度建设融入每一个岗位、每一项工作、每一个环节。采编一线人员在签订聘任书时,同步签订保密协议,严格执行保密规定。中心坚持党管媒体的原则,把意识形态工作的领导权、管理权、话语权牢牢地掌握在手中,推出静安区融媒体中心"三重一大"议事决策规则,认真落实《静安区融媒体中心互联网新闻信息服务管理制度》《静安区融媒体中心信息安全管理制度》,细化中心各部门的岗位职责分工,制定《三审流程规定》《关于加强工作人员以个人身份对外承接业务的相关要求》《静安区融媒体中心新闻通讯员署名办法》等制度,全面强化风险意识,排查隐患漏洞,进一步严肃新闻纪律,保障政务媒体的权威性和公信力,维护信息发布的准确性和权威性。中心坚持政治导向,落实各环节审核工作,强化媒体融合的使命定位,聚焦新闻宣传主责主业,注重新闻策划,统筹力量,制定方案,扎实做好重大主题、重大题材、重要活动的宣传报道。

在区域资源整合方面,中心积极发挥指挥调度功能,为服务全区经济社会发展、推动静安中心工作营造浓厚的舆论氛围。对内围绕区委区政府的重点工作,进一步加强统筹策划的"一盘棋",各部门通力合作、密切配合,以内容为根本,聚焦"硬实招",实现"报、台、网、微、端"多平台同频共振、融合发展,打出一系列漂亮的"组合拳",对新中国成立 70 周年、上海解放 70 周年、疫情防控、复工复产、"十四五"开局、喜迎"二十大"、区"两会""不忘初心、牢记使命"和"四史"学习教育等重大主题和重点报道方面进行统筹策划,业务部门集中发力,采编人员高度配合,多角度呈现、多平台展现,推出了大量有温度、正能量、大流量的主题宣传报道,充分彰显了区融媒体中心的统筹策划能力和对重大报道的质量把控水平。对外发挥联动整合优势,注重联动相关部门,统筹全区力量做好重点工作进展情况、重要指标完成情况、重大工程推进情况、重大改革实施情况等区委区政府中心工作的主题报道。

在通联协作与人才队伍建设方面,中心注重与市级媒体单位和区域街镇的双向合作,探索出一条深度融合、联动协同的合作发展之路。深化与市级媒体合作,与《新闻晨报》达成战略合作计划,建立采编人员融合工作机制,选派记者深入市级媒体进行培训与实操,积极落实新闻阅评制度、新闻业务指导与咨询工作。与此同时,中心加强融媒体人才引进工作,先后引进2名市级媒体优秀人才担任中层干部,并在新闻实战锻炼中逐步成长为中心领导,进一步推动市区媒体深度融合,助力中心各项工作提质增效。围绕新时代文明实践中心建设,与区文明办合作,推出客户端相应功能板块,有效地凝聚静安志愿者的力量。

在采编流程优化方面,中心不断提高静安新闻报道的策划和融合报道力度,搭建融媒体技术平台,贯通"策、采、编、发、评"全业务流程。重设内部机构,打通部门壁垒,形成以总编室为龙头的3个工作事业群,实现机构设置的扁平化,在绩效、机制上鼓励和要求全体一线人员生产媒体融合产品。此外,中心借助大数据分析指导产品生产和绩效考核,优化工作指标,提高考核的可操作性、科学性和针对性。

(二)建好融媒体客户端,打造区域权威资讯服务平台

静安区融媒体中心依托市级统一技术平台,秉持"移动为先"的理念,以"区域垂类"为特色定位,充分利用现有资源,集中力量建设区域最权威的资讯服务平台,充分利用本地资源开拓专属静安的特色政务、民生、文化等服务功能,以民生需求为导向,强化互动,打造富有静安特色的"新闻＋政务服务＋互动"移动新媒体产品。

"上海静安"APP立足政务平台,集"新闻＋政务服务"于一体,不断提高政务综合服务能力。其中,新闻资讯类包含资讯、推荐、直播、短视频、图集等板块,给用户提供多样化的消息,帮助老百姓更好、更快地了解周边民生、实时热点新闻。APP端内还开辟了"新时代·新征程·新伟业""学习宣传贯彻党的二十大精神""百年辅德里·明灯伴我行"等专题板块,提供丰富且多内容类型的资讯。服务板块提供静安体育公益配送、社区周边、场景服务等多类型便民服务,贴近群众的需求,真诚服务群众。此外,客户端还实现了电视、报纸等传统媒体的在线浏览功能。

在疫情防控服务上面，中心上线多项疫情防控实用工具。自 2022 年 5 月 5 日起，客户端首页可查询全市点位布局情况及身边最近的核酸采样点。推出区级融媒体中心抗疫专栏，提供便捷的"一站式"服务，方便市民使用"三码"查询等抗疫相关资讯工具，解决用户最关心、最现实、最直接的问题。

在民生服务方面，中心引入区域医疗资源平台"健康静安"，为静安居民提供包括预约挂号、智能分诊、疫苗接种、体质辨识、慢病管理等在内的 28 项健康服务，在服务功能拓展和区域新闻精准推送两个维度实现新突破。此外，中心还牵手"小邻通"社区生活服务平台，提供八大类上百种惠民服务项目，探索构建社区服务闭环。

（三）以"直播＋"和"融合＋"为抓手，提升内容运营的传播力

静安区融媒体中心运营和宣传相辅相成，吸引群众、留住群众、服务群众、引导群众。在内容运营方面，主打直播、短视频与 H5 等新兴传播方式与融合传播样态，在"大采访、大采编"理念的指导下，中心产品部与采访部在区"两会"、疫情防控、旧区改造等重要选题策划中通力合作，努力创新。

从 2021 年开始，区"两会"首次以直播形式呈现，区长作政府工作报告共收获人气值超 15 万，点赞量近 4 万次，留言数 755 条；围绕"两会"内容制作短视频 17 条，在抖音、视频号、客户端同步分发，传播效果良好。期间，还推出"解读政府工作报告""2021 年实事项目"和"十四五"规划系列图片新闻、H5 等融合产品，一项重点策划内容采用多种形式在不同平台报道，锻炼一线采编融合传播的能力，在推陈出新中不断提高报道质量，放大传播声量。在此基础上，静安区融媒体中心与区人大、区政协、区纪委、区委组织部等 19 家单位通力合作，展开多样化直播形式，三年来共推出 235 场直播，内容涵盖红色文化、直播带货、海派文化、城市更新、百年党史等方面：2020 年，"上海静安"客户端直播 34 场，全年直播时长约 67 个小时；2021 年，"上海静安"客户端直播超 30 场，"青春耀百年·薪火代代传""寻找奋斗钥匙·共创卓越静安""奋斗百年路启航新征程"等专场直播吸引了大量用户观看；2022 年，中心克服封闭管理的重重困难，继续延伸直播板块的特色与口碑，围绕疫情防控权威信息发布、区内重点项目及活动等方面，与本市 19 家单位及媒体机构开展多种形式的直播合作。截至 2022 年 12 月底，"上海静安"客户端共推出网络直播

171 场,总人气值超 110 万(不含转播)。

案例展示 +·

　　2022 年 9 月 20 日至 22 日,"上海静安"客户端携手静安区文旅局策划推出"静安文旅消费季"系列宣传活动。本次消费季首次引入"线上消费券＋线下核销券"联动模式的新做法,分别围绕"好吃""好玩""好看"三大主题,带领市民打卡静安文旅消费地标,探访特色宝藏地。

　　文旅消费季系列直播通过投放"免费送"和满减消费券,引导市民线上"种草"、在线抢券、线下消费,在帮助文旅企业和市场回暖、回温、回血的同时,也为"上海静安"客户端带来大量人气,多项运营数据得到有效提升。系列直播共推出 3 场,总人气值 41.5 万,总点赞量 23 万次,总留言数 3.3 万条。其中,直播首日人气值最高,达 14.5 万,留言数 11 403 条,整体保持了较高的热度和参与度。文旅部门提供优质资源和文化背书,区融结合市场和用户需求,提供专业化的技术及平台运营支撑,强强联手,共同为区内重点项目进行全方位宣传,该项目也是区融媒体中心本年度重点打造的融合传播样本。

案例链接:

　　2022 年静安文旅消费季直播(合集里面共 3 场直播):

　　https：//mp. weixin. qq. com/mp/appmsgalbum？＿＿biz＝MzA5MzI3NjkyNA＝＝＆action＝getalbum＆album＿id＝33980158757746643983＃wechat_redirect

+·

　　与此同时,静安区融媒体中心还注重拓展视频平台,多主题策划原创内容精品。三年来,中心深耕短视频生产,截至 2025 年 2 月底,中心运营的抖音平台播放量破百万次的视频共计 18 条,视频号播放量破百万次的视频共计 3 条。2021 年,中心组建自有短视频团队,持续加强短视频策划与制作能力,打造出一批口碑与流量齐飞的精品力作。同年,中心与新民晚报联合制作"在静安遇见美好城市"系列短视频,反映静安区 14 个街镇在人民城市建设方面的不懈努力和卓越成果;与区文旅局、新湖集团联合举办郁金香花博会短视频大赛,组织华东师范大学的学生深度参与短视频创作;与区团委 JA37 团队合作,策划、制作、发布"红色静安"系列短视频 9 条,在中心自有传播矩阵的总阅读量达 18 万次+,获新华社等央媒、市媒平台转载阅读量达 120 万次+,作品多次获评市级奖项。与此同时,中心策划推出"主播说""防疫小剧场""静安林荫道""'园'来如此""'静'知'申'边事"等原创栏目,收获较高的关注度和高质量口碑。

静安区融媒体中心积极响应国家媒体深度融合的政策精神,注重对内容产品进行融媒体矩阵设计,以提升传播力。2019 年,围绕新中国成立 70 周年和上海解放 70 周年,开展"热烈庆祝中华人民共和国成立 70 周年""多面静安,每一面都精彩"等主题鲜明、全面深入、鲜活多彩的系列报道,通过特刊、专题片、短视频、H5 游戏、竞猜互动、新媒体图文、大型线上线下联动活动等多种形式,在各平台全方位、广视域、长周期地呈现,累计发布相关新闻近 300 条,收获总阅读量近百万次。2021 年,围绕"建党百年"主题采制新闻报道 150 余篇,先后上线了"学党史"和"成长中的美好瞬间"互动 H5 活动,从红色场馆到历史故事,多维度地展现与静安相关的红色记忆,累计参与答题互动的人次约 10.7 万。此外,客户端上线"红色纽带凝聚静安"线上活动,通过微游静安的 55 处红色印记,引导市民参与线上打卡、点亮地图、抽取任务福利等活动,促进用户的平台转化。2022 年,中心围绕党的二十大召开策划推出"非凡十年"系列报道,通过采制的 37 篇报道点面结合地展现各街镇和委办局十年来的发展成就,共收获 9.4 万次阅读量,并持续做好二十大报告反响反馈和全区学习贯彻落实会议精神等情况的报道。

（四）进行多样主题设计,提升活动运营的影响力

在活动运营方面,静安区融媒体中心结合区域、时段等特色进行多样主题设计,提升了区融媒体中心的社会影响力和群众认可度（见图 6.2）。

2020 年,中心举办了"客户端周年庆活动之静安生活迷惑行为图鉴"活动,以"客户端庆生月"为主题,结合商城大促,吸引了大量的新用户参与,为客户端带来了超预期的引流数据;举办了综合运营性活动——"2020 白领配音大赛网络'人气王'评选",集投票、抽奖、送积分于一体,活动期间累计新增下载量 5 245 次,新增注册用户 1 091 人;举办了投票类活动"静安区群众最喜爱的'双十佳'投票",活动期间累计新增下载量 1 650 次,新增注册用户 1 940 人。

图 6.2　静安区融媒体中心客户端 2023 年 3 月举办的"3.15 消费者权益保护日"地推活动

2020 年 1 月 3 日—17 日,区文明办、区融媒体中心结合"我们的节日·春节"和"爱申活·暖心春"主题活动及报道要求,联合江宁路街道、大宁路街道、区青少年活动中心共同组织开展了"静安送福气"系列主题活动,以线上有奖互动游戏聚拢人气,以两场线下体验活动触达社区及楼宇"两白",以静安师生主题剪纸、静安手艺人专访等特色主题宣传强化"静安品牌",通过综合型推广的方式整合各家优势资源,有效地提升了"上海静安"客户端的关注度和活跃度,触达更多本地人群。截至活动结束,客户端新增下载量超 1 万次,注册用户增加近 5 000 人,超过 3 868 人获得虚拟类游戏奖励,近 1 000 人获取线下"福气包"实物奖励。此外,中心还注重拓展与区域内品牌的合作,先后与支付宝、麦当劳、李锦记等行业品牌达成合作关系:2020 年 8 月初,与支付宝联合开展"全国版消费券派发"活动,为用户送去实惠福利;在"安义夜巷"地推活动中,以资源置换的方式让麦当劳、李锦记等知名企业作为福利赞助商参与活动,这也是静安区融媒体中心首次与外部企业进行此类合作。

2021年,时值建党百年,静安区融媒体中心推出了一系列红色主题相关运营活动和专题。中心联动"庆百年"主题活动,促使用户参与量达11万次+;陆续推出了"十四五""郁金香短视频大赛""红色纽带""融游静安庆生福利""迎'进博'答题抽奖"及"双十佳投票"等主题活动,以及"2021静安'两会'""媒体话静安"和"静安的责任"等专题。

2022年,恰逢首部党章通过百年,中心配合中共二大会址纪念馆策划上线了"百年辅德里"专题页,对相关新闻资讯、互动活动、宣传片、纪念周边兑换进行集中呈现,并整合预约平台入口,不仅为场馆提供了全新的融媒体宣传新思路,也为市民开启了了解和学习红色文化的新路径、新方式。

三、全媒体服务应用实践

静安区融媒体中心自成立以来,紧紧围绕区委区政府的中心工作,以媒体融合、移动优先的理念,强化网络宣传能力,占领新兴传播阵地,不断提升宣传的"硬功夫",拓展本土化综合服务,实现了媒介资源、生产要素的有效整合和"新闻＋"移动平台的快速发展。

(一)以用户为中心,搭建综合服务平台

截至2022年年底,静安区融媒体中心共有客户端、微信、微博、抖音、视频号、报纸、电视7个主营阵地和"学习强国"融媒号、人民号、上观号、头条号、澎湃号等15个入驻账号,成功地构建了用户超过百万级的融媒传播矩阵。在此基础上,中心上线一系列实用服务功能,对接用户需求。2021年,中心与置业集团合作推出"到百年张园看城市变迁"展览预约,客户端预约系统总访问数超1万次＋,预约1 672单,并对接处理因台风及疫情等导致闭展产生的12345投诉案件8例,用户满意率达100%。

此外,中心上线了"静安红色场馆一网通"平台,与区内11家主要红色场馆开展深入合作,打造场馆预约服务功能。自2021年7月上线至2022年年末,已服务来自长三角乃至全国游客超23万人次。在落地实践的过程中,平台不断结合场馆、用户反馈以及最新的疫情防控要求,逐步改善并解决了长期困扰文博场馆的多项问题,陆续上线了"特色功能",支持散客和团队两种预约

方式。2022年,平台为没有手机的老人和未成年人增加"老幼约"功能,该功能在区级融媒平台中尚属首创,进一步提升了"一网通"平台的人性化设计。

在新冠肺炎疫情期间,中心在"上海静安"APP客户端开通了新冠肺炎疫情防控工作问题建议征集平台,先后帮助多位血透病人、高龄老人紧急就医,持续跟进市民集中关注的事项,传递民生诉求。为了高效地解决实际问题,区融媒体中心在意见平台的处置机制上进行了升级和完善,建立四部门联动的闭环机制,力求"民声"的"通上"和"达下",发挥区融媒体平台"听民意、聚民声"的特殊作用。自2022年3月25日开通至12月底,平台共征集市民意见建议2 269条,其中,921条意见已流转至区城运中心处置并全部办结,1 348条意见由区融媒体中心进行回复,总体办结率为100%。此外,中心还推出"区融抗疫专栏",功能涵盖疫情数据、本地疫情资讯、"三码"查询等,为市民提供便捷的"一站式"服务。

依托"上海静安"APP,中心积极推动静安新时代文明实践和志愿服务工作的长远发展。静安区新时代文明实践中心智慧云平台于2020年7月16日正式上线,依托"上海静安"APP的专题页面,打造面向广大市民群众的文明实践综合服务管理平台,致力于推动静安区新时代文明实践和志愿服务工作的长远发展,实现全组织、全地域、全人群、全覆盖。

（二）融通基层、服务社区,建设社区信息枢纽

静安区融媒体中心利用平台优势,深入挖掘基层事迹,强化基层服务功能,建设社区信息枢纽。

一方面,中心打造了区域新闻资讯集散地,及时联动,信息共享,服务基层发展。2020年,中心启动"融媒号"建设工作,撬动全区力量,14个街镇全部开通融媒账户,截至2022年年底,共有22个融媒号入驻,积极发挥社区信息枢纽功能,实现党和政府声音的基层传递。自2022年9月起,中心与区域四个街镇合作设立首批融媒采编基地,合作推进"融入社区"项目,服务基层发展,共同试点基层传播平台的打造,探索全新的基层新闻生产机制。

另一方面,中心注重服务群众,牵手"小邻通",探索构建社区服务闭环。2022年11月4日,"小邻通"入驻"上海静安"客户端,提供八大类上百种为民项目,涵盖百姓生活的方方面面。通过叠加渠道专属权益及每周特惠福利,在

为本区居民提供实惠的同时,也为客户端用户提供了全新的融媒服务体验,实现了政务融媒体建构从线上到线下的社区服务闭环,成为"新闻＋商务"的又一创新举措。此外,中心还引入区域医疗资源平台"健康静安",在自有平台为静安居民提供包括预约挂号、智能分诊、疫苗接种、体质辨识、慢病管理等在内的 28 项健康服务,为区域居民提供便利。

四、创新探索"静安特色":聚焦"两白"群体需求,强化自身"造血"机制

静安区地处上海中心城区核心圈,区域内经济、文化、旅游、服务产业较为发达,紧凑的地域特征、多元的常住人口和超大城市的产业结构特征使其具有明显的新旧交融、需求多样化的特点,这也对区域内媒体信息传播、服务供给和社会参与提出了更高的要求。自 2019 年 9 月中心成立以来,静安区融媒体中心在完善内部运行管理机制、加强对区域内各委办局政务服务的同时,围绕区情民意努力挖掘新的业务增长点,以更好地践行党中央和国家对区县融媒体深度融合发展的指导意见和建设旨归,积极探索区县融媒体建设中的"静安特色"。

(一)弱化行政依赖,积极探索外部增量

作为区委宣传部下属的全额拨款公益一类事业单位,静安区融媒体中心在上海智慧城市建设和社会治理统筹的引领整合作用力下,享有较好的行政资源和有力的财政支持,与区域内各委办局及国有企业构建起互利共赢的长期合作关系,但这并不意味着已有支持足以覆盖静安区融媒体中心日常运营的成本支出和发展空间——囿于事业单位性质及政策逻辑下的运营,以及静安区内上海报业集团、上海广播电视总台及各级各类互联网商业媒体资源众多的现状,其在传媒业务及其衍生领域范围内面临着激烈的市场竞争。在此背景下,静安区融媒体中心在维护已有合作关系的基础上,多措并举,弱化对行政红利的依赖性,以"新闻＋政务商务服务"为突破口,深入基层需求肌理,积极探索外部增量。

三年间,静安区融媒体中心先后与盒马、支付宝、李锦记、享道出行、麦当劳旗下的麦咖啡、雷允上西区、理象国等企业开展跨平台合作。2021 年 4 月

9 日,在"咖啡到家"公益快闪活动中,客户端与新闻晨报·周到、麦当劳咖啡通力合作,推出主题为"在家门口,和邻居一起喝咖啡吧"的"咖啡到家"公益活动,活动当天仅用 8 个小时实现全网曝光量 500 万次＋,客户端新增下载量8 813 次,注册量新增 99 人,招募社团人数达 1 000 人。2021 年,中心与区文旅局、新湖集团联合举办郁金香花博会短视频大赛,组织华东师范大学的学生深度参与短视频创作,鼓励市民和高校学生前往区内推荐的郁金香种植点位打卡并拍摄短视频作品,引导用户在完成下载、注册后进一步与客户端形成深度交互,首次尝试"征集类"互动评奖活动形式,通过获奖名单公布、优秀作品展播等形式,对郁金香短视频大赛进行二次、三次传播,进一步提升客户端品牌活动的影响力。2021 年 5—6 月,"上海静安"APP 围绕安义夜巷开街、咖啡文化节、克勒门文化沙龙等区域重大活动和"红色文化"主题,策划推出了 4 场线上线下联动直播,有效地强化了老用户的黏度,导流新用户,提升了区融媒体中心的影响力。更重要的是,在外部增量的探索过程中,中心加深了对区域内异质群体需求的深刻了解与把握,并以此为基础摸索出更加精准化、在地化和功能化的服务垂类需求路径,逐渐由"行政依赖"过渡到"自身造血"的发展思路,为打造区域内垂类媒体奠定了坚实的基础。

(二) 聚焦"两白"群体需求,建设区域垂类媒体

静安区融媒体中心在"自身造血"的过程中形成了以精准融合为特点的区域下沉式发展路径,通过对人力、物力、财力等关键要素资源的统筹规划、深度挖掘与精细运营,聚焦用户垂类需求,在服务群众的过程中增进融合收益。针对区域内白领、白发人口结构突出的现状,在保质保量完成新闻宣传主业的同时,中心深耕区域主流群体在内容、服务和社会治理参与方面的真实需求,探索垂类媒体的内容供给、社群运营和需求满足。

在内容供给层面,静安区融媒体中心注重新闻报道和信息传播的"在地化"生产,聚焦区域内"两白"群体的人口结构与心理特点,在题材方面,加大对社区新闻、身边小事、凡人凡语等的采编与报道力度;在视角方面,注重与区情民意和群众喜好的有机结合,与中央级、市级媒体和商业媒体平台形成差异化的内容供给格局。例如,区融媒体中心记者聚焦白发群体的数字鸿沟和健康传播,围绕老年服务护理中的失智、失能问题以及老旧小区电梯加装改造问题

展开专题策划和针对报道,发挥媒体监督的作用,为老年群体的切身利益保驾护航。在新冠肺炎疫情期间,区融媒体中心记者围绕垃圾分类工具"火钳"的淘汰更新在疫情防控方面的问题、经验和措施进行了深度报道,关注基层社会治理的实际问题。2021年,围绕中共上海市静安区委宣传部、上海市静安区文化和旅游局出品的非虚构戏剧《辅德里》,静安区融媒体中心以主创采访、群众反馈及专家热评等为切入点,进行了涵盖网络直播、短视频和图文报道等多元报道形式,以垂类群体喜好的高贴合度内容生产吸引受众的自发关注,打造基层适配的融媒内容矩阵。

在社会服务层面,尊重新老用户的需求差异,以社区为单位节点、群体需求为满足依据开展多样运营活动。例如,静安区融媒体中心在进行外部增量探索的过程中,与民生相关企业进行媒体资源与商务资源的合理置换,把咖啡赠券、电影赠票、音乐会赠票、活动抽奖等方式集成到"上海静安"APP中,将自身打造成企业品牌建设和群众满意度提升的中介桥梁,充分践行"以人民为中心"的融媒建设理念。此外,针对白领群体的生活状态和需求痛点,在区委区政府的支持下和南京西路街道合作,开展符合白领群体需求、兼具服务性的健康知识科普讲座直播;针对白发群体,将静安区内的助餐服务点、日间服务点及养老服务点等"乐龄生活"服务信息进行整合,通过APP端的适老化改造实现信息获取的便捷化,以更好地贴合老龄群体认知衰退等生理性特点,提升其服务体验及生活质量。中心通过对区域内主流群体内容需求与服务需求的深度挖掘,将自身打造成"在地化"的垂类媒体,与其他各级媒体的差异化发展路径有利于各项资源的统筹规划和效用优化。

值得一提的是,静安区融媒体中心的垂类媒体探索注重以区域场景为需求对接入口。例如,在服务白领群体的过程中将楼宇商厦作为依托场景,策划"上门为楼宇白领看病"的系列活动。针对静安区丰富的红色文化与旅游资源,精准对接区域内的红色场馆资源,优化完善预约服务系统及其用户界面,在为市级平台分流解压的同时,强化了自己的本地化服务属性,实现优质用户的留存和活动参与。

(三) 打造"数据中枢",精准助力社会治理

静安区融媒体中心经过数据对接,打通区融媒体中心与12345热线的业

务闭环,群众通过静安区融媒体中心客户端提交的意见建议可直接通过数据接口传送至区 12345 系统,按流程进行后续处理。2020 年,客户端推出"新冠肺炎疫情防控工作问题建议征集"平台,与区城运中心进行跨部门合作,组成"征集—转办—反馈"的工作闭环,打造快速通道,该案例入选由人民日报全国党媒信息公共平台、《新闻战线》杂志、中国人民大学新闻学院共同发起的"县级融媒·齐心抗疫"创新案例征集分享活动的行业优秀案例。2022 年,伴随全市疫情防控升级,新冠肺炎疫情防控工作问题建议征集平台再次启用,将原有流程优化为四部门联动,以更好地发挥区融媒体中心平台"听民意、聚民声"的特殊作用。

为做好复工复产工作,中心主动对接区发改委、区投资办,排摸企业需求,探索各项服务功能在线上移动端平台实现的可能性。客户端陆续推出集聚 15 项服务功能的"静安在行动"专题,涵盖了企业口罩预约、楼宇企业复工网上通道、静安企业调查问卷等功能,总计收获近万份用户反馈,充分发挥线上平台的桥梁纽带作用。

(四)设立街镇采编基地,推进"融入社区"建设

自 2022 年 9 月起,静安区融媒体中心与区域四个街镇合作建立首批采编基地,共同试点打造基层宣传传播平台,合作启动"融入社区"项目,在宣传报道的基础上,做好社区服务工作,增强社区的凝聚力。在此前提下,中心与各街镇的沟通频率从条线联系变成日常联络,创作形式从供稿邀约变成共同创作,效能实现从有限生产变成无限产能,探索建立融媒信息员队伍,及时联动、信息共享,推出时、度、效俱佳的新闻宣传内容。通过街镇采编基地的不断优化完善,中心致力于让新闻宣传"融入社区",组织了一批线上、线下联动的社区活动,以提升社区教育、就业、文化、健康等垂直领域的人群凝聚,和街镇协力打造有亲和力、有信任度、有传播力的圈群阵地,并以此为契机协助居民养成线上预约办事等用户习惯,最终实现提高宣传能力、增强传播力度、筑牢自有阵地的宣传目标。

第七章

徐汇区融媒体中心建设运营报告

一、徐汇区融媒体中心简介

上海市徐汇区融媒体中心于 2019 年 6 月 28 日正式挂牌成立,隶属于中共上海市徐汇区委宣传部,为公益一类事业单位(见图 7.1)。中心下设 8 个内设机构,分别为:综合部、通联部(总编办)、采访部、编辑部、演播部、运营部、网信部、实践部。

图 7.1 徐汇区融媒体中心新址演播大厅正在录制节目

中心牢牢把握"引导群众、服务群众"的总要求,用好用足徐汇红色文化、海派文化、江南文化资源,围绕各项重点工作,充分依托徐汇大数据"一网通办、一网统管"的服务优势,以建成区域主流舆论阵地、融媒体综合服务平台、智慧社区信息枢纽为目标,凸显移动优先,强调整体融合,全力打造"徐汇通"APP移动客户端、"上海徐汇"微信公众号、"上海徐汇发布"政务微博、"上海徐汇"抖音号、徐汇区政府门户网站、《徐汇报》、徐汇有线电视等平台。"统筹策划、移动优先、一次采集、多种生成、多元传播"的新闻报道采、编、发新格局稳定运行。

为了进一步推动媒体融合发展,2021年12月,中心与东方网签订深度合作框架协议,通过创新管理模式等方式,在内容、渠道、技术、运营等方面实现了资源互通、人员互融。这一合作为积极推进"媒体+政务+服务"融合发展积累了实践经验,探索出一条具有徐汇特色的区域融媒体建设路径。结合徐汇区域特点,中心不断推进完善"中心+分中心+通讯站"融媒体三级组织体系,形成区级中心和各分中心、通讯站纵向贯通、协同联动的组织体系。2023年12月,在区委区政府的支持下,中心新址建设圆满完成并顺利迁入。随着生产系统、设备设施和网络环境的全面升级,中心进一步实现了"策、采、编、播、发"一体化的工作要求,为未来的发展奠定了坚实基础。

二、徐汇区融媒体中心运营情况

徐汇区融媒体中心自挂牌成立以来,整合区内媒体渠道及移动端资源,将报道的触角探进"满有烟火气"的生活,做到"上接天气,下接地气,汇聚人气"。中心通过与东方网开展深度合作等方式,努力走通区域媒体融合发展的"徐汇路径",进而实现全媒体渠道的资源融合。

(一)重构流程,优化工作架构

中心成立后,坚持移动优先策略,按照"事先策划、前端采写、报送选题、编辑发布、后期跟进、资料存储"的流程,严格实行"三审三校制",并率先在移动端首发,新媒体平台快速传播,报纸、电视及时跟进,进行深度采写、跟踪报道,形成"前置策划、一次采集、多种生成、多元发布"的工作格局。2022年,中心根据政务新媒体的特点及采编流程,优化部门架构,更名通联部为总编办,强调策划,设立每周策划会机制,并对中心所有岗位重新定岗定责,以部门功能重组来进一步打通工作流程,形成全新的职能条线管理模式。

(二) 签约市媒,推进深度融合

为打通媒体融合"最后一公里",2021年12月31日,中心与东方网签订深度合作框架协议,进一步推动徐汇的媒体融合发展。合作以来,双方优势互补、协同发力,打通工作流程,优化内容生产,整合媒体资源,深耕品牌建设,塑造融媒形象,拓宽服务领域,提升中心业务的核心竞争力和发展能级,为积极推进"媒体＋政务＋服务"融合发展新路径积累实践经验。

项目启动后,徐汇政务新媒体的原创力、传播力、影响力呈现稳定上升的趋势。截至2023年年末,中心策划重要选题60余次;制作H5、直播、图解、系列海报等重大选题新媒体产品超180个;短视频制作近1 500个,"徐汇通"APP下载量达到110.2万次,总注册用户数近28.3万人,总装机量16.7万台,共发布新闻24 608篇;"上海徐汇"微信公众号的粉丝数增长至55.3万人,共发布微信17 466条,"上海徐汇"视频号发布视频1 744条,"上海徐汇发布"微博的粉丝有26.8万人,共发布微博28 168条;"上海徐汇"抖音号的粉丝数有5.9万人。"上海徐汇"微信公众号和"上海徐汇发布"微博号在上海政务新媒体的传播力、影响力榜单上始终名列前茅。

(三) 创新管理,提升业务能级

中心与东方网签约开展深度合作后,通过创新管理模式,构建"主任＋总编辑"的双领导模式。主任全面主持中心工作,对中心事务拥有最终决策权;总编辑具体负责中心内容业务及相关管理工作,参与中心重大事项决议。两者的工作职责分工明确、互相配合,发挥双方创新合作模式效用的最大化。

中心实施弹性"双肩挑"岗位政策。建立完善以新闻系列为主,包含社工系列、群文系列、经济师系列、会计师系列的"全链路"专业等级岗位设置及评聘方法;对于部分不在新闻系列的专技人员,找准社工师、经济师、群文等可行的上升渠道,让每一位职工都有清晰、明确的职业成长通道。拥有中级职称但处于管理岗位的职工,原则上不兼任"双肩挑"岗位,将专技岗位名额留给年轻的专技人员。同时,对于在管理岗位的员工,如果达到评定高级职称的条件,将根据其申请,给予担任"双肩挑"岗位的机会。

(四)输入团队,加强人员互融

自 2022 年开始,由东方网选派包括新媒体采编、摄影、摄像在内的专业业务团队整体输入,充实中心政务新媒体一线业务人员的力量,带来新思路、新方法,带动提升中心的整体业务。同时,中心对现有人员结构进行调整和优化,充分盘活人力资源,全面加强中心的整体业务能力。通过与东方网在策划、内容、渠道、技术等方面实现资源互通、人员互融,达到优势互补、协同发力的预期效果,进一步推动媒体融合。在团队的融合过程中,东方网驻区融媒体中心的记者、编辑有新颖独特的视角和较为资深的专业技能,而区融媒体中心的采编团队有接地气的创作笔法和对区域条线资源的熟悉度,双方人员通过充分的互相学习、交流与合作,在"比、学、赶、超"的氛围内不断融合提升,打造一支"会写好稿、巧摄优片、能拍佳照、善用软件"的融媒采编团队。人员的互融做大做深了融媒人才蓄水池,激活了融媒人才发展的"一池春水"。

(五)重视人才,提升"四力"水平

中心重视人才培训工作,实施分层分类的"徐汇融媒英才培养计划",通过培训学习、岗位挂职、交流等方法,培养符合新时代融媒体发展需要的全媒型专业人才。邀请新华社和上海电视台的资深编辑授课、组织实地参观央视、举办新入职人员"新英培养"课程。组织中心人员参加"党史学习教育专题党课""马克思主义新闻观培训""融媒精品创作直播培训""上海市新闻采编人员资格培训""无人机航拍培训"等课程,提升采编队伍的"四力",培养善用现代传播手段的全媒型人才,同时,加强专业技术队伍的建设,促进科技人才与传媒人才融合发展。

为探索产学合作教育的新途径,更好地培养区域内高校新闻专业学生的实践能力。中心每年接收高校新闻专业学生暑期实践锻炼,与上海师范大学签订合作协议,建立并挂牌上海师范大学谢晋影视艺术学院实习基地,由上海师范大学定期派遣播音、采编专业的学生到中心实习,中心指派资深

记者和播音员担任指导老师,并对学生开展思想、诚信和安全教育。截至
2023 年年底,累计有 5 名上海师范大学新闻专业实习生留任中心,并逐渐成
长为技术骨干。

(六)整合资源,打造全媒矩阵

经过资源整合、流程再造,中心通过"徐汇通"APP、区政府门户网站、徐汇
有线电视、《徐汇报》、"上海徐汇发布"政务微博、"上海徐汇"微信公众号六大
平台宣发政务信息、民生资讯等,按照"媒体＋"的理念,从新闻宣传向公共服
务领域拓展,增强互动性,从单向传播向多元互动传播延伸,将新闻与政务、服
务相结合,提供多样化的综合服务①,满足居民多样化的需求。同时,中心开设
抖音号、微视号、头条号、人民号、百家号、大鱼号、一点号、企鹅号、网易号、搜
狐号、上观号、澎湃问政、东方号、东方微博等官方账号,建立移动传播矩阵。
中心充分利用区级"双微联盟",加强与区内各新媒体平台的互动,打好全区融
媒宣传的"组合拳"。

自 2022 年开始,中心与东方网、腾讯网、今日头条、新民网、《新闻晨报》等
主流媒体平台开展多项合作,拓展徐汇融媒移动产品的传播范围,增强中心原
创稿件的传播力与影响力,夯实移动传播矩阵,提升传播效能。

(七)加强通联,展示融媒形象

一是成为中央网信办互联网新闻信息稿源单位,为徐汇区优秀宣传报道
搭建全国全网推送的平台。二是加强与央媒、市媒的人员通联力度。例如,与
新华社上海分社主动沟通选题,积极选送作品,让中心采编记者以新华社报道
员的身份登上央级媒体展示徐汇作品;派遣记者、摄像前往上海电视台《新闻
坊》栏目担任城市巡访记者,组织团队与上海人民广播电台共同制播"区长一
诺""书记访谈"等专题节目,拍摄制作宣传片。三是积极选送包括东方网工作
人员在内的采编人员、各类作品参加省市级优秀记者、优秀作品的评选,并且
屡有斩获、频现佳作,截至 2023 年年底,共获得市级奖项 40 个。

---

① 陈连虎:《聚焦 5G 技术　赋能广电发展》,《广播电视信息》2019 年第 9 期。

（八）扩展赛道，打造视频品牌

2023 年，中心打造全新视频品牌"汇视界"，拓展可视化领域的新赛道。"汇视界"整合中心现有电视、新媒体、移动客户端等平台及资源，输入东方网的摄像、主持人等专业人才，构筑视频内容传播矩阵；同时，加大对视频制作团队的培养和投入，深耕视频品牌年轻化，与东方网共同组建"飞 young 极客"拍摄团队，为中心短视频制作带来新潜能。截至 2023 年年末，"汇视界"已推出首部展示徐汇发展成果的系列宣传片《新徐汇·兴未来》，由 5 条独立摄制的核心短片及与街镇分中心合作的 13 条短片组成；完成《百姓话思想——平台》《Z 世代唱享中国——探寻徐家汇》等重要专题片的任务；拍摄制作"梧桐树下的殷殷嘱托"专题党课，与上海音乐学院合作制作徐汇区主题教育音乐党课，拍摄制作区委组织部"最美公务员"评选短片；联合徐汇区卫生健康委员会推出全新访谈栏目《听医讲》，邀请知名医生专家直播，为市民提供获取医疗资讯的平台；与徐汇区教育局合作"汇良师"系列报道，开设"名师谈教育"专栏，为家长和学生普及教育政策及教育改革前沿思考；开通徐汇滨江慢直播，开展首届西岸国际咖啡生活节、2023 第十届复兴艺术节等大型直播活动。

案例展示 ·+·

徐汇区融媒体中心"汇视界"视频品牌《新徐汇　兴未来》系列作品（五宜篇——宜游、宜居、宜养、宜学、宜业）

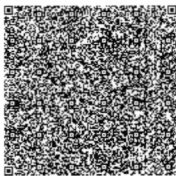

·+·

三、全媒体服务应用实践

（一）打造智能化、体验式的融媒平台

"徐汇通"APP 是一款集新闻与政务服务为一体的综合性移动应用软件。

它充分运用互联网新媒体传播与交互手段,结合徐汇区城区特色,通过创新移动融媒产品和移动传播技术,为用户提供一种全新的信息服务体验。该 APP 致力于提供便民服务,深度对接徐汇区大数据中心的"汇治理"与"邻里汇"平台,为用户提供覆盖 187 项受理事项、涉及 12 个部门的在线综合服务。用户可以通过 APP 进行在线预约、线上取号以及办件查询等操作,真正实现"一端在手、生活无忧""让数据多跑路,群众少跑腿"的目标。除此之外,APP 还提供了垃圾分类大件回收、数字政务服务、数字社区服务以及数字出行服务等多项功能。为了更好地服务老年群体,"徐汇通"APP 进行了适老化改造,如语音服务升级和语音音质优化,并特别增加了沪语语音播报功能。为了增强用户黏性,"徐汇通"APP 不断创新互动服务功能,推出了一系列互动增粉活动,如 H5 动态游戏、有奖征集活动等,从而有效地为徐汇融媒各平台吸引新用户并提升用户活跃度。

(二)构筑新闻高地,讲好"徐汇故事"

中心始终坚持"正面导向金不换",做好"徐汇故事"的讲述者,传播正能量,弘扬主旋律,不断提升引导能力,进一步探索捕捉时代脉搏,挖掘新的流量增长点,做人民群众喜闻乐见的报道,彰显主流媒体在新时代的新作为,为实现高质量发展贡献力量。围绕"主题教育""新中国成立 70 周年""脱贫攻坚""建党 100 周年""建设新徐汇、奋进新征程""高质量发展看徐汇""进博会""世界人工智能大会"等主题,中心先后策划专题报道,讲好"徐汇故事",全方位地反映徐汇区城市治理的新路径、品质生活的新样貌、经济发展的新动能。同时,中心力求用好、用足区域红色文化、海派文化、江南文化的资源,凸显"海派文化之源"的独特优势,例如,对龙华烈士陵园等爱国主义教育基地的红色文化资源,通过融媒体平台的集中宣传,广泛凝聚思想共识。"徐汇通"APP 开设"徐汇文脉"专栏,聚焦徐汇文化品牌的高光点,如国际艺术品交易月,衡复历史风貌保护区的可阅读老建筑,上海京剧院、交响乐团等国家级院团等,通过融媒体平台快速生动地反映文化品牌建设进程及成效,彰显徐汇的文化历史底蕴和国际水准。围绕打造人工智能产业高地、营造一流营商环境等重点工作,提升融媒体平台功能,聚焦特色、紧随热点、突出创意,增强徐汇城区名片的感召力、亲和力和辐射力。

四、创新探索"徐汇特色"：探索区域集群建设，以新闻报道推进基层治理实践创新

（一）构建"中心＋分中心＋通讯站"三级组织体系

根据徐汇的区域特点，中心构建"中心＋分中心＋通讯站"融媒体三级组织体系，即一个区级融媒体中心、多个街道镇/部委办局融媒体中心分中心及各分中心通讯站，形成区级中心和各分中心、通讯站纵向贯通、协同联动的组织体系。

2023年3月，中心发布《关于徐汇区融媒体中心分中心、通讯站建设的实施方案（试行）》，首批17家分中心（徐汇区13个街道镇及区教育局、区文化和旅游局、区市场监督管理局、区体育局）成立。通过一系列任务举措，区融媒体中心的"中央厨房"系统延伸到基层，将分中心与通讯站打造成信息"直通车"和新闻线索"蓄水池"。

1. 推动融媒三级体系人才建设

一是区级中心为各分中心选派联络记者，参与分中心、通讯站选题策划等工作，加强日常新闻线索收集与业务交流。二是定期组织采访写作、新闻摄影、视频制作、微信运营等针对性业务培训。三是组织各分中心宣传人员到区级中心挂职交流，以硬支撑提升软实力。在此基础上，中心的触角继续向下延伸，根据实际情况灵活设立通讯站，做实融媒体传播三级体系，加快从传统媒体向新媒体转变，不断完善徐汇区全媒体传播体系。

2. 激活街镇分中心的探索实践

中心在推动三级体系建设的基础上，着力探索如何从中心内部的融合延伸到委办局、街镇的区域融合，如何通过组织架构的健全激活基层的传播实践，如何通过纵向的"下沉"力量进一步充实中心的整体传播力和影响力。对此，中心通过虹梅街道分中心和华泾镇分中心进行了有效探索。

案例一：虹梅街道分中心

虹梅街道分中心尝试将企业宣传部门发展为"下线"。虹梅街道地处漕河泾开发区核心区，有企业近4000家，员工约20万人。虹梅漕开发园区企业数

量多、白领多,近8 000名"两新"党组织党员聚集于此。虹梅街道的基层新闻大多来自园区企业,因此,分中心通过街道营商办、街道总工会等触角与园区重点企业建立联系,将企业的宣传力量培养为通讯站点,建立通讯员网络,实时获取来自园区基层和企业一线的第一手资料。由街道党工委牵头,区域单位及辖区"专精特新"企业共同成立漕河泾园区"专精特新"企业党建联盟,促进大中小企业协同发展。为持续打响"虹梅庭"党建品牌,街道分中心打造园区"生活盒子",构建综合服务体系。《企业采风》《园区党建》《党建共建》等栏目的系列报道发表于"今日虹梅"微信公众号与社区报,形成街道相关部门与企业宣传部门协同工作的长效机制和矩阵式组织架构。

案例二:华泾镇分中心

华泾镇分中心的尝试体现在三个维度。一是搭建网格传播矩阵,通过对镇域宣传资源的整合,司法所、社区党群服务中心等各单位将原来的微信平台融合在"徐汇华泾",实现一个平台发声。二是完善"两支队伍"。一支由机关、居民区、集体经济组织组成的通讯员队伍网络,遍布21个部门单位、17个居民区、9个集体经济组织;一支网络宣传志愿者队伍,针对重大项目和重点内容,在不同的微信群里进行转发,在朋友圈进行雁阵宣传,提高新闻传播力。三是激活社会力量,与多家媒体合作共享优质新闻线索,与镇域内的学校融媒体及区域内单位联合共建信息库,并长期向社区居民征稿。

(二) 整合外部资源,做大"朋友圈"

1. 建立区域融媒伙伴联盟,打造传播"联合体"

2023年3月3日,徐汇区融媒体中心与新华社上海分社(融合报道中心)、中央广播电视总台上海总站(总编室)、《光明日报》上海记者站、经济日报上海记者站、东方网、上海法治报社、上海教育报刊总社(数字发展中心)、华东理工大学党委宣传部新闻中心、上海师范大学融媒体中心、腾讯10家单位携手启动"区域融媒伙伴联盟"计划,共同打造传播"联合体"。通过实施信息联通、品牌联创、专业联动、技能联培、融媒联宣的五"联"计划,区融媒体中心、各分中心与央媒、市媒及高校、龙头互联网企业、行业媒体等平台深化合作,充分用好伙伴联盟单位在内容制作、技术支撑、人才培育等方面的独特优势,推进宣传阵地、新闻素材、信息资源等共享共融。

2. 启动"频屏联动"合作项目,培育全链条创新生态

进入全媒体时代,需要在短视频领域积极谋划未来发展,培育全链条创新生态。2023 年 7 月,与各大市媒、央媒达成"频屏联动"合作项目,围绕优势互补、资源共享、深化推广、人才建设等方面,加强区级融媒体中心、各分中心与各合作参与方的共享共融,全面提升视频产品的质量和视频制作效率,形成强大的全媒体融合传播力。

2023 年下半年,通过区域融媒伙伴联盟、"频屏联动"等合作项目,中心与新华社上海分社建立常态化的协作与沟通机制,推出一系列注重新闻价值的视频产品:挖掘互联网游戏企业"文化出海"的故事,展现对外开放的成果;关注城区旧改项目,以微纪录片、微电影的形式反映成果;梳理"生活盒子"现有素材,策划制作专题视频,反映其变化历程……从视频制作的题材、质量和效率上显著地提升了徐汇融媒的创作能力。

3. 打造"主流生产＋头部引流"机制,拓展宣传范围

2021 年 12 月 31 日,中心与东方网签署深度合作框架协议,借助东方网的渠道优势,拓展徐汇融媒移动产品的传播范围。

2022 年 2 月 7 日,为展现春节长假后徐汇区经济社会发展的平稳和有序,中心与东方网全平台联合推送"开工大直播",选取四个直播点位:"徐家汇中心"建设工地、衡复风貌区、徐家汇商圈连廊区域、漕河泾开发区。通过多部门线上配合,两组直播团队接力开播,直播时长达 1 小时 8 分钟。本次直播的演练测试网络和踩点、多点位换场衔接、多部门直播保障等工作,中心与东方网相关演播部门配合默契,并通过事后复盘和总结,确定一套高效配合的直播规范流程。

2023 年 3 月,中心联合宝山区融媒体中心、《浙江日报》"潮新闻"客户端以徐汇境内的樱花为主要观赏点,辅以慢直播的形式展示宝山顾村公园樱花,连线《浙江日报》"潮新闻"直播信号欣赏杭州钱塘江滨江樱花跑道,以"跨地区现场直播＋慢直播"的方式通过新媒体平台带动移动端观众欣赏徐汇、宝山以及杭州的樱花美景,获得了良好的宣传效果(见图 7.2)。

2023 年"进博会"期间,为讲好徐汇区与"进博"的故事,展现徐汇区的新企业、新技术、新展品,中心与东方网合作,在位于"进博会"现场的东方网演播室,共同策划"进博会客厅"访谈节目。邀请乐斯福等 6 家企业走进会客厅,讲

图 7.2　徐汇区融媒体中心在龙华塔·龙华寺现场直播

述他们与"进博"的故事以及在徐汇区的成长故事。会客厅直播现场的设备、技术由东方网提供与保障,传播内容则由东方网与徐汇区融媒体中心在各自渠道一起推送。

(三) 盘活资源,以新闻报道推动基层社会治理实践创新

1. 借力合作,主动参与基层社会治理

中心通过与区委办局、街镇、居委等合作,主动参与基层社会治理。中心与区人力资源和社会保障局紧密合作,在"徐汇通"APP 共同推出"汇就业"专栏,利用融媒体的广泛覆盖和影响力,有效地传播就业政策、职业培训信息和招聘信息,帮助求职者更快地找到工作机会。专栏分三个板块:一是海量岗位信息浏览,提供各类行业和职位招聘信息,吸引大量求职者的关注;二是乐业指导工作室,提供职业指导线上预约、就业成长营报名、乐业微课、乐业案例等内容,吸引部分用户寻求职业发展指导和自身能力提升的支持;三是就业政策指南,分享求职攻略、职场经验等工具和内容,帮助用户更有效地准备求职材料和面对职业挑战。"汇就业"专栏开设以来,表现出较高的用户关注度和

活跃度,点击量呈现稳定增长的趋势,反映了用户对就业信息和职业发展支持的持续需求。

2. 以新闻报道推动基层社会治理实践创新

在上海这座超大城市,居(村)委是治理体系的"神经末梢",也是联系服务群众的最基层组织。许多居委往往"藏匿"在小区内部,一些群众反映了诸如"去居委要导航""找不到居委在哪儿""不方便"等问题。融媒体中心记者在走访过程中,发现徐家汇街道的居委会已经搬迁至沿街铺面,经过重新整修升级,以"党群服务站"的新面貌面向全街区。记者主动联系徐家汇街道相关工作人员,通过采访居民、居委工作人员、街道负责同志,全面了解从发现问题到调查研究再到解决问题的整个过程。记者与街道沟通并达成共识,借徐家汇居委的搬迁,归纳总结出在该项工作中的重点、难点及工作思路,形成深度报道——《居委会搬进沿街"新家"　家门口的公共客厅来啦!》,获得网友与区内各街镇的积极转发,也为其他街镇在解决基层组织短板方面提供可复制、可推广的宝贵经验。

在房屋征收工作中,徐汇区房屋征收指挥部承担全区零星旧改、旧区改造、片区更新、市政建设等房屋征收工作。按照"全过程记录旧改征收"的政策要求,指挥部协同区融媒体中心制定工作方案,形成媒体素材库,在"学习强国""上海徐汇""上海征收""房可圆"等媒体上发布报道 20 余篇,通过"徐汇征收"公众号开设"旧改新事"栏目,讲好新时期房屋征收的故事。中心牵头长桥街道、龙华街道、城投集团、西岸集团,总结长桥新村片区和龙华西路 334 弄旧城区改造案例的成功经验,提炼出长桥街道的"七"字工作法及龙华街道的"四个一"创新工作法,集中展现相关各方坚持党建引领在一线、干部淬炼在一线、宣传发动在一线、矛盾调解在一线,生动诠释"人民城市"的理念。

中心的系列举措参与并推动城市更新工作高质量地完成,彰显出区融媒体中心通过新闻报道反哺实践创新和对基层社会治理的有效推进。

第八章

长宁区融媒体中心建设运营报告

一、长宁区融媒体中心简介

上海市长宁区融媒体中心于 2019 年 6 月 28 日挂牌成立,是上海市长宁区委宣传部下属的公益一类事业单位,主要职责是整合全区媒体资源,推进媒体融合发展,及时采编和发布全区重要新闻信息,实现"新闻＋政务服务商务",发挥引导群众、服务群众的积极作用,全力服务长宁区经济社会高质量发展(见图 8.1)。

图 8.1　长宁区融媒体中心

长宁区融媒体中心自成立以来,发布平台不断拓宽,融合宣传作用不断增强。中心强化移动优先战略,在持续做好《长宁时报》、长宁有线电视、长宁门户网站新闻网页等传统平台的同时,构建"两微一端十号"(学习强国号、抖音号、视频号、快手号、人民号、新华号、一点号、头条号、网易号、腾讯企鹅号)新媒体宣传新格局,形成年产7 000余条原创报道的生产能力,基本上建成长宁区域主流舆论阵地、综合服务平台和社区信息枢纽。

二、长宁区融媒体中心运营情况

长宁区融媒体中心积极探索传统媒体与新媒体的深度融合,在实践中坚持融合、发展、管理并进,不断提高新闻信息生产、传播、服务能力,形成报纸、电视、新媒体间的聚合共振效应,实现"一次性采集、多渠道发布、分众传播、分类覆盖"的格局。

(一)建章立制,规范运行融媒事业

2019年9月,长宁区委宣传部明确区融媒体中心的机构规格、主要职责、内设机构、人员编制和领导职数等。中心按照媒体融合工作的要求,将原来的报纸、电视、新媒体一线记者和编辑统一转型为全媒体记者或全媒体编辑,设立统一的信息采集、信息编辑、信息发布流程,实现媒体融合运行。2020年7月,中心融媒指挥大厅投入使用,8月,顺利通过上海区级融媒体中心建设验收评估。根据实际工作需要,中心着力建立健全各项规章制度,进一步实现制度管人管事,工作有章可循。

(二)确立责任,牢筑传播安全屏障

为确保各平台的安全传播,中心不断提升风险防范意识,多措并举、牢牢锁住传播的安全边界。几年来,制定和完善了一系列安全规范,建立健全播出和发布值班制度,完善播发安全的工作方案和应急预案,做好日常和节假日安全播出和发布工作。中心对"上海长宁"各新媒体平台的评论区开展深入梳理,对可能引发舆情的评论及时上报、及时处置并形成反馈,发挥融媒体中心的助力和桥梁作用。

（三）精准策划，指挥调度统一高效

中心坚持移动优先的原则，以上海市区级融媒体统一技术平台为支撑，通过采编分离、流程再造，全面整合"报、台、网、微、端、抖"多类型发布平台，做到策划部署一体统筹、采编力量一体指挥、全媒体平台一体发力（见图8.2）。每日策划会相当于整个生产流程的"中枢大脑"，负责统一指挥调度，较好地解决内容重复、采编力量分散等瓶颈问题。由中心主任、各部门负责人、采访小组长参加的策划会议，实现全媒体联动。中心发布的每一条报道必须在策划会上完成选题审查，确定发布平台、发布时间、发布内容。中心运营部再从阅读量、传播力、影响力等方面进行综合数据追踪，分析哪类选题、哪些平台、哪个发布时间具有更佳的传播效果，使稿件的调度越来越精准有效。

图8.2　长宁区融媒体中心指挥大厅

（四）移动优先，融合生产同频共振

为了实现各媒体平台间的全融合、真融合，中心打破报纸、电视、新媒体等采编框架壁垒，成立全媒体采访部和全媒体编辑部，将原来不同媒体的采编人

员聚合在一起,以扁平化管理为引导,支持跨媒体的编排组合,信息内容、平台终端、人才队伍全面共享融通。全媒体采访组是中心一线最小的融合单位,每组配备6—7名具有文字、影像和新媒体技能的记者,组长根据中心统筹安排每日的采访任务、值班考勤、业绩考核等具体工作,组员之间相互协作、高效配合,共同完成全媒体平台上所有新闻产品的生产制作。全媒体编辑部负责中心各发布平台的内容编辑、总成、发布和互动管理,设编审、专职编辑及播音和视听制作等人员,每一名编辑至少负责两个平台的编辑工作,均具有一定的全媒体职业素养和专业能力。全媒体化的运作,实现生产从相加到相融,平台从多媒体到融媒体。新的融合生产机制发挥最佳的融合生产力,融合报道采用微视频、图文、直播、H5等形式,同频共振,多元呈现,既强调传统媒体的深度,也注重新媒体的实效性和接地气,涌现出来的许多优秀作品被中央级、市级媒体转载。

(五)回应关切,做好基层服务

中心全力做好媒体融合,发挥新媒体迅速、高效、便捷等特点,及时发布内容,回应群众关切。在"大上海保卫战"的各阶段,中心发挥舆论主阵地的作用,以正能量的舆论引导助力营造同心抗疫的良好氛围,及时传递重要信息,回应居民所需、所问、所盼,起到服务群众、引导群众的作用。

在"新闻+政务服务"上,对公共服务领域的创新探索让融媒主产品凸显服务优势。中心先后与区内多个部门合作,携手在"上海长宁"APP上推出"政府公报""新时代文明实践信息平台""便民就医服务平台""长宁人才通""留学生公寓申请""便民云缴费平台"等,丰富了长宁居民网上办事的渠道。通过服务群众、服务基层,"上海长宁"系列融媒产品获得更多的关注和认可,在社会覆盖面、群众关注度、信息活跃度等方面实现质的飞跃。

(六)优势互补,发挥媒体融合的整体优势

在重视新媒体的同时,中心继续做强传统媒体,提升《长宁时报》、长宁有线和长宁门户网站新闻网页的传播力影响力,从而与新媒体形成优势互补。在区财政的大力支持下,《长宁时报》向全区每户家庭、党代表、人大代表和政协委员赠送,发行量达31万余份,在全市16个区中排名第一。2022年下半

年,中心放大一体效能,在全区开展 2023 年度《长宁时报》征订工作,使《长宁时报》的发行更为精准、有效。此外,中心发挥传统媒体可对信息进行整合和深度报道的优势,将每日快速发布在新媒体平台上的信息进行整合,每周将精选出的重大新闻集合在《长宁时报》的新闻版面和长宁有线的"一周要闻回顾"栏目中,对不同受众的阅读习惯和信息获取方式进行最大程度的满足。

三、全媒体服务应用实践

(一) 持续推动客户端提质升级

中心以"上海长宁"APP 作为核心产品,集成各类信息、服务和功能,并持续推动"上海长宁"APP 提质升级。

一方面,"上海长宁"APP 强化"新闻＋政务服务"功能,为市民和企业提供网上办事、便民咨询等 29 类服务项目,实现政民互动和政府服务在移动端的应用与延伸,进一步提高政府为民服务的质量。"上海长宁"APP 推出"政府公报""长宁人才通""新时代文明实践信息平台"等,为区内居民提供方便快捷的精细化服务;开设"学习园地",与区委党校合作推出"四史"线上学习平台,面向长宁区的党员提供在线学习,为全区"四史"线上学习提供移动平台;结合建党百年主题上线"长宁学习擂台";与区人大、区政协、区公务员局等合作,提供面向各类特定人群的学习板块;开设"大调研多倍镜",搜集市民群众提出的困难和问题,是长宁市民群众向上反映问题的重要窗口;"大上海保卫战"期间,推出疫情防控服务内容,上线"新冠肺炎疫情防控工作问题建议征集"功能,打通"听民意、集民智"的通道,共收集并反馈解决各类问题 8 400 件。

另一方面,中心强调服务功能的多样性。为适应移动互联网时代的宣传管理需要,中心成立全媒体运营部,负责全媒体业务的运营,策划客户端线上线下的推广活动、直播活动的对接,以及和区内各部门、街道镇宣传事务的联系和接洽,通过为市民群众提供更为丰富的服务内容、为各部门开辟更为统一服务渠道,使"人在哪儿,宣传思想的重点就在哪儿",服务就跟进到哪儿。中心不断探索新媒体的传播特点,从用户的需求出发,推动内容生产模式的改变,使内容生产主体更多元化和个性化。中心开设"企业之窗"栏目,为企业及时提供相关政策,对全区企业的主营范围、经营特色、发展状况等进行精细采访和专题宣传,扩大企业影响力,助力长宁优化营商环境。为区侨联量身定做的"专属 APP"主页,体现为既定对象提供侨情登记、为侨服务、活动报名、建言献策等功能;为区退役军人事务局定做的"专属 APP"主页,每天及时发布双拥信息,为退役军人搭建起畅通的沟通平台。中心利用 APP 的直播功能,扩大"上海长宁"影响力,与区城管局合作开展"第七届城管执法系统 7·15 公众开放日"启动仪式直播,与区人社局合作承办"国际创新创业大赛长宁赛区总结活动",与区科委合作主办"科技创新主题论坛",与区文旅局合作举行"国际草地钢琴音乐节",与市级部门合作"科学之夜　艺术之魅"儿童节、"六五环境日主题宣传活动举行线上启动仪式"等直播。连续推出"同仁荟健康直播""光华云医堂""防疫知识科普公开课""公共卫生大家谈"等卫生健康知识直播,向公众提供权威的健康科普知识,对提升公众科学防护意识和能力起到积极作用。

(二) 构建现代传播运营平台

长宁区融媒体中心积极打造"新闻＋政务服务商务"的客户端平台,力求以优质的传播内容、精准的信息服务、高效的活动平台,加快提升区域融媒体的传播能力,为政务、服务和商务的拓展打下坚实基础。

围绕长宁区老百姓日常生活的实际需求,中心整合行政资源,发挥自身优势,分层、分类、有序、有效推出民生服务类客户端功能,先后开发出宁学堂、一站式便民就医、水电煤云缴费、人才公寓在线评估申请、《长宁时报》赠阅登记等程序。同时,中心立足区域特色,创新商城流程,着力打造出个性化、年轻化、覆盖面广、吸引力强的客户端积分商城,在激活商城全新生命力的同时,增强粉丝的互动和归属感,大幅提升客户端的下载量和活跃度。

中心发挥长宁国际化城区优势,联动职能部门,把客户端搭建成汇聚各类活动的平台:开通 2021、2023 上海女子半程马拉松赛报名通道,第十三、十四届国际少儿生肖绘画投票通道,上海长宁国际草地钢琴音乐节赠票通道,以及开展农历牛年、虎年、兔年新年抽奖回馈粉丝活动等多项特色活动。

在运营服务中,长宁区融媒体中心注重需求和创新,政务服务和综合服务能力得到进一步加强。

一方面,注重需求导向,以更加精准地服务惠及百姓。2021 年,与区卫健委合作,为全区百姓提供"一站式"智慧健康服务,让有就医需求的群众在"无感化"的操作中,只需下载"上海长宁"客户端一个软件,通过一个通道进入,就能完成预约—挂号—就诊—查询的一系列就医就诊的过程,解决就医痛点、难点,进一步完善平台各项公共服务的能力。2022年,中心在客户端上开发出《长宁时报》赠阅线上登记程序,把登记工作与积分商城进行有效结合,在提高申请便捷性的同时,也吸引到更多的用户参与,顺利完成《长宁时报》的赠阅登记工作,也为日后策划推出更多政务服务功能积累宝贵的实战经验。2023年,根据不同年龄段受众的兴趣爱好、所盼所需,中心在客户端陆续推出了适合亲子家庭参与的"3.12植树节早樱认养"活动、"妈妈的手工课"非遗蜡染活动;开展了深受年轻人喜爱的"长宁咖啡文化节免费请你喝咖啡"活动;上线了驴友们感兴趣的"全球宿博会民宿免费住"抽奖活动等。

另一方面,注重改革创新,以更大力度突破商城服务瓶颈。"上海长宁"客户端的积分商城共进行三次较大的更新变革,涉及页面设计更新、版块布局升级、奖品池扩容、积分规则调整、发货流程优化等,取得较为明显的改变和收益,让用户在体验中感受到便捷,使得客户端的下载量、注册数、活跃度等均有大幅提升,获得双赢。2021年年末,在前期充分调查和数据分析的基础上,摒弃原本的积分规则及论坛打卡发帖环节,简化获得积分的方式,开展参与收看直播、参与投票、预约演出及比赛门票等简单又有趣的活动。2022年,中心进一步简化积分规则,调整奖品池的产品,上线符合年轻人兴趣特点的品类,参与活跃度得到明显提升。中心开发一批具有长宁特色的文创产品,让奖品池的品类更为丰富,不断增强粉丝对辖区的归属感。2023年,中心根据用户积分兑换的频率、喜好,进一步对商城兑换商品进行优化调整,设计推出一批全新的文创用品,以实用性和收藏性提高商城用户的黏度和日活量。

(三)建设新时代文明实践信息平台

长宁区融媒体中心与区文明办对接合作,在"上海长宁"客户端上设立"新时代文明实践信息平台",包括移动端展示模块和后台业务管理平台,通过优化业务管理流程,提升前端服务效能,实现文明实践多级指挥、在线流转、服务匹配、项目管理、精准服务、数据分析的数字化全业务流程闭环,以及移动端的精准服务。

首先,梳理业务模块,赋能指挥决策。中心细致梳理文明实践工作业务,整合资源管理、阵地管理、成员与团队管理、"五单制"供需服务管理、数据管理中心和数据可视化管理模块,改造与市平台的接口对接。平台通过对业务模块的全新梳理、整合及新增建设,满足志愿者资源、活动资源、场所资源、信息资源的聚合管理,实现与市平台在志愿者信息、三级阵地信息和"五单"流转流程全面对接,构建全面的文明实践运营数据和绩效数据的分析能力,赋能指挥决策业务。

其次,新建业务功能,实现融合互通。在"长宁新时代文明实践信息平台"移动服务端新建"长宁新时代楼宇组"、实践基地、实践阵地、实践团队、实践项目专题,新建活动分类查询、全局智能搜索、积分商城、用户个人积分功能,并通过与"上海长宁"客户端全面对接,实现用户信息、用户积分、用户身份、用户流量融合互通,信息发布的通联共享,以及对客户端底座功能的调用。

四、创新探索"长宁特色":拓宽数字应用场景,凸显国际化城区优势

长宁区融媒体中心充分发挥媒体融合后的宣传聚合作用,注重统筹策划,围绕区委区政府的中心工作、重大活动及社会民生等,突出重点、挖掘亮点,在报道质量、数量及传播力、影响力上都有突出的表现,并探索出基于区域特点的"长宁特色"。

(一)深度粘连职能部门,主动参与基层治理

中心根植于长宁发展实际和需求,集成各类信息、服务和功能,努力成为一个"提供新闻、聚合资源、汇聚民意"的新闻服务类平台。在建立主流舆论阵地的过程中,中心加强与职能部门的深度粘连,主动参与基层社会治理,较好地发挥出基层媒体的桥梁、监督和助力作用。

1. 发挥桥梁作用

融媒体中心每年的宣传报道策划都与区内各部门、街镇保持高度粘连、深度合作,充分挖掘典型的基层治理案例,通过新闻报道搭建起政府部门与百姓之间的桥梁。

中心对人民意见征集(红邮筒)的点位进行公开,告知居民如何参与意见征集,对人民意见反馈的典型案例进行深度报道。其中一个较为典型的案例是虹桥路盲童学校的一位盲人教师提出学校周边无障碍环境建设的问题,包括窨井盖和停车占道以及盲道的颜色和道板的颜色接近等。得到这些意见后,区委领导及时前往召开现场会;长宁区融媒体中心迅速和人民建议征集办取得联系,了解实际情况,跟踪解决进度。从意见征集到重新整改,中心全过程记录,进行连续报道。区建管委对全区范围内的盲道开展优化提升,开展大排查,制定养护计划,进一步规范道路新改扩建、道路大修、架空线入地工程涉及的盲道设置标准。中心的系列报道不仅被多家市级媒体录用转载,还被列为人民建议征集的经典案例。

中心与区地区办、各街镇不定期进行沟通策划,派驻记者深入基层采访、持续跟进,将基层治理的鲜活经验纳入全年的报道重点。比如,中心和北新泾街道合作推出"美丽街区"的项目征集,与华阳路街道合作推出"桥下空间"更新意见征集,与天山路街道合作推出虹桥公园整体改造意见征集。融媒体中心在意见征集的基础上,对每个项目推进的每一个节点进行跟踪报道。

2. 发挥监督作用

作为最基层的新闻媒介,融媒体中心记者积极对区域内的问题进行新闻监督。在精品小区的建设过程中,中心记者会积极追踪"为民实事工程"的进度、效果,以及过程中遇到的问题、如何解决等。2022年,在中山公园打开围墙的过程中,附近的万凯小区的老百姓的抵触情绪比较大。中心记者持续跟进、了解工作进展,并关注绿化市容、建管委、居委干部的协商进程。中心推出的若干篇融合报道,不仅宣传了百年公园的围墙打开,更在过程中展现出全过程人民民主理念在长宁发展中的践行。长宁路396弄曾经是一条非市政小马路,因为交通混行等问题,一直以来是附近居民的痛点。记者多次走访现场,持续关注问题走向,深度采访,对弄堂如何转变为基层协商自治的样板案例进行两次报道,单篇阅读量达到1.8万次,得到居民的热情关注。

3. 发挥助力作用

中心通过对治理典型经验的宣传报道,助力长宁国际精品城区的建设和发展。在整体报道策划中,中心与区各部门及街镇深度合作,联合策划推出了"聚力谱新篇""高质量发展""阿拉街镇""阿拉小区""宁宁招聘""长宁记忆"

"与宁说法""长宁警事""与宁说健康""身边好家医"等主题系列报道,以综合专访、实地探访、故事讲述、案例分析等形式,报道典型案例,关注长宁发展。2023年春节和五一推出的"阿拉小区""我爱我家"等主题报道,选取多个基层治理的典型案例进行重点宣传,涉及内容有精品小区改造、共享单车停放、建筑垃圾丢弃、生境花园的打造、社区公共客厅、荒废角落的变身等,系列报道获得了较好的传播力和影响力。

(二)对接专业需求,拓宽数字应用场景

长宁区融媒体中心依托上海市区级统一技术平台,以"上海长宁"全媒体融合系统平台为基础,以市民群众和区内部门需求为导向,拓展多种数字应用场景服务,满足多样化服务的需求。

2021年,根据区委区政府有关工作部署和《长宁区便民就医工程实施方案》,在区委宣传部的指导下,中心与长宁区医管中心签订合作框架协议,在"上海长宁"客户端上搭建"便民就医服务平台",面向广大群众提供"新闻＋医疗服务"功能,满足百姓"一站式"医疗服务的需求。

区融媒体中心与区医管中心以及双方技术公司人员组成工作小组,就"便民就医服务平台"项目进行充分调研论证,对工作中遇到的问题,共同研究解决对策。结合长宁区全媒体系统平台现有的统一用户体系和服务对接能力,以及各医院、社区卫生服务中心的业务平台的移动互联服务功能,工作小组规划出一套可实现医院方业务平台入驻"上海长宁"客户端并提供相关服务的最优方案。该方案计划由各医院、社区卫生服务中心基于现有的 H5 移动版互联网对外服务系统,经改造后入驻"上海长宁"客户端。

"便民就医服务平台"上线的若干功能服务,极大地提高了群众就医的便捷性和高效性,初步达到建设目标。

1. 优化流程,推出"一站式"就医就诊

长宁各家区属一级和二级公立医疗机构均有各自的微信公众号,用来保障各自就诊用户的需求,但存在患者每去一家医院,就要关注一个公众号,进行一次注册,重新适应一遍就诊流程,烦琐且不便。此次"便民就医"通道的开发以化繁就简为原则,让有就医需求的群众在"无感化"的操作中,只需下载一个软件,通过一个通道进入,就能完成预约—挂号—就诊—查询等一系列就医

就诊的过程。在补全个人信息,完成实名认证后,用户便可进行各项便民医疗服务,实现一次注册,多家医院共享注册信息的便利。

2. 功能分类,体现"一体化"服务优势

为更好地体现"便民就医服务平台"的优势,"上海长宁"APP 根据使用功能进行分类,呈现在平台首页的为使用频率最高和最实用的功能,如门诊预约、疫苗预约、核酸检测、报告查询/下载、科普等,用户可以根据需要进入相应功能的区域,然后选择对应的医疗机构。医学影像资料及化验报告通过各医院的实时入口,能够随时随地查阅检验报告和电子胶片,病历资料也能一目了然,既方便患者及时地获取就医信息,也方便去他院就诊时外院医生查阅既往报告和影像资料,促进区域内公立医疗机构对相关检查检验资料的互联互通互认。

3. 权威指导,建立全年龄段"健康科普"知识库

"便民就医"通道的开发始终围绕长宁区具有世界影响力的国际精品城区建设的目标,不断深入推进"新闻+医疗"服务,除提供"一站式"就医就诊服务外,还扩展服务范围,在平台推出专家讲座、健康指导、权威辟谣等,满足不同年龄段的群众多层次多样化的健康需求。

(三) 发挥区域特点,凸显国际化城区优势

长宁区作为上海国际化程度最高的城区之一,辖区内集聚 27 家驻沪领事机构,约占全市总数的 1/3;全区登记境外人口占全市比重约 1/5;外资企业近 6 500 家,其中,跨国公司地区总部累计 86 家,居中心城区的前列。

为服务居住和工作在长宁的国际友人,中心在"上海长宁"客户端开设"国际版"专栏,每周发布 8 条英、日、韩等语种的新闻信息,推出"留学生公寓申请"等政务服务。客户端推出"政府公报""长宁人才通""新时代文明实践信息平台"等,为区内居民提供方便快捷的精细化服务。

上海市第一个涉外小区——古北新区坐落于长宁区,约有 1.6 万余名境外人士居住,占总居民数的 51%,涉及 50 多个国家和地区,被冠以"小小联合国"的美誉。为把长宁的故事讲好,让外籍人士深入了解长宁,长宁区融媒体中心围绕精心打好"虹桥牌"这一外事工作思路,从"外事、外资、外贸、外宣、外智、外联"六个方面,积极主动地与新闻办、外事办策划沟通,除了即时消息、人

物特写、主题报道、典型事例通讯,中心还会把触角放到外籍人士身边或是外籍人士比较集中的社区。

2022年,中心在"非凡十年"系列报道中,特别纳入长宁外事工作篇的主题报道,形成较好的传播力和影响力。在区第十一次党代会提出奋力打造"四力四城"、建设具有世界影响力的国际精品城区的目标后,中心在日常新闻报道策划中,有意识地推出外资总部型企业、外籍人才服务、营商环境、虹桥友谊联盟等相关报道,通过中心各个发布平台进行宣传,既提振了外企扎根长宁的信心,也将长宁开放包容的形象展示出来。

第九章

普陀区融媒体中心建设运营报告

一、普陀区融媒体中心简介

普陀区融媒体中心为公益一类事业单位,由原区新闻宣传中心和区门户网站管理中心合并而成(见图9.1)。2019年1月,普陀区融媒体中心建设启动。2019年9月16日,普陀区融媒体中心正式揭牌成立。2021年5月28日,中心加挂区网信应急指挥中心的牌子。中心下设总编室、采访部、编辑部、

图 9.1 普陀区融媒体中心演播室内景

运营部、技术部、综合办公室、网信部、文明实践部 8 个部门。

普陀区融媒体中心自成立以来,主要围绕区委、区政府的重点工作、重大活动、重要会议,制定报道计划,开展选题策划,做好宣传报道,服务本区经济社会发展。中心积极发挥信息平台的作用,整合各类资源,提供政务服务、生活服务等综合服务入口,开展区级特色服务;探索开展网上党建、民意收集、数据分析、建言咨政等工作,服务基层党建和公共决策;同时,参与组织开展有关群众性文化、体育、科普、公益活动,打通线上线下,丰富群众的文化生活、强化为民服务功能。作为基层治理单元,中心协助做好涉及本区网络舆情、社会舆情的收集、分析、研判工作,协调开展舆论引导和志愿者队伍建设管理。

普陀区融媒体中心始终聚焦"新闻+"能级提升,做强平台,创新机制,锤炼队伍,不断推进媒体融合向纵深发展。中心先后获得 2021 年新华网最具影响力县级融媒号、2022 年度上海广播电视台通联工作先进集体等称号。《打造区域便民惠企综合服务第一平台,安民心稳大局》获"县级融媒　齐心抗疫"创新案例征集"基层综合服务平台创新举措"优秀案例;《着力探索"合作、共赢"的造血途径》获 2022 长三角广播电视媒体融合优秀案例提名奖;《打造区域一体全媒体传播体系》获 2023 长三角广播电视媒体融合成长项目提名奖;普陀区全媒体数字运营平台项目获 2023 全国报业技术赋能媒体融合十佳案例。中心共有 11 人次获得市级以上个人荣誉,36 件作品获市级以上奖励。其中,张琼入选《上海百名女新闻工作者风采录》,倪逸辰获评上海市政务公开先进个人。《人间烟火气,最抚凡人心——〈都市烟火气〉》获第三十一届上海新闻奖三等奖及上海市第十六届"银鸽奖"最佳国际新闻作品奖;《人靠谱,事办妥》获 2020 年度上海广播电视奖(地区)媒体融合传播一等奖;《苏河十八湾:水质"清"空间"亲"》获 2022 年度上海广播电视奖(地区)电视新闻一等奖。

二、普陀区融媒体中心运营情况

普陀区融媒体中心顺应全媒体发展的趋势,坚持"融"字当头,破除报、台、网、微、端、屏等平台之间的壁垒,多维联动、立体传播;整合策、采、编、审、发,流程再造、闭环高效,持续推动机构、平台、渠道等全面融合、同频互动,有效提升了融合传播效能和平台运营实力,做好媒体融合大文章。

（一）全面融合,深化平台建设

重塑架构,优化效能。普陀区融媒体中心在机构设置上打破原有按报、台、网、新媒体等平台划分的方式,以职能划分部门,重构采、写、编、发流程,从工作机制上改变原先多路记者各成体系、分头跟进的"多头采集"模式,精心打造"中央厨房",实行报道部署、主题策划、采访组织、稿件编发"四统一",根据不同平台的需要,实行采编联动,对内容进行二次加工,在不同平台予以传播,实现"一次采集、多次生成、多元传播"。

整合平台,扩大传播。整合《新普陀报》、普陀有线电视新闻、"上海普陀"官方网站、"上海普陀"官方微信、官方微博、抖音号、视频号等传统媒体和新媒体全覆盖的媒体平台和新闻资源,合力打造"上海普陀"APP,汇聚各平台的新闻、资讯,实现信息互通。截至 2024 年 3 月 30 日,"上海普陀"APP 总下载量为 145.5 万次,总注册用户为 18.1 万人;微信公众号的粉丝数为 63.8 万人;微博关注用户为 41.4 万人,各平台累计发布各类稿件、信息 23.9 万余篇次。积极争取、主动拓展大平台传播,2024 年 2 月,"学习强国"普陀学习平台正式上线,这是上海首个上线的地级市学习平台,成为宣传展示普陀形象的新的重要窗口。同时,在苏河法治绿廊、半马苏河公园以及示范街区等显示度高、人流量大的空间打造"学习强国"线下宣传阵地,在全区 10 个街镇、32 个党群服务中心开展"学习强国"普陀学习平台线下推广活动,建设"学习强国"普陀学习平台互动区、沉浸式的读书角等,实现线上线下同频共振、同向发力。

拓宽渠道,提升影响。畅通"上下左右"融合渠道,构建网上网下一体、内宣外宣联动的全域宣传格局。依托区融媒体中心,联动区内各街镇、各部门、各单位,深度思考、深入挖掘,共同谋划制作重要融媒产品,多层次、广覆盖地提升新闻宣传实效。积极入驻《人民日报》、上海观察、澎湃新闻、今日头条等 20 余家中央、市级主流媒体以及各大商业平台,与新华社、《人民日报》《解放日报》、人民网、《经济日报》、上海电视台、抖音、财经头条等加强合作对接,在专题策划、主题宣传上呈现更多"普陀特色",加大引流推广的力度。联动配合央媒、市媒,完成"千城早餐""百姓话思想""人民之城"融媒大联播、夏令热线、对话区委书记、"老外讲故事　另眼观盛会"等重大项目的采访报道和拍摄制作(见图 9.2)。2023 年,上海书展开幕当天,普陀区融媒体中心与"上海发布"合作,在书展主会场共同设展,助力普陀进一步"出圈"。

图 9.2　普陀区融媒体中心记者参与上海广播电视台"人民之城"
融媒联播特别节目直播

（二）提质增效，完善体制机制

打造融媒矩阵。在联合全区各街镇、委办局及区属国企并且形成强大微信传播矩阵的基础上，普陀区融媒体中心积极推进融媒架构下移。2021 年，在全区 10 个街道镇成立融媒体分中心，从抓规范、融渠道、强队伍、促运营等方面予以指导和帮助，着力打通媒体融合、基层宣传和服务群众的"最后一米"。在此基础上，进一步深化融媒矩阵建设，探索建设融媒体分中心、融媒驿站、融媒直播间、融媒工作室等，深入挖掘基层有特色的工作品牌，不断丰富新闻宣传资源，形成宣传合力。

创新协同机制。健全完善条线例会、宣传提示、选题预报、组团专班、联合联办、导师带教、专题培训、评选激励、"三审三校"、"四库"建设十项机制。健全落实与央媒、市媒以及区内各单位合作的"交流联学共促，报道联合共推，活动联谋共办，资源联动共享，队伍联培共育，品牌联建共创"的"六联六共"机制，持续深入挖掘一批既有数量和质量又有"普陀特色"的新闻资源素材，通过主动策划、协同采编，策划推出有质量、有温度的新闻报道。

规范工作流程。制定《普陀区融媒体中心"策、采、编、审、发"工作规范》

《普陀区融媒体中心信息内容发布审核制度》《普陀区融媒体中心公共信息巡查制度》等一系列制度,并两次修订。不断加强内部流程和质量管控,强化逐层逐级的工作责任,完善审核纠错机制,全面提升审核把关力度,有效地促进工作标准化、规范化。

(三) 选贤用能,锻造专业队伍

激发人才活力。普陀区融媒体中心通过引才选优、培强育优,鼓励记者深度转型,由幕后走向台前,由文字、摄影走向"全能",切实打造一专多能的全媒体人才队伍。针对队伍年轻化的特点,中心一方面提供平台,激励他们勇于创新。以项目制、扁平化等形式,打破部门壁垒,鼓励采编人员学习新技能,发挥所长,相互合作,突破创新,加速由原来的单一生产向多元生产转变。另一方面多措并举,激活一线人员生产动能。推出"普陀融媒轻骑兵"计划,以全体记者能够手持云台、头戴 GoPro、带上 5G 手机等"轻装备"的方式,提升记者的单兵作战能力,确保实现快速到场、快速采集、快速编排、快速发布。成立"靠谱融媒突击队",以青年党团员为对象,由采编一线政治觉悟高、业务能力强的人员构成,承担日常重要会议、重大活动、重点工作及各类急难险重任务。中心成立以来,"突击队"成员配合央媒、市媒完成系列报道、直播、访谈等各类活动200 余次,采写、制作的报道多次被央视《新闻联播》《焦点访谈》《光明日报》《经济日报》及本市各大主流媒体采用,在国家级、市级的各类新闻奖项评选中获得多项荣誉。

强化素质提升。连续十多年举办"好新闻"评选活动,更好地激励一线采编人员的创作热情,在实践中不断锤炼业务能力。完善融媒体中心月度全员大会机制,通过落实区情讲座、青年论坛、每月之星、新闻阅评、新闻讲坛等制度,不断提升采编人员的自主学习意识、业务知识水平和沟通交流能力。优化完善央媒、市媒导师带教机制,中心 11 名骨干记者与央媒、市媒的资深记者结对,建立区级内部导师带教机制,通过一对一的业务指导,帮助带领采编人员提升专业能力。建立"1+1+X"通讯员机制,通过央媒和市媒条线记者、区融媒体中心记者、委办局和街镇通讯员三级联动,共同推出主题策划。

三、全媒体服务应用实践

自 2019 年以来,普陀区融媒体中心集中优势力量,围绕建设成为主流舆论阵地、综合服务平台、社区信息枢纽的三大目标,不断深化"新闻＋"模式,以正能量澎湃大流量,构建起集宣传报道、信息发布、便民服务于一体的全媒体传播格局,不断提升传播力、引导力、影响力和公信力。

(一)找准定位,壮大主流舆论阵地

打造优质融媒产品扩声量。普陀区融媒体中心立足"深度挖掘普陀资源禀赋,坚持以内容为王赢得竞争优势"的发展定位,聚焦重点产业、重点领域、重点项目,借助重大赛事、重大活动、重大节点,策划推出更多有思想、有温度、有品质的融媒作品,讲好新时代普陀发展故事,让主流之声愈加响亮,努力实现"报道活起来,流量引进来,声音传出去"。开设"抓开局抓起步""高质量发展普陀在行动""大兴调查研究""书记调研手记""半马苏河•四季篇章""中华武数""靠谱星光"等专题专栏,紧扣宣传节点,以蹲点式、体验式、行进式等多种形式,推出生动鲜活的一线报道。借助进博会、苏州河城市龙舟邀请赛、"半马苏河"文化旅游节、上海 10 公里精英赛、苏州河半程马拉松赛等重大活动;围绕曹杨一村成套改造居民回搬、红旗村城中村改造、新业态新就业群体等重点工作,精心组织谋划打造精品,推出更多有分量、有深度的好报道,形成宣传良好声势。打造"半马苏河"系列短视频;策划推出"靠谱星光•冬日暖流"系列报道,以外卖骑手作为开篇,拍摄制作短视频"骑手心愿",在"上海普陀"各平台的总点击量达 86 万次,并被市委网信办作为"爱申活暖心春"重点推荐选题,在全网予以推送。

案例展示 ·—·+·—·+·—·+·—·+·—·+·—·+·—·+·—·+·—·+·—·+·—·+·—·+·—·

红旗村是上海市中心城区最大的城中村改造项目,这一区域的转型升级也成为上海城市更新的一个缩影。为讲好这一典型样本故事,普陀区融媒体中心紧扣红旗村改造,持续关注、提前策划、全程跟进,围绕重大节点、重要项目、重点工程,推出一系列各具特色的融媒体产品,并积极对接央媒、市媒,扩

大宣传声量,为展现良好的城区形象助力增能。

1. 持续跟进,保持宣传力度。 自真如境项目启动以来,区融媒体中心始终关注项目进展,保持宣传报道不断不乱。在上海市数字广告园开园、山姆真如店开业、中海中心封顶等重要节点,更是持续跟进报道,多篇稿件都取得了极高的阅读量,其中,《开业倒计时! 普陀将迎来今年最大体量的新开购物中心》一文的阅读量超 11 万人次。

2. 提前策划,挖掘宣传深度。 为配合真如环宇城 MAX 开业,区融媒体中心提前一个月开始策划,推出"真如境·界新生""1+N"系列报道。1 是区域转型蝶变的综合性报道,N 是从产业发展、城建创新、区域数字化转型、商业理念实践创新等多视角展开的不同维度的深度报道。此系列报道全面系统地对真如地区转型发展的重大阶段性成果作了展示,让老百姓对真如地区的发展变革和未来规划有了更清晰深入的了解。同时,巧借商业地标项目开业这一民生关切议题的东风,形成了正面宣传的联动之势。系列报道中的《"人民之城"理念绘就"城中村"蝶变幸福画卷》一文被《人民日报》专版刊载,其他报道被"学习强国"、上观新闻、文汇报等多家媒体转载刊发。

3. 融合传播,引爆宣传热度。 真如环宇城 MAX 开业当天,区融媒体中心推出多种形式的全媒体产品,在全平台予以推送,引爆宣传热度。《重磅开业! 冻得"呱呱抖"也要去米其林"轧闹猛",市民: 这是阿拉普陀的新地标!》微信阅读量达 3.9 万次,短视频《家门口的美食地标要开业了? 走! 试菜去》点击量近 4 万次。

红旗村焕新蝶变宣传报道的整体策划生动地体现了"新闻宣传也是生产力",带来良好的经济效益,在提升城区形象的同时,也为"新闻+商务"的探索提供了新思路。购物中心人气被宣传热度持续带旺,据统计,2023 年 12 月 22 日至 2024 年 1 月 1 日,真如环宇城 MAX 累计进场客流达 140 多万人次,销售总计约 1.2 亿。销售整体超出商户预期,零售、餐饮业态表现突出。

联动央媒市媒展形象。普陀区融媒体中心聚焦"联动联合",围绕普陀正在打造的"中华武数"科创名片、"半马苏河"民生名片、"人靠谱(普),事办妥(陀)"服务名片,强化与中央级、市级主流媒体的合作深度与力度,以系列化、专题化和精品化为导向,源源不断地供给既有意思又有意义的精品内容,策划推出一系列精品力作,从而充沛正能量、带动大流量,不断提升普陀的知名度和美誉度。如推出《小区空间开放记》(《人民日报》)、《百年水岸　轻盈前行》(《光明日报》)、《城市岸线的活力哪里来——上海市普陀区打造"半马苏河"调查》(《经济日报》)、《以"中华武数"科创布局　打造普陀创新发展实景图》(《解放日报》)、《普陀:加快科创布局　推动高质量发展》(《文汇报》)、《"红旗村"蝶变为"真如境"》(《新民晚报》)等一批重点报道。聚焦骑手新家入住预选仪式、新就业群体迎新活动等重要节点和活动,区融媒体中心提前策划,多平台联动,以图文、短视频、电视新闻等多种形式,对普陀区骑手新家在全平台予以报道和推送。《全国首个外卖骑手星级公寓来了!》一文的微信阅读量达1.2万次,并入选2023年1—11月政务新媒体排行榜暖新闻稿件传播影响力十佳。外卖骑手新家的暖心故事被央视《新闻1+1》《光明日报》头版头条采用。

严管阵地建网络。区融媒体中心通过助力街镇分中心夯实以微信公众号为核心的基层舆论阵地,全面整合辖区内各类宣传资源和阵地,做好对街镇政务微博、社区报、视频号以及社区电子屏、小区公告栏、小区广播等宣传阵地的统一管理,构建了开放生态、分众运营、公私域运营、社区运营等全域联动传播模式,打通基层传播的"神经末梢"。在此基础上,联动各职能科室和所有居村,构建起"横向覆盖工作重点、纵向打通报送渠道"的宣传阵地网络。

(二)跨界整合,做强综合服务平台

拓展"新闻+政务"。利用"上海普陀"APP和门户网站"政府公报""政务公开"等专栏,及时发布政务信息,与教育、卫生、司法等部门开展合作,提供权威解读,持续提高政策解读的质量。探索在草案公开征集意见阶段通过政务直播间、问答、图文等形式同步开展解读,讲明讲透政策初衷和内涵,更好引导公众发表意见;上线政策解读评价功能,以社会评价倒逼政策解读质量的提升;完善政策发布页面的政策留言板设置,方便社会公众进行线上咨询。探索政策"阅办联动"机制,打通政策公开平台和政务服务平台,对政策文件中包含"一网通办"办事事项的,在标题页和相关内容页增设"办"字图标,直接点击跳转到办事页面,实现"阅后即办"。与教育局、卫健委、司法局等部门合作,开设"家门口好学校""同心医+义　健康大讲堂""说'典'看'法'"等访谈节目,提供就学政策、健康知识、法律知识等最急需的权威解读,累计观看人数超

100 万。

做优"新闻＋服务"。紧扣群众需求,在"上海普陀"APP 和微信等开设专栏板块,设置线上统一入口,提供不同的服务内容。在"社区服务"板块,对接区内资源,开设"搬家服务""物业维修""汽车频道"等特色服务,将区内提供优质可靠服务的企业引入登记,方便市民联系选用。经过迭代升级,新增"到家服务"版块,链接区内各大医院,开通网上预约、挂号等医疗服务。在"上海普陀"APP 和"上海普陀"微信视频号同步上线慢直播"妥妥看",立足普陀特色,在上海环球港、天安千树等点位开设慢直播,让用户"云打卡""云逛街"的同时,方便掌握相关道路附近的实时交通情况和天气情况。在 2021 年 12 月大渡河路两座"煤气包"拆除时,"妥妥看"将第三个点位设在拆除现场,方便用户足不出户"云监工"。

做强"新闻＋商务"。充分发挥区融媒体中心在传播平台、信息资源、宣传设备等方面的优势,主动对接区内企业和大平台开展合作,提供跨界服务,以"新闻＋商务"的模式助力企业发展。2020 年 1 月,普陀区融媒体中心在全市各区融媒体中心中首创开通 APP 积分商城功能,区内 8 家重点企业为粉丝提供包括免费房券、餐饮娱乐打折券等实用的积分兑换商品,增强粉丝黏性。2020 年年初,普陀区红柳路名车坊一度经营惨淡,融媒体中心联合《新闻晨报》(周到),在全市率先开展带货直播。直播当天帮助 4 家汽车销售企业销售汽车 41 台,销售金额达 1 482 万元,并帮助这 4 家企业在后续 20 天内销售汽车403 台,销售金额达 1.44 亿元。得益于此,"2020 年上海汽车节"主会场就放在普陀区。2021 年"五五购物节"期间,融媒体中心再度策划"看新车　省心购带你提前 GET 五一梅川路车展热销车型"探营活动,累计带动汽车销售529 台,成交额突破 1.66 亿元。如今,普陀的汽贸产业已声名在外,"想买车就到红柳路"也在消费者中口口相传。

(三)联通上下,做好社区信息枢纽

搭建问政平台。普陀区融媒体中心加强与区城运中心在问政渠道方面的对接力度,主动争取市 12345 热线办的支持,在"上海普陀"APP 中开设"问政爆料"通道,并与区委网信办舆情督办机制打通,进一步畅通投诉渠道,助力解决老百姓的急难愁盼问题。在疫情期间,融媒体中心抽调专人,会同 10 个街镇分中心和相关部门,24 小时值班梳理、回复网民的求助、建议、投诉类评论留言 1.34 万条,全部予以及时回复和妥善处理。

深化驻点机制。区融媒体中心向 10 个街镇分中心各派驻 1 名驻点记者,制定《记者驻点街镇融媒体分中心的工作规范》,要求驻点记者每周至少在街镇驻点 2 个半天,每周至少采写 2 篇街镇工作的原创报道,定期参与、组织街镇选题策划会,协助街镇加强通讯员队伍建设等。在此基础上,不断深化记者驻点的长效工作机制,驻点从街镇向部门、园区、小区延伸,派驻专职记者进入区重点工作专班,首次选派骨干记者进驻"进博会"做好对接策划、内外联动工作。在做好新闻报道的同时,注重民情收集,进而推动服务工作开展。2020 年 5 月,在融媒体中心记者的促成下,普陀区在全市率先上线"离沪证明"远程办理。

用好分中心的力量。普陀区融媒体中心在 10 个街镇设立分中心,通过建立街镇融媒体分中心联席会议制度等,进一步畅通选题报送、线索挖掘、联动协作渠道,做好重要采访报道。同时,街镇分中心也承担着上情下达、下情上报的桥梁作用。在普陀区域内苏州河段最后一个断点中远两湾城的贯通工作中,区融媒体中心与宜川路街道融媒体分中心联动,通过微心愿征集、社区集中宣传日、走读苏州河、开放体验日等各类开放活动和广泛宣传,在小区内通过在线直播间进行专业解读,推出相关政策解读、贯通设计、资金使用等 13 个微信小视频,不断扩大线上线下的传播效应,提高居民群众对贯通工作的理解、信任与认同,同时,集聚一大批社区能人、达人和热心人,形成社区治理的"智囊团"。

四、创新探索"普陀特色":深融破局,构建点强面广、纵横联通的全媒体传播格局

普陀区融媒体中心深耕厚植区域经济、文化与社会特色,深度融合、数字赋能、转型升级,精细化地做实"新闻＋政务服务商务",搭建更优质的传播矩阵,将全媒体内容传播、平台资源聚合、功能服务建设、基层社会治理等功能圈层递进深入基层群众,构建全域融媒格局。

（一）全面赋能，构筑互促共融新生态

技术赋能构建融生态。普陀区融媒体中心以数字化转型为契机，立足于街镇社区的丰富实践，积极推动数字化转型项目快速转化和落地。依托技术平台，区融媒体中心联动区内各街道融媒体分中心、委办局、社区机构，着力构建区域全媒体数字化运营体系，支撑各级单位融合宣传服务、基层政务服务、社区治理民生服务、产业宣传服务等业务，建设"1＋1＋3＋N"全媒体运营平台，即打造1套基层数字化服务产品矩阵，构建1套基层数字化运营生态体系，建设社区服务空间、公共文化空间、创新体验空间3个基层数字化服务实体空间，支撑N个基层数字化服务场景，面向社区百姓提供全天候融媒体数字化服务。

资源共享深化融机制。建立完善重大选题专班推进机制，对重大活动、重要选题、市媒专版等，提前对接沟通，联动市媒和央媒，成立"央媒市媒记者＋区融媒体中心记者＋相关条线负责人"的报道专班，从前期对接到采写拍摄，再到制作审核，三方通力合作，共同推进完成报道任务。推动建立健全文字库、图片库、视频库、资料库"四库"建设，让融媒体中心与区域各单位更好地实现新闻资源的共享，形成宣传报道的有效联合。

多维提升强化融能力。区融媒体中心积极推进渠道融合，不同维度地为街镇分中心赋能增效，畅通渠道强化宣传力量。打通"央媒市媒—区级平台—街镇分中心"三级渠道，打出"事先策划＋精心报道＋全面推送"的"组合拳"，助力街镇分中心借船出海。引入"邻里通治慧大脑"平台，开发AI采编工具，在文稿采集、数据处理、媒资使用、文稿编辑、稿件审核等各环节提供不同的技术工具，降低差错率，提升工作效率，通过培训等方式指导基层通讯员学会使用，使得基层人员有更多时间、更多精力做好服务居民的工作。

（二）建强矩阵，搭建多维传播新网络

普陀区融媒体中心持续深化矩阵建设，多维度、立体化、多元化地融通各类平台，实现上下通达、资源共享、联合联动的双向奔赴，多层次、多点位地织密全域宣传"一张网"。

加大推进融媒体分中心。在全区10个街镇全部建立融媒体分中心的基础上，普陀区融媒体中心探索在委办局建立融媒体分中心，首批在区教育局、

区科委、区投促办、团区委推进4个分中心建设,将新闻触角不断延伸,促使融媒体中心与融媒体分中心相互赋能,纳入"新闻＋"宣传格局,依托融媒体中心全媒体运营平台,形成同频共振,齐头并进的良好发展局面,着力建设成为基层舆论宣传的主阵地。

探索建设融媒驿站。围绕"一心一带一城"开发建设,建立起区融媒体中心与各相关单位的联动机制,形成选题共同策划、新闻共同采集、报道共同推出的新闻合力,着力建设成为打造高品质融媒产品的"孵化器"。

多点铺设融媒直播间。在"万有引力新就业群体融媒"直播间、"半马苏河1690融媒"直播间、"西部乐巢融媒"直播间、"上海市儿童医院"直播间、"普陀中心医院"直播间试点建设的基础上,向全区10个街镇及有条件的单位逐步推进,通过走进基层,走近群众,记录百姓生活,讲述身边故事,展示技艺才华,着力建设成为基层群众情感共鸣、宣传展示的重要空间。

创新打造融媒工作室。联动全区各单位联合打造,通过挖掘各行各业的宣传达人,打通内外部资源,以更加通俗易懂的语言、喜闻乐见的形式融入群众日常,让宣传更接地气、更加多元,拉近与群众的距离,着力建设成为有影响力、广受欢迎的融媒品牌。

(三)深耕下沉,开拓基层治理新模式

互动共融,助力企业"出圈"。普陀区融媒体中心充分发挥自身在传播平台、信息资源、宣传设备等方面的优势,主动对接区内重点企业的宣传需求,增强与区内企业的互动能力,着力在促进企业发展中找到推广自身平台的结合点,实现"1＋1＞2"的推广效果。经过多年探索实践,普陀区融媒体中心将"五五购物节"作为促进区域经济、提振消费的重要品牌,每年策划推出各具特色的线上线下活动,持续深化"新闻＋商务"的内涵。2020年,普陀区融媒体中心主动会同区商务委、区市场监管局和饿了么等单位,策划开展"越夜越美味——寻味普陀"吃货节活动,以直播资源换取区内品牌餐饮商家的最大优惠,给"上海普陀"APP注册会员享用,吸引超过64万人次在线观看,带动"上海普陀"APP下载量增加5万次,给20家餐饮企业带来1.2万单到店消费。2023年,普陀区融媒体中心联动区商务委、区文旅局及区内各大商圈、相关企业等,以深度报道、海报预告、系列短视频等形式持续展开宣传,推出"吃遍普

陀""玩转半马苏河""购 to 普陀""车行半马苏河"四个专栏,并策划开展"吃遍普陀"电子消费券发放活动,打出"新闻报道＋活动开展"的"组合拳",营造了大力提振市场预期和信心的良好氛围。

打造品牌,触达基层末梢。社区是群众日常生活、公共服务的基础圈层,普陀区融媒体中心发挥传播优势,以街镇分中心为连接点,通过打造"一街镇一品牌"项目,推出长寿路街道"长'show'好声音"、曹杨新村街道"做一天曹杨人"、长风新村街道"小风带你看长风"、甘泉路街道"'老小 V'话甘泉"、宜川路街道"小宜对你说"、石泉路街道"泉新说"、真如镇"小真青声说"青年发展、万里街道"万有引力·新新向融"、长征镇"征征日上编辑部"、桃浦镇"桃溪有声"等一批街镇宣传工作品牌,以品牌打造不断向下延伸,扎根社区最底层,提高宣传工作的影响力,提升基层社会治理效能。

升级平台,惠及更多居民。区融媒体中心联合东方网以甘泉融媒分中心为试点,通过上海市委宣传部"申邻里"平台,将新闻宣传与社区服务不断融合,在融通基层治理领域先行先试。形成"1＋2＋20"架构布局,即 1 个分中心、2 个片区工作点、20 个居民区通讯站。建立"1＋2＋3＋X"宣传队伍,即 1 名区融媒体中心驻点记者,2 名专职宣传干部,3 名兼职宣传社工和各科办、居民区信息员,X 是不断发展和吸纳社区宣传达人加入其中,带动影响周边的人,着力让工作网络覆盖全街道、触达最基层。结合东方网 MCN"老小 v 计划",积极挖掘社区各方力量加入,涵盖各行各业和各年龄段,已经打造 40 余个"社区网红"。其中,滑稽戏第三代传人俞蓓蓓与文汇报合作制作"跟着滑稽戏传人,去'乐龄甘泉'打个卡"专题视频,入选"上海城市软实力"系列微电影《看得见的城市》。用心做好"老"的文章,线上打造应用集成的综合服务平台,联合百联集团推出"严选到家"服务,探索打造街道专属数字人形象和"数字社工",探索"融媒一卡通",线下依托分中心下属的 2 个片区工作点,开展线上功能实操课程培训,让社区的更多老人想用会用愿用各类线上便捷服务。在试点基础上,普陀区融媒体中心将逐步向其他分中心推进,进一步深度融入基层社区治理。

第十章

虹口区融媒体中心建设运营报告

一、虹口区融媒体中心简介

上海市虹口区融媒体中心于 2019 年 6 月 28 日挂牌成立,为中共上海市虹口区委宣传部全额拨款的公益一类事业单位。虹口区融媒体中心旗下拥有《虹口报》、虹口有线电视、"上海虹口"政务双微、移动客户端、门户网站五大融媒产品,初步实现了矩阵式、立体式、滚动式的全媒体传播架构。

虹口区融媒体中心内设总编室、编辑部、采集部、运营部、技术部、网络舆情部、网站管理部、文明实践部和办公室 9 个内设机构,打造了集"报、台、网、微、端"五位一体的宣传矩阵,建立互为支撑、策应环流的立体梯队,力争形成时效性强、公信力高的区级权威发声平台。

二、虹口区融媒体中心运营情况

虹口区融媒体中心贯彻执行党中央对主流媒体深度融合的政策精神,从制度层面、业务层面进行积极的全媒体转型和客户端建设,践行"新闻＋政务服务商务"的顶层设计指引,不断强化自身全媒体传播体系建设的区域适配性,服务于协同化、差异化发展的舆论引导新格局。

(一)落实新闻宣传纪律,完善采编流程管理,加快构建全媒体传播体系

虹口区融媒体中心坚持党管媒体的原则,不断强化意识形态责任制,建立

健全《虹口区融媒体中心新闻业务规范》，以制度为保障，落实"三审制"和安全播出工作，通过入职谈话、签署《新闻从业人员职务行为信息保密协议》和内部培训等方式，不断提升从业人员的思想和业务水平。

中心不断优化内容生产，形成总编室统筹策划、"报、台、网、微、端"协同发力、前端信息高度融合、后台发布各有特色的采编流程。在实际工作中，该流程基本上达到了一次策划采集、多种生成发布的目标，并基本上形成了从信息来源到反馈评价的全流程闭环。中心以服务大局为宗旨，聚焦国家、全市、全区的重大工作、重大活动，加大新闻策划力度，围绕"喜迎二十大""北外滩建设""疫情防控"等主题，开展一系列宣传报道，为虹口区经济社会发展营造良好的舆论环境。为喜迎二十大胜利召开，中心精心策划，在全媒体端口陆续推出《喜迎二十大·奋进新时代》《非凡十年虹口篇》《学习贯彻落实党的二十大精神》等系列主题报道，并以《奏响新时代虹口发展最强音》为主题，推出在线访谈栏目《城间事》。此外，中心还与 SMG 合作，共同制作推出"人民之城"融媒联播节目，以融媒直播、短视频结合等方式全面展现虹口区的新面貌。

截至目前，虹口区融媒体中心已初步完成以"上海虹口"APP、"上海虹口"微信端、"上海虹口"微博端、"上海虹口"抖音号、虹口有线 30 分电视端、《虹口报》、虹口门户网站等媒体为主的传播主阵地建设，开设了人民号、网易号、头条号、澎湃号、上观号、百家号、企鹅号等信息发布平台，基本上实现全平台发布的融合传播。

（二）完善融媒体客户端，优化用户体验

"上海虹口"APP 以"新闻＋政务商务服务"为定位，以打造虹口市民"家门口的资讯驿站"为目标，将各平台的内容生产统一于 APP，在新闻业务、生产流程和绩效考核方面构建起平台融合共生、相互促进的新格局。

鉴于"上海虹口"APP 在移动优先战略中的主体地位，中心不断进行客户端的优化设计，新增"融媒矩阵""24 小时最热资讯""热点话题"等新闻类栏目，为搭建覆盖全区的新闻阵地创造条件。在用户服务方面，中心精心设计积分体系，搭建积分商城，增加活动平台，创建社群话题，优化用户体验，以此增加

用户黏性和活跃度。积分商城后台也不断调整升级,前端增设促销、折扣等功能,并成立防疫专区,目前已形成一定数量的积分消费群体;在此基础上,中心持续组织创作和上架虹口文创产品,进行积分商城库存数据的实时更新,深受用户喜爱,极大地促进了用户活跃度。在界面设计方面,中心将卡通形象"小虹"和"小北"植入 APP 客户端,为相对严肃的政务新媒体增加亲和力和人情味,也为区域 IP 形象的打造提供了范例。

为展现虹口区独具魅力的海派城市风貌、日新月异的发展成果以及优质宜居的生态环境,2023 年,"上海虹口"视频号推出城市形象慢直播。在广泛征集群众建议的基础上,精心布局直播点位,通过直播窗口,网友们可以 24 小时不间断地在苏州河口欣赏上海最著名的城市景观之一"世纪同框";在浦江东岸,远眺欣欣向荣的北外滩滨江天际线;还可以在鲁迅公园"春赏樱""夏观荷""秋品枫""冬看梅"。开播以来,共有 492 万人次观看,为"上海虹口"新增用户近 2 万人。

(三) 实现市民指尖问政,打开特色服务新方向

在政务服务方面,虹口区融媒体中心不断扩大政务信息公开范围,新增"我要爆料""在线访谈"等栏目,真正实现市民指尖问政;在生活服务方面,中心全面整合可利用资源,新增"十五分钟就业服务圈""一生陪办"等生活、办事指南共计 52 项。

2022 年 3 月,中心在客户端设立"区融抗疫专栏",及时转发"上海发布"的权威信息,整合上海市各区疫情最新数据情况、"三码"查询服务、意见征集等抗疫服务和内容,为区域居民提供"一站式"服务。除发布、更新疫情防控科普信息外,中心还通过 APP 客户端参与上海区级融媒体对上海市新冠肺炎疫情防控新闻发布会的联合直播,主题涉及疫情防控新闻发布、复工复产单位清洁消毒公共指南、核酸采样志愿者线上培训、公共卫生大家谈、"艺起守沪"等,共计 152 场,占总直播场数的 75.2%。除与疫情相关的直播外,中心还积极对接区委办局各部门,展开各类直播活动,有多场直播已形成系列并在固定时间播出(见图 10.1)。

图 10.1　直播活动后台工作照

三、全媒体服务应用实践

虹口区融媒体中心坚持践行媒体深度融合政策的精神,将舆论宣传引导的触角深入基层,围绕"媒体＋服务"进行了多元探索。

(一) 正面引导为主,促进基层宣传实践

在报道好区域重要会议、重大活动的基础上,围绕区域重点工作,中心开设了一系列专栏,精心组织策划了全方位、多角度的综合报道。一是围绕学习宣传贯彻习近平新时代中国特色社会主义思想的主题,紧密结合学习宣传贯彻党的二十大精神和开展主题教育,策划发起"学习贯彻落实党的二十大精神""学思想　强党性　重实践　建新功"重点话题,开设"学思践悟、力量之源""牢记嘱托、践行使命""我为虹口创新发展献一策""群众有话说"等系列专栏,开展贯穿全年的深度报道。二是围绕区委全会确定的创新引领高质量发

展主题,开设"高质量发展在虹口""聚所需　提信心　促发展""全力争创全国文明城区"等专栏,从政治、经济、城建、民生、党建等多角度发掘新闻点,开展综合报道。三是围绕北外滩开发建设,开设"上海北外滩　都市新标杆""北外滩,打造营商环境新标杆"等专栏,围绕北外滩重点项目建设、科技创新、人才服务、政策创新等不同角度开展系列报道。四是围绕人民城市理念,开设"暖心实事在身边"等专栏,聚焦群众高度关注的旧区改造、加装电梯、美丽家园、社区食堂、为老服务等内容,小切口、多角度开展深度报道。五是围绕"文化三地"主题,开设"全面提升虹口城区软实力""爱申活暖心春"等专栏,多角度呈现虹口区深厚的历史文化底蕴、丰富多彩的都市时尚生活。

虹口区融媒体中心始终坚持正确的政治方向和舆论导向,深入基层讲述虹口故事、传播虹口声音。为了在疫情期间积极引导正面舆论,中心及时调派骨干记者对接下沉 8 个街道,深入挖掘基层案例,跟踪采写基层的暖心故事和典型人物,采制了《带着孩子住居委会的第 47 天》《小区封闭,她组建了 74 人的志愿者队伍》《刘苗,全网都被你感动了》等一大批真实感人的新闻作品,并被众多市级媒体转发。

(二) 不断围绕"媒体＋服务"功能进行特色创新

虹口区融媒体中心在客户端原有 52 项生活服务的基础上,新增"人才公寓线上选房系统""核酸检测点查询""三区分类管理媒体监督平台"等功能,进一步满足群众生产生活需求。针对疫情初期居民反映的买菜难问题,中心及时联络公益组织,推出平价菜"小虹套餐",累计为封闭管理小区、老龄化社区的 9 万余户居民提供服务。同时,中心进一步扩大政务信息公开范围,政务栏目新增"好办快办"入口,真正实现市民指尖问政。

结合虹口区优质的红色资源,立足于"上海虹口"APP 活动、专题等热点板块,中心陆续推出了上海犹太纪念馆预约服务、全域"大思政课"等一系列内容类型丰富的活动,拓展特色服务的新面向,引流了一大批参与度较高的新用户,在提升客户端影响力的同时,也有效地带动了线下红色场馆地参观打卡活动的普及,运营效果显著,得到了虹口区内居民的一致好评。

此外,为进一步满足各类人才的居住需求,为打造"上海北外滩,浦江金三角"提供有力支撑,中心努力营造与创新创业相匹配的宜居宜业环境,与第三方合作在客户端内开发上线人才公寓线上选房系统,并在"随申办虹口旗舰店"同步推出,解决了广大人才的居住问题。据统计,第一期人才公寓在线抢购时间共计两天,浏览量 20 000 次+,首页浏览量 7 000 次,并成交多套房源。

结合抗疫保供、防疫科普和志愿者服务,区融媒体中心客户端不断探索运营方式,和第三方商户进行合作尝试。2022 年 3—4 月,中心与优质供应商合作助力虹口区居民生活供应,"上海虹口"APP 面向虹口辖区内居民每日推出"小虹套餐",上线首日即将套餐送到 2 450 户居民家中,抗疫期间在线下单套餐份数累计 9 万余份。为了致敬志愿者为抗疫作出的奉献,中心在 7 月联合多家商户定制优惠菜单,在客户端上线了"致敬微光·爱在一起"的运营活动,并解决了线上核销的难题,为今后开展核销类线上线下联动活动奠定了基础。在疫情防控形势严峻复杂的阶段,客户端上线了"三区"分类管理媒体监督平台,供广大市民监督、提醒、反映问题,以更好地推进社区疫情防控工作。

四、创新探索"虹口特色":资源 IP 化,政务透明化,思政场景化

虹口区融媒体中心在转型探索中进行了部门建制的扁平化、条线制改革,根据实际情况调整新闻宣传业务流程,调整人才队伍建设思路,注重培养区融业务的"多面手"。中心立足区域特色,以"融媒+"为业务拓展载体,始终坚持积极主动解民难、排民忧、顺民意,始终坚持打通联系服务群众"最后一公里"的发展方向,在流程重塑、群众文化、生活服务、基层治理和思政教育等方面进行了颇具特色的探索。

(一) 资源 IP 化:以全媒体矩阵打造"北外滩"文化 IP

虹口区融媒体中心注重立足本土优势,对虹口区文化特色与多样资源进行 IP 化打造,并以此为主题基点进行宣传、活动、服务的策划与影响辐射。依托区域丰富的红色文化、海派文化和名人文化,中心打造了"北外滩"的文化影像 IP,聚焦虹口"文化三地"(海派文化发祥地、先进文化策源地、文化名人聚集地)宣传、北外滩新一轮开发建设进程等区域独有主题资源,以彰显上海北外滩作为"中国式现代化重要展示窗口"的建设成就为旨归,进行了全面的活动内容矩阵打造。

一方面,围绕"北外滩"的文化 IP 进行融媒矩阵的常规宣传,以多元渠道扩展影响力(见图 10.2)。在北外滩控规方案出台前,虹口区融媒体中心在区委宣传部的指导下开展了一系列北外滩宣传筹备工作,策划采写制作了跨版新闻稿件,并同步刊发于《解放日报》和《虹口报》,推出的中文宣传片《相约虹口》在国内多渠道播出。控规方案正式发布后,中心先后采写推送了《重磅!9 大重点产业项目登陆北外滩》《北苏州路岸线将化身最美河畔》《春阳里三期改造项目复工》等新闻报道。同时,开设"聚力北外滩·四问我来答"专栏,组织全区各相关部门、街道、单位一把手谈对北外滩开发建设的认识和拟采取的措施,在微信、微博、电视、报纸设置专栏刊发;同时,发布《"建功立业新时代凝心聚力北外滩"倡议书》,号召全区党员、干部和群众行动起来,齐心协力,共建"世界会客厅"。在北外滩开发办成立一周年之际,中心策划制作并推送了《9 大关键词!北外滩 C 位出道,当虹不让》,在微信平台发布了 9 张海报的矩阵,在抖音平台也制作了短视频进行展示,各平台总计取得 5 万次＋的阅读量。

图 10.2　北外滩世界会客厅演播室场景

　　另一方面,围绕"北外滩"的文化 IP 进行品牌延伸探索,在全平台开设"聚力北外滩""爱上北外滩"等专栏的基础上,于 2020 年创新开设了"北外滩影像日志"互动类影像新媒体专栏,每日一图一主题,用图像展现北外滩独具魅力的历史风貌,记录新时代都市发展的新历程。在栏目内容上,主要分为"百年回响""新闻热图""理念愿景"和"特别策划"等板块,分类梳理独具海派文化特质的路、桥、码头、优秀建筑和历史街区,结合档案史料钩沉辑佚,记录本地区新近发生的重要事件、重大主题和重要活动,宣传北外滩开发建设的功能定位、创新理念等,用优质的图片影像讲述虹口发展故事。在栏目形式上,自主设计开发了"北外滩影像日志"H5 互动系统(见图 10.3),并按照不同媒体平台的属性定位、功能特性、传播规律、用户画像等特点,呈现不同的内容:在以新闻宣传为主的"上海虹口"微信、微博,该栏目主要以海报日历的方式呈现,每日晨间发布,内容含日历、主题图片、热点新闻二维码链接等;在以"新闻+政务服务"为特点的"上海虹口"APP,栏目充分利用阵地性、互动性强的特点,对图文日历、新闻荟萃、网友互动、影像征集等内容进行完整呈现,增强了用户的互动性。

图 10.3　"北外滩影像日志"　　　　图 10.4　《悦读北外滩》栏目

　　此外,虹口区融媒体中心还注重创新"北外滩"文化 IP 的影响形式,将广大群众吸纳进矩阵打造的进程中,将与区档案局合办的《夜读北外滩》栏目改版为《悦读北外滩》(见图 10.4),成立了一支特别的志愿服务团体——"悦读+"。该团队以微信群为主要的活动阵地,不定期地举办线下沙龙活动,构建起了线上线下联动的文化传播和体验体系,让更多的市民参与进来,用人民的力量来讲述传统故事、弘扬先进文化。目前,"悦读+"团队已有近百人,营造了"人人都是宣讲员,人人都是传播者"的氛围。该栏目模式目前已被推广到对口城市——福建省三明市,并与喜马拉雅 APP 进行联动,把虹口区的声

音传播出去,取得了较好的宣传效果。

(二)政务透明化:包容开放的舆论监督与治理参与

在"新闻＋政务"层面,虹口区融媒体中心得到了区委区政府的大力支持,以"包容、开放"作为舆论监督和基层社区治理参与的原则,真正做到以民生需求为导向的业务设计。

1. 推出"创文曝光台",畅通居民基层社会治理参与的反馈渠道

"创文曝光台"是虹口区融媒体中心与区文明办合作推出的一款融媒应用。该应用依托"上海虹口"APP,鼓励市民以"随手拍"的方式曝光城区各类不文明行为,监督责任单位落实整改并跟帖反馈。有别于其他"曝光"类融媒产品,"创文曝光台"重点在"创文",即文明城市创建的各个方面。为便于广大市民关心"创文"、参与"创文",主办单位在"曝光台"研发阶段对群众反映强烈的痛点和难点问题进行聚焦,梳理提炼了13类老城区常见的不文明现象,如楼道堆物、占道经营、飞线充电、公共设施老化损坏等,通过简洁明了的操作设计,既方便了市民群众的参与监督,又避免了问题描述不客观、不准确的情况,为后续分类、有效、快速处置创造了条件。中心还安排专人值守后台,及时审核、发布曝光和整改内容,确保群众的呼声在第一时间得到响应、问题解决情况在第一时间得到反馈。同时,配合区文明办制定"创文曝光台"的使用说明、处置整改的具体要求、时间节点和工作流程,中心建立健全问题处置、整改、反馈、督办的全过程工作机制,以制度压紧压实责任,进行精细化管理,以防止问题回潮,确保常态长效。中心着力加强与各街道、部门、单位的沟通联动,充分发挥"区—街道—片区—居委"四级网格责任体系和全区879个创文网格的作用,督促相关单位和人员及时认领、处置"曝光台"反映的问题,并及时在"评论区"上传整改照片,形成工作闭环。

在各方的共同努力下,"创文曝光台"所反映的问题的处置反馈以速度快、周期短的风格得到市民群众的赞许:乱停车、乱招贴等小问题原则上即知即改不过夜,乱堆物、乱扔垃圾等较难处置的问题一般不超过两天。据统计,自2021年5月上线以来,"创文曝光台"共曝光各类不文明现象3 879项,引导督促虹口区相关部门、街道和单位完成问题整改2 786项,整改率达到71.82%,比较彻底地整治了一大批让人头疼的城区管理不文明现象,解决了一大批群

众关心的"急难愁"问题,虹口区融媒体中心成为推动"创文"工作的重要平台和助攻利器。

2. 制定《虹口区官媒跟帖评论管理办法》,形成网络舆情处理的工作闭环

新冠肺炎疫情期间,基层防疫一线成为社会关注焦点。虹口区融媒体中心在常规开展区域信息发布、正面典型报道、防疫知识普及等工作之外,从更好地联系服务群众为出发点制定完善了《虹口区官媒跟帖评论管理办法》,安排专人专班管理跟帖留言,处置网络舆情,形成"问题分类—信息上报—回复留言—跟踪反馈"的工作流程,建立一竿子到底的处置网络。

在对群众反馈问题进行类型甄别研判时,虹口区融媒体中心建立了一整套工作流程:针对咨询求证、困难求助、批评投诉和意见建议等类型的评论,条线记者负责联系相关部门提供回复口径,相关部门答复并给出是否公开建议后,经分管领导审核,由责任编辑回复并公开,原则上应答尽答;针对条线记者协调不了的问题,经研判后可上报区委网信办、区新闻办进行协调处置。通过机制的优化,实现了紧急困难马上报、普遍情况一日两报、典型问题由区委网信办形成专报的工作模式,为区各部门、各街道了解掌握群众的困难和需求提供参考。

(三)思政场景化:红色文化资源的整合挖掘

围绕"党的诞生地"和"初心始发地"重要区域之一的历史渊源,虹口区融媒体中心与区档案局深度合作,打造以梳理历史文化资源、赓续"文化三地"基因、提升城市文化软实力为目的的"大思政课",创新推动红色资源的保护、传承和发展。由虹口区委宣传部牵头,区档案局、区委党史办等部门合作,精心编撰了《虹口"大思政课"学习导览》,并将其数字化模块集成进"上海虹口"APP,打造了10条"大思政"精品线路,挖掘了106个"大思政课"场景,以自身技术力量协助构建起网络化、数字化、可视化的历史文化资源管理平台。"虹口记忆传讲"工作室首席传讲人张家禾认为,虹口区的"大思政课"参与面很广,各部门、各街道都作为践行场景参与其中,借助技术力量唤醒了一些沉睡多年的资源,让红色文化得到充分有效的开发利用,给受众以全新的感受。

在此基础上,"上海虹口"APP继续加强社会服务功能,在2022—2023年

开设场馆预约的功能入口并进行运营维护,盘活虹口区爱国主义教育基地、中共四大纪念馆、上海鲁迅纪念馆、左联会址纪念馆、上海犹太难民纪念馆、上海邮政博物馆、朱屺瞻艺术馆、虹口区新时代文明实践中心等辖区重点文化场馆,为后续思政场景化推广提供了有力保障。

第十一章

杨浦区融媒体中心建设运营报告

一、杨浦区融媒体中心简介

杨浦区融媒体中心于 2019 年 6 月 28 日挂牌成立，为杨浦区委宣传部所属的公益一类事业单位，挂上海市杨浦区网络安全和信息化中心牌子（见图 11.1）。区融媒体中心下设 8 个机构：办公室、总编办、采访部、编播部、技术应

图 11.1　杨浦区融媒体中心五楼演播室

用部、专题及推广运营部、网信工作部、志愿者工作促进部。2019 年 11 月 15 日,中心获得上海市互联网信息办公室颁发的互联网新闻信息服务许可证; 2020 年 12 月 1 日、12 月 18 日,分别获得上海市广播电视局颁发的广播电视节目制作经营许可证和信息网络传播视听节目许可证。

杨浦区融媒体中心自成立以来,紧紧围绕"坚持以人民为中心,更好引导群众、服务群众"的功能定位,进一步整合区级媒体资源,推动区级媒体转型升级,在巩固壮大主流思想舆论阵地的同时,着力把中心打造成"媒体＋政务＋服务"的重要平台,逐步探索"＋商务"的创新举措,为杨浦区经济社会发展提供强大的舆论支持和精神动力。中心始终秉持"移动优先,内容为王""服务为要",形成杨浦客户端、政务"双微"引领,《杨浦时报》、杨浦有线电视同频共振、同步发展的媒体融合新格局。中心不断拓展杨浦客户端服务群众的功能,不断深化提升杨浦政务"双微"在服务群众中"短、平、快"的作用,探索创新手机小屏的杨浦客户端和电视中屏的互动端的同频融合传播,持续优化发挥好《杨浦时报》和杨浦有线电视两大传统媒体平台,把中心建成引导群众、服务群众、凝聚群众的媒体平台。

二、杨浦区融媒体中心运营情况

杨浦区融媒体中心始终按照扎实抓好融媒体中心建设的要求,融合优势持续显现。中心自身理顺一体策划、一体采编、一体编发和一体评估的全流程机制,向外融合联动区域内高校等资源,向上融合中央级、市级媒体资源,平台不断拓展。杨浦区各媒体平台立足杨浦,不断深化"三区联动"的圈层传播,新媒体平台的传播力、影响力稳中有进,成为杨浦区对外传播的主流媒体平台、第一窗口。中心一线采编人员不断在区域重大会议、重要活动宣传中接受锻炼,在打好"大上海保卫战"、迎战台风等突发情况中接受洗礼,第一时间、第一视角的全媒体采编素养逐步形成。

(一)提升首报率,以优质报道提升传播力和影响力

中心始终按照牢牢把握政治导向、严格落实"三审"规范的要求,形成总编办牵头策划、采编两端协同发力、专题和技术部门有效支撑、网信部门监测

评估的全流程、全覆盖、全评估的策、采、编、发体系。中心自 2019 年以来共完成主题宣传报道 90 多个,其中,庆祝中国共产党成立 100 周年、"人民之城"等主题新闻策划取得很好的效果,如"曙光——红色上海庆祝中国共产党成立 100 周年主题艺术作品展"在杨浦微博端 24 小时线上观展点击量近 130 万人次。

杨浦政务微信、政务微博、客户端等新媒体平台已成为杨浦区政务民生新闻的重要首发地。按照"移动优先"的原则,杨浦重大会议、重大政策、重要活动的首发基本上在杨浦新媒体平台。杨浦政务新媒体的影响力和传播力不断扩大,中央、本市媒体以及区域新媒体矩阵转发杨浦的内容大幅上升。融媒体中心与人民网上海频道合作共建的"人民城市工作室"在"我们的城市"短视频大赛、党代会的宣传报道中刊发大量有质量、有影响的报道。

(二) 创新机制,成为基层主流舆论阵地

融媒体中心致力于把杨浦各平台建成党和政府权威信息的扬声器、展示杨浦风貌的第一平台。中心策划组织系列主题报道,挖掘展示民生亮点,以更好地服务和凝聚群众(见图 11.2)。中心先后策划组织"贯彻落实党的二十大精神"等 90 多项主题报道,先后开设"聚焦旧改""人民城市""百姓健康""花点时间""15 分钟社区生活圈""优化营商环境"等系列专栏报道。杨浦的时政新闻的首报率为 100%,民生新闻的首报率保持在 90% 以上。

中心构建一体化的"策、采、编、发、评"机制,全员参与,全程质量掌控。运用扁平化的高效管理和协同手段,中心构建以总编办、采访部、编播部为箭头,专题部和网信工作部协同发力强支撑,办公室强保障的"弓箭型"工作模式,在保障核心业务、提升核心产品和业务上提供切实的帮助。在坚持移动优先,聚焦新媒体平台的同时,结合杨浦区情特点,中心确保报纸和电视的质量和刊播,让杨浦各界都能按需满足区域信息的需求。

中心高度重视市民在"上海杨浦"等平台的留言和情况反映,通过编播部与网信工作部的实时联通,畅通了解民意、回应民需和解决民忧的渠道。网上问题的网下解决形成闭环,工作机制更加完善,进一步巩固基层主流宣传舆论阵地在群众中的凝聚力和公信力。中心充分发挥网信工作部在舆情监测处置中的作用,通过与编播部的实时联动,快速有效地对舆情信息进行

图 11.2　中心记者在杨浦区十七届五次人民代表大会现场进行实时采编

预警研判与引导。

（三）聚焦主题报道，强化基层服务

融媒体中心聚焦中心工作，每年都有重点地策划组织系列主题报道，面对突发报道，有效引导舆论，传播杨浦正能量。

2020 年，中心推出"十三五"报道。围绕长三角双创示范基地建设、提升新品牌辐射力、建设世界级创谷三大主题，对区内包括达达、商米等一系列创新型企业以及五角场大创智、长阳创谷、湾谷科技园等创新创业园区进行持续报道。围绕打造世界级滨江岸线工作，对杨浦大桥以东滨江 2.7 公里岸线的建设开放情况进行全程记录与报道。2021 年，围绕区第十一次党代会，中心开展形式多样的报道，以"视频＋图文"的形式，在中心各平台同步推出 6 篇系列预热报道，该报道同时被新华社上海频道、人民网上海频道、"学习强国"平台、东方网、上观新闻、腾讯新闻等央媒、市媒平台转载，累计发布 70 余条。围绕2021 年杨浦旧区改造全面收官、全力冲刺的决战年，中心多角度阐释、多平台传播、多渠道发力，讲述旧改进程中的亲情故事、感人故事。围绕建党一百周年，开展先进典型人物宣传，深度聚焦"七一勋章"获得者黄宝妹、文博守护"有心人"杨春霞，发挥先进典型的引导、激励和教育作用。

在2022年"大上海保卫战"期间，中心及时开设"让党旗在抗疫一线高高飘扬"新闻栏目，报道党员志愿者、下沉党支部、基层党员、党组织在抗疫中的带头作用。中心成立"我是记者　有困难和我说"志愿服务队，依托"双微"平台收集居民诉求，在进行抗疫新闻报道的同时，利用空闲时间为社区居民解决疫情期间的各类急难愁问题。

2023年，中心纵向融合了中央级和市级媒体资源，强化队伍培训，新闻策划与报道能力显著提升；横向融合了区域内高校资源，发挥区校融媒联盟的优势，先后推出"花开高校　绝美杨浦""博物杨浦""毕业季灯光秀"等主题报道，呈现更多元的新闻产品，展示新时代高校的新风采，同时展现人民城市理念在杨浦的生动实践。与区域内科创园区、各街道融媒工作站加强联动，融媒的触角不断地拓展延伸。分别与隧道股份第四党支部、制水公司杨树浦水厂党支部、制水公司闸北水厂党支部开展党建联建，共同助推重大工程建设、民生正能量传播以及实事项目的宣传报道。

（四）强化阵地意识，提升安全工作水平

融媒体中心各方面的安全工作成为关注的重点。中心查设备、查隐患、抓细节，切实提升安全工作水平。

中心自成立以来，始终推行工作开展与制度规范并重。作为区级主流媒体机构，涉及生产安全、内容安全、播发安全、网络安全、技术安全等各方面，为此，先后拟定《中心办公场所管理规定》《中心信息发布审核制度》《中心播出安全管理制度》《中心公共信息巡查制度》《中心机房安全管理制度》《中心网络安全和应急处置制度》等机制。对中心各重要区域、功能设施采取中心捏总、部门负责、责任到人的分块责任包干模式，目的就是要强化安全防范，实实在在地守住安全底线。在内容安全上，严格管理电视播出安全，播出机房、导控机房进出权限专门设定，并加强日志管理。杨浦政务新媒体的后台实施严格管理，并进行编发内容的自我监测，在网络安全上按照相关要求做好等级保护工作。

中心扎实做好杨浦的新闻宣传工作,注重全体工作人员的安全意识。2023年,中心启动"讲政治、强融合、促发展"的系列全员培训,安排有关强化政治意识、强化安全观以及提升安全技能的培训,结合中心实际开展消防和反恐演练。中心要求所有工作人员都要有职业使命感,严格执行发现安全隐患要及时报、发现舆情苗头要及时报、发现薄弱环节要及时报的"三及时"要求。中心的多位采编同志在外出采访中及时报告城区安全隐患、舆情安全隐患等,为及时有效地处置隐患赢得时间,提高了效能。

三、全媒体服务应用实践

(一)移动为先,积极拓展平台业务

杨浦区融媒体中心依托市级统一技术平台,秉持移动为先的理念,充分利用现有资源,在业务方向上积极拓展,打造具有综合服务兼具杨浦特色的"新闻+政务服务+互动"移动新媒体产品,开设并制定专属杨浦的特色功能。

"上海杨浦"APP客户端始终致力于"新闻+政务服务"的探索与推进,开设杨浦区双创地图,提供项目、资金、订单、政策、活动等信息于一体的综合性创业投资服务平台,为创业企业提供股权融资、债权融资、订单对接、政策申请、活动报名等服务。APP接入政务信息公开,包括决策公开、执行公开、管理公开、服务公开、结果公开五大项。政务大厅接入在线预约、在线取号、办件查询、排队情况四项实时查询。《我要问政》栏目接入全区主要领导及各委办局街道意见信箱共计51个。此外,杨浦客户端还积极探索"新闻+商务"的为民综合服务,体现为民惠民特色。在全市率先开设小邻通社区服务,为老百姓提供一站式社区服务,包括家政、维修、搬家、为老服务等。用户可享受正规服务、标准收费、5分钟响应及完善的售后保障。"上海杨浦"APP接入一网通办接口,提供各类民生服务信息查询办理;设置《我要爆料》栏目,成为了解民情、回应民需的平台。

依托融媒体中心统一技术平台的内容和运营管理能力,"上海杨浦"APP客户端累计更新版本27次,更新方向包括:实名认证、搭建云课堂专栏、消息推送、搭建积分商城、增加红色主题模式等新功能;按用户需求进行功能性完善。2021年10月,客户端完成无障碍适老化整体改造升级,加入适老化长者

专版,为老年人和特殊人群提供更为友好的体验。根据"互联网应用适老化及无障碍改造专项行动"的要求,"上海杨浦"客户端顺利通过中国信息通信研究院的测评,并被授予信息无障碍标识。2022 年 1 月,客户端"大家都在看"频道全新改版,重点打造客户端云课堂基地,并和杨浦区青少年科技站联合推出"创智科技云课堂"专栏。专栏细分为科普世界万花筒、实践活动小剧场、云游场馆探究社、达人佳作漫游厅、创智科技未来说五大主题,分别收录各主题类型的视频内容,提供各种科技创意指导和教学,让当科学家成为更多孩子的梦想。2023 年,"上海杨浦"APP 开展直播活动近 20 次;充分利用 APP 积分商城会员日活动,加强与用户的互动交流。此外,中心还积极探索"融媒+商务"的模式,加强与垂类自媒体、互联网头部企业的合作,充分发挥"融媒+"的平台作用。

(二)"新闻+政务服务商务",扩大传播效应

"上海杨浦"APP 内集"新闻+政务服务商务"于一体,其中,新闻资讯类包含要闻、时政、三区、城事等多类新闻频道板块,给用户提供多样化的新闻消息,帮助老百姓更好、更快地了解周边民生、实时热点新闻。端内还开辟"一网通办四周年""公共文化资源线上配送""人民城市杨浦实践""云端面对面""政企心连心"等专题板块,提供丰富且多内容类型的资讯展示。此外,通过融媒平台与路特全媒体报纸采编系统对接,客户端实现《杨浦时报》在线浏览。

中心探索服务板块与商务的融合,重点推出"小邻通"15 分钟生活圈、健康杨浦、生活服务、教育服务等多场景便民服务,同时提供公积金查询、社保卡申领、婚姻预约、发票查询等热门服务,充分结合老百姓的需求,提供贴近生活的各项服务。

中心联合本区教育资源,倾力打造客户端"大家都在看——云课堂"板块。近两年陆续与杨浦少年宫、青少年科技站合作,分别推出"空中美育课堂"和"创智科技云课堂"两大主题云课堂专栏。其中,青少年科技站的"创智科技未来说"栏目通过邀请主讲嘉宾以访谈视频形式讲解科学知识,让区域青少年有机会"走近"科学大咖,丰富了中小学生的假期生活。"空中美育课堂"不定期推出内容丰富的视频内容,寓教于乐,深受广大用户尤其是家长和小朋友的喜爱。

　　"上海杨浦"APP客户端利用移动端的优势做好各项政务服务,为杨浦区新时代文明实践中心搭建移动平台,实现联通融通。通过APP首页直通入口,并入APP用户信息识别认证,中心构建服务优质、运转高效的新时代文明实践志愿服务机制,推动全区新时代文明实践三级阵地功能更加完善、资源供给更加多元、供需对接更加精准、实践途径更加便捷,全区广大党员和基层群众文明实践志愿服务的参与率和活跃度不断提升。中心通过联通融通机制,加强资源有效配置,提升服务效能,扩大宣传效应,实现文明实践活动网上网下同频共振。

【案例】　"上海杨浦"APP积分商城

　　"上海杨浦"APP积分商城完善用户服务体系,提高用户兑换积极性,尊重用户个性化需求,凸显杨浦本地化特色,助力营销活动更有想象力,提升杨浦区融媒体中心品牌凝聚力。

　　"上海杨浦"客户端积分商城的整体定位为"融媒生活　积分消费",将商城打造为以积分消费为基础,结合移动(在线)消费模式的多样化平台。

　　根据定位,"上海杨浦"APP积分商城的运营目标以消耗融媒体中心客户端积分为重点,提升用户关怀的满意度,建立"上海杨浦"客户端积分商城的品牌知名度、美誉度,培养用户的使用习惯,提升用户对商城的黏度。

　　在运营模式上,"上海杨浦"积分商城的整体性经营交由专门的运营团队进行,建立一整套完善的管理机制,从商品、用户、平台、服务多角度建立完善的管理规范,保证积分商城有序健康的发展状态。

　　"上海杨浦"APP积分商城的商品能满足个性化需求,有用且质量有保证。商品体系上要面向目标群体的"新奇、实用、质量"的需求,同时引入并非大众需求的产品,满足特殊需求。产品品类包括:虚拟类产品、实物类产品、区属产品等。

　　商城注重主题活动的运营,根据全年主要节日和重大时间节点进行主题策划,定期举办新用户赠送积分在线推广活动,给用户带来更优质的使用体验。商城充分调动区域内、外用户参与活动,以提高"上海杨浦"APP的活跃度和留存率,进一步提升"上海杨浦"APP客户端的传播力和影响力。

　　积分商城和积分任务的联动运营有效提升了"上海杨浦"客户端的黏性和活跃度,既凸显杨浦本地化特色,又提升杨浦区融媒体中心品牌凝聚力,为未来进一步探索杨浦区融媒体中心品牌合作的市场变现积累基础,同时整体提升积分商城的运营能力。

(三) 业务融合,提升平台运营效果

中心充分结合本地高校资源,联合人民网上海频道、11 家高校以及多家媒体平台资源,合作推出"我们的城市"短视频大赛。活动一经推出就获得大量用户以及高校学生的积极参与,客户端用户总参与量超 6 万人次＋,新增下载量超 10 万人次＋。在建党百年期间,杨浦区推出的区融媒体中心联动庆百年活动,用户参与超 5 万人次＋,新增注册用户数超 4 万人次＋。推出 2022 年杨浦区"食品安全宣传周"线上知识问答活动,参与人数累计达 1 万余人,同时还搭建"云端面对面,助企纾困直通车"移动平台,企业可通过平台与相关部门直接交流互动。助企纾困平台更好地支持杨浦区企业稳定发展,着力为企业纾困解难、提振信心。

在专题栏目方面,中心开设包括"两会进行时""人民城市　文明先行""云端面对面政企心连心""百姓话思想""老外讲故事""人民城市杨浦实践"等共计 12 个专栏,通过专栏形式集中展示相关主题内容,使用户能更快更便捷地获取内容资讯、提升传播效果。在"大上海保卫战"期间,开设杨浦融媒抗疫专栏、杨浦区疫情防控工作问题建议征集平台、核酸采样点查询等。专栏聚集疫情最新数据、查询服务、新闻资讯、意见征集等抗疫相关的内容。依托 APP 端的发布让市民能及时了解疫情相关信息,便捷使用"三码"查询等抗疫工具,汇集多方位服务功能,为市民提供抗疫信息和查询功能的"一站式"服务。

杨浦区融媒体中心依托统一技术平台累计开展各类直播和转播共 150 余场。其中,"国旗高高飘扬　国歌声声嘹亮"直播活动,结合升国旗、场馆参观、在线课堂、快闪等丰富的主题,以党史学习教育为契机,通过诵读、讲述、合唱的方式回望红色历史,传播国歌精神内涵,为中华人民共和国成立 72 周年献礼。"上海杨浦"APP 还全程直播长江口二号古船安家杨浦的全过程,根据国家文物局的安排,"长江口二号"古船将"奋力轮"带入杨浦滨江上海船厂旧址 1 号船坞,开启文物保护与考古发掘新阶段。直播通过现场实时画面为观众讲述杨浦滨江文物保护建筑的转型故事,以及杨浦为何要将滨江开发建设成为儿童友好空间。

四、创新探索"杨浦特色"：深化舆情联动处置，构建区校联盟新机制

2019 年 11 月 2 日，习近平总书记考察杨浦滨江，首次提出"人民城市人民建、人民城市为人民"的重要理念。作为上海面积最大、人口最多、滨江岸线最长的中心城区，杨浦区全力打造人民城市的实践样本。区融媒体中心紧跟政策，在推动人民城市新实践的路上稳步创新，探索出卓有成效的"杨浦特色"。

（一）构建融媒网信一体化，助力基层社会治理

杨浦区融媒体中心利用与区网络安全和信息化融媒网信一体化工作的机制优势，优化舆情的研判处置闭环机制，健全突发事件信息发布和舆论引导工作机制。

中心运用数字技术，在"上海杨浦"APP 上开通"我要爆料"栏目，畅通群众的说事通道，第一时间收集群众诉求、第一时间协调处置、第一时间掌握民情民意，进一步提升基层社会治理的针对性和实效性。同时，中心与网信中心加强联系，加强网络舆情监测，通过联动机制，形成网络舆情闭环管理。通过完善和健全问题建议的研判处置闭环机制，形成"网上问题—网下解决—网上反馈"的完整工作过程和回路。通过自下而上与自上而下相结合，解答公众疑虑，推动问题整改。

助力基层治理的重点在于以人民为中心，把准群众所盼所需。杨浦区融媒体中心线上平台精准对接群众需求，例如，在"上海杨浦"APP 上开通"优化营商环境政企互动服务平台"，通过线上线下联动，点对点地倾听企业的需求，解决企业困难，助力企业发展。设置"政务"标签栏目，实现政府办事在线预约、政务公开、区长信箱、区委领导信箱等功能，打通服务群众的"最后一公里"。此外，在"上海杨浦"微信公众号开设"办事大厅"微互动，高效链接杨浦区"一网通办"平台，为群众办事提速。

在 2022 年"大上海保卫战"期间，杨浦区融媒体中心 24 小时不间断地加强应急值守，做好疫情防控网上宣传、舆论引导及舆情监测工作。网信工作部对杨浦各媒体平台收集的群众意见进行汇总、分类后，融媒体中心负责横向沟通相关

委办局或通过其他渠道快速解决,紧急问题解决后第一时间再反馈给群众。如疫情期间网传"红房子"出现确诊病例、网传老人买不到鸡蛋下跪求助等,融媒体中心有效地处置此类突发事件和疫情谣言,第一时间发现舆情,第一时间公开回应,第一时间有效处置,确保杨浦区舆论环境的和谐有序。"有困难找记者"成为疫情期间杨浦区群众的共识,充分体现出区融媒体中心的社会责任感。

中心充分利用融媒网信一体化工作的机制优势,优化舆情的研判处置闭环机制,健全突发事件信息发布和舆论引导工作机制,深化网上问题网下解决机制,更好地服务和回应群众诉求。

完善融媒网信联动的工作机制,实现"舆情前置",通过双向赋能、双向建议,充分发挥融媒中心在处理舆情、解决问题中的积极作用。

(二)探索"新闻+适度商务",优化基层社会服务

杨浦区融媒体中心通过优化各项政务和服务,接入各类服务资源,构建覆盖全区的一体化服务平台。

为了给杨浦区居民提供更多元化、便利化的生活服务,满足居民日常生活所需,杨浦区融媒体中心引入互联网创新企业"小邻通",将其生活服务平台入驻"上海杨浦"APP,提供包括家政服务、为老服务、房屋修缮、家电维修等在内的生活服务,实现线上下单,24 小时响应,打造杨浦便民服务生活圈。通过多种形式,中心将内容与服务深度结合,为受众提供便捷高效的新闻、政务、公共服务等,满足社会大众对媒体平台的多元化需求。开设杨浦区主题式套餐服务查询入口,提供包括食品经营、娱乐体育、汽修房产、日用百货、医疗器械、科技金融、教育文化、其他共八大主题式共计 102 项套餐服务的查询和办理。

中心通过深化与"小邻通"的合作,拓展用好社会资源,探索适度商务,打造服务民生需求的新模式。在探索服务和商务融合的过程中,融媒体中心强调适度"商务",突出区融媒体的主职是新闻报道和宣传引导,商务营收只是补充激励,媒体原则不可突破。媒体功能优先于市场,中心对商务合作对象严格筛选,强调服务群众的主要目标,主要合作一些民生功能设施的服务项目。

(三)深度融合,构建区校联盟的融媒新机制

杨浦区拥有丰富的高校资源,集聚复旦大学、同济大学等多所知名高校,

杨浦区融媒体中心借助高校资源优势,与区域内各高校深化融合,成立区校融媒联盟,通过策划发布一系列富有高校特色的主题报道,呈现更多元的新闻产品,展示新时代高校的新风采,展现人民城市理念在杨浦区的生动实践。

自区校融媒联盟成立以来,杨浦区融媒体中心与各高校联合策划推出一批主题鲜明、具有较高传播力和影响力的新闻作品,如"花开高校　绝美杨浦""博物杨浦""毕业季灯光秀"等系列报道。杨浦市民借此可以更加了解杨浦区域内的高校,也让高校学子更加了解杨浦,进一步放大区校融合效应。

以"博物杨浦"专题为例,结合国际博物馆日,中心充分挖掘高校博物馆资源,通过"短视频＋文字＋图片"的形式,打卡高校里的宝藏博物馆。中心先后走进复旦大学博物馆、同济大学深海科学馆和深海探索馆、上海财经大学商学博物馆、上海理工大学刘湛恩烈士故居红色文化主题馆和机械艺术博物馆、上海海洋大学博物馆(鲸馆)、上海体育大学中国武术博物馆以及上海出版印刷高等专科学校的上海印刷博物馆。该系列报道形式新颖、内容扎实,从策划到采写,再到发布推广,均得到各高校的积极响应和大力支持,在中心各新媒体平台累计刊发图文、视频稿件 60 余条,得到高校媒体账号的积极转发。

2023 年 6 月,杨浦区融媒体中心联合区域内各高校开展"毕业季五角场灯光秀"活动,连续七天,五角场彩蛋及周边楼体上演流光溢彩的灯光秀,为杨浦各大高校毕业生送上毕业祝福,吸引众多学子打卡留念。杨浦区融媒体中心对灯光秀活动进行全程报道,"双微"平台首发后,各高校微信、微博等新媒体平台纷纷转载。通过此次活动,杨浦区融媒体中心与高校的黏性更强,融合度也更高。

在做好新闻产品生产的同时,杨浦区融媒体中心为高校在校生搭建实习平台,为有志从事新闻工作的优秀学生提供展示自己的舞台。上海理工大学、上海体育大学等高校的学生走进杨浦区融媒体中心,在中心老师的指导下,积极参与新闻采编的全流程。通过近两个月的实习,学生参与采写的报道达50 余篇,均在中心各媒体平台发布。

已连续举办三届的"我们的城市"短视频大赛,吸引越来越多的高校学生参与,通过拍摄短视频,发现身边的美好,从不同角度展现市民对杨浦的理解和喜爱,为展现城市风貌、传播正能量起到积极的作用。在历届大赛中,高校学子拍摄制作的 30 余条作品获得相关奖项。

通过构建区校联盟的融媒新机制,杨浦区大学路科创街区的"烟火气＋书卷气、人文景＋科技流、时尚风＋国际范"已成为环高校国际创新社区的建设模板,既完善了城区的创新功能布局,又彰显出杨浦区显著的区域特色。

(四)聚焦科技园区,打造创新协同的宣传体系

杨浦区拥有以新一代生态商务总部型办公和国际科技产业集聚为特色的科技园区,区融媒体中心与各科技园区开展深度合作,共同打造出创新协同的网络宣传体系。

2023年5月,杨浦区融媒体中心联合区科委和人民网上海频道,成立科技园区宣合联盟,推出"人民城市·杨浦实践之科技园区巡礼"系列报道。中心先后走进上海理工大学国家大学科技园、同济大学国家大学科技园、复旦大学科技园、长阳创谷、上海财经大学科技园、上海杨浦科技创业中心、上海复旦软件园、杨浦大创智、上海市云计算创新基地、中船工业科技园等科技园区,聚焦企业发展,讲述科创企业与杨浦的故事。

"科技园区巡礼"系列报道由融媒体中心采编人员组成报道团队,历时4个月,深入园区,走进园区企业,挖掘园区特色以及企业的创新亮点,全面展现杨浦在服务"双创"、促进发展中的实践,展现出杨浦创新发展再出发中科技园区所蕴含和迸发的巨大推动力。

该系列报道在"上海杨浦"微信公众号、《杨浦时报》、杨浦电视台累计刊播30余期,展现了10家科技园区及入驻企业和人物的精彩故事。例如,《从学子到企业家,梦想在这里启航丨科技园区巡礼①》,以上海精智实业股份有限公司创始人魏杰的创业经历为代表,讲述创业者和上海理工大学科技园共同成长、彼此促进的故事。魏杰称自己在园区得到从0到1的指导以及"全方位妥妥的安全感"。魏杰说,自己的创业之路,从零开始到如今的全球先进制造业的高端服务商,离不开上海理工大学科技园的一路相伴。

2023年是杨浦创新发展20周年,杨浦区融媒体中心向区内各园区企业发出邀请,联合推出"创新发展再出发　共谋杨浦新篇章"专题报道,先后对杨浦3家科技园区及7家企业开展采访报道,累计刊发相关稿件30余篇。中心推出的系列专题报道重点聚焦杨浦的"创新四力",即全过程增强科技创新策源力、全方位提升创新产业竞争力、全要素激发创新生态生长力、全领域彰显创新环境吸引力。报道全面展现出杨浦企业主动顺应科技创新变革趋势,不断激发新动能、塑造新优势,全力推进创新发展的生动实践,也为加快建设开放创新的世界一流高科技园区贡献出融媒体中心的力量。

第十二章

宝山区融媒体中心建设运营报告

一、宝山区融媒体中心简介

宝山区融媒体中心于 2019 年 9 月 16 日挂牌成立，为宝山区委宣传部下属的公益一类事业单位（见图 12.1）。宝山区融媒体中心的主要职责涵盖以下

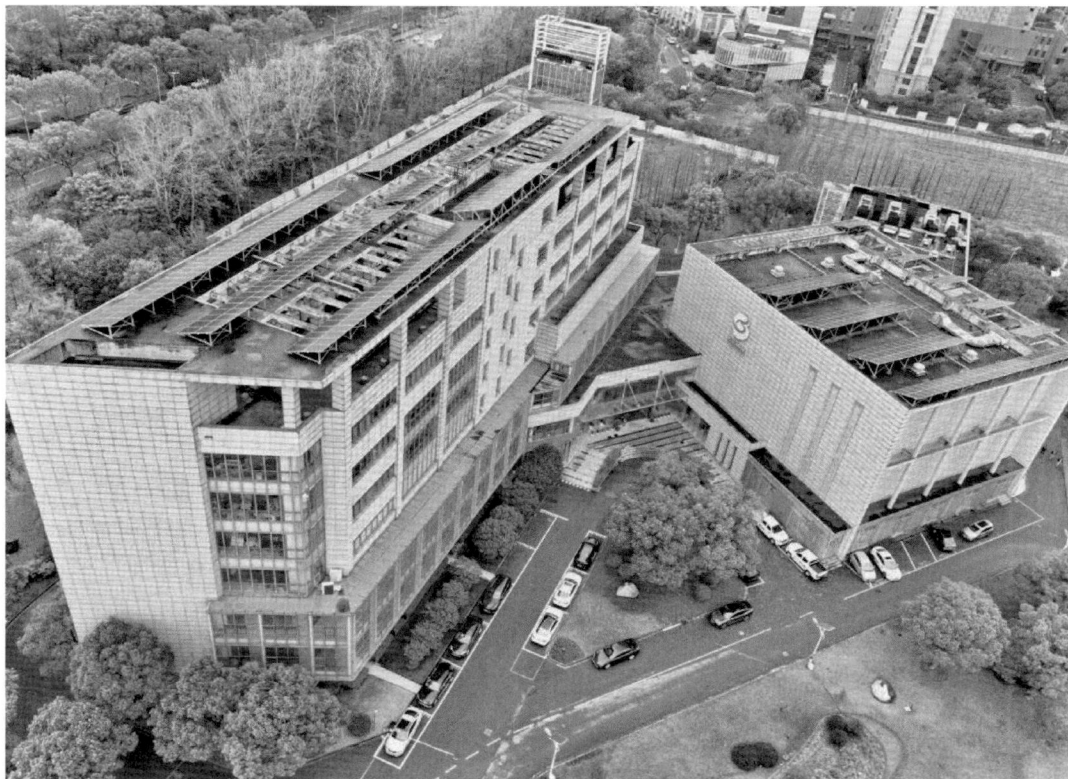

图 12.1　宝山区融媒体中心航拍图

159

方面：整合宝山区域内媒体资源，开展广播、电视、报刊、新媒体等业务；建设全媒体矩阵，巩固壮大主流思想舆论，面向基层干部群众提供政务、生活、社交、教育等综合服务，做好人口聚集大型社区、村镇的精准化生活资讯提供；负责区政府网站集约化平台运维及政务信息发布。

在机构设置上，宝山区融媒体中心采取扁平化管理模式，党政领导班子为决策层，下设2个综合部门和11个业务部门，即办公室、组织人事部、总编室、全媒采访部、融媒编播部、编辑评论部、音频视频部、媒资制作部、电子政务部、技术保障部、大型活动部、对外发展部和网信事业部。

二、宝山区融媒体中心运营情况

宝山区融媒体中心依托市级统一技术平台，秉持移动为先的理念，充分利用现有资源，在业务方向上积极拓展，打造具有宝山特色的"新闻＋政务＋服务"融媒体移动客户端，深度融合宝山区广播电视、报刊、网站及新媒体等资源。

（一）移动为先，建设完善融媒体移动客户端

宝山区融媒体中心注重融媒体移动客户端"宝山汇"APP的建设，内设五个一级栏目："看"板块汇聚强势内容产品；"帮"板块聚焦便民服务，提供"帮你找工作""帮你找医院""帮你找学校"等栏目；"办"板块对接市"一网通办"平台，并接入政务公开系统，可查询政府公报、重大工程进展、建议提案办理等；"我的圈子"通过"晒早餐""晒秋景""说心愿"等一系列话题设置，提升用户活跃度；"我"板块适应当下圈群传播的特性，重点打造"我的积分商城"等。"宝山汇"APP集"帮、办、看、听"于一体，为宝山区市民提供最权威的新闻资讯和最便捷的综合服务。

为不断优化宝山区融媒体中心客户端的运营效果，"宝山汇"APP自2019年8月18日上线以来更新版本33次，更新方向包括实名认证功能上线、首页小图标支持用户自定义、首页banner展示区支持自定义等新功能、随申办接口对接和其他功能性完善。2021年3月，客户端全新上线宝山顾村公园预约服务，自此打开了特色服务的一个新方向，并衍生了炮台湾公园预约、宝

山区体育场馆预约等多种类型预约服务;2021年10月,客户端完成无障碍适老化整体改造升级,是工业和信息化部"互联网应用适老化及无障碍改造专项行动"首批通过适老化及无障碍水平评测的APP之一。

(二)构建全媒矩阵,再造生产流程,推进平台数据共享

依托于市级统一技术平台,宝山区融媒体中心加快再造内容生产流程,设立统一的采访平台和编辑平台,统筹汇聚、策划、采访、编辑、发布、评估、运营七大环节,打通全媒体产品生产的全流程,以全媒体平台助力构建全方位的立体信息发布格局,并形成工作闭环。以此为基础,中心得以较好地配合区内重大主题、重点任务、重要工作,利用电视、广播、报纸、网站等传统媒体及"两微一端"、抖音等新媒体平台,形成多屏联动共振融合的报道矩阵,释放出"1+1+1>3"的效能,切实体现出融合的力量。在此理念下,中心顺利完成"学习宣传贯彻党的二十大精神""进口博览会""抗击新冠肺炎疫情""奋进北转型""人民城市""科创解码""夏令热线""樱花节"等一批重大主题宣传报道。

在构建分众传播、分类覆盖的全媒体矩阵的同时,宝山区融媒体中心通过技术手段实现两个数据共享:一是通过"中央厨房",逐步实现中心内部各平台内容的数据共享;二是通过融媒专线与市级融媒平台对接,进行市区两级内容的数据共享。每周推出"宝山融媒平台数据报告",对生产平台数据进行统计、分析,为下阶段新闻宣传等提供数据参考。

(三)围绕"媒体+"定位,强化综合服务

根据中央、市委的要求,宝山区融媒体中心围绕"新闻+政务+服务"的功能,努力打造成区域信息汇聚的"总枢纽"、云端办事的"好帮手"、各类服务的"总窗口"和社情民意的"瞭望哨"。

中心围绕"一网通办"政务服务,优化网站布局,集中展示入口,推出"服务咨询""无人干预自动办理""好办""快办""'宝你慧'政策直通车"等一批区级特色服务项目,实现服务全程线上办理。推进"一区一网站"整合工作,使门户网站成为全区各街镇、委办局依托互联网发布政务信息、提供政务服务的重要渠道,并将门户网与宝山融媒APP联动对接,实现"两端"同步发布,助力融媒集聚效应的发挥。

（四）聚焦机制建设，提升管理水平

在区委宣传部的领导下，宝山区融媒体中心按照建管同步、管建并举的原则，坚持"用制度管人、靠制度管事"，强化制度建设，规范各项管理。中心深入贯彻党管意识形态的原则，牢牢掌握意识形态工作的领导权、管理权、话语权，形成党总支统一领导、党政齐抓共管、有关部门分工负责的工作机制。特别是在网络意识形态领域，加强对中心"两微一端"、网站发布平台、抖音等商业平台以及记者编辑以职务身份开设的"两微"管理，规范中心内部微信群的信息发布，中心自成立以来未出现网络意识形态领域的重大问题。

在内容生产方面，宝山区融媒体中心编撰和完善了《新闻工作手册》，将《新闻工作手册》打造为融媒记者和编辑的工作指南和行动准则。《新闻工作手册》除对记者、编辑、播音主持人员的职业素养等进行具体要求外，还对融采编系统操作流程、内容审核发布管理、播音主持人员管理等进行详细规定，对进一步规范记者采编行为、提高采编业务能力、强化内容流程重塑等具有较强现实指导意义和制度宣传作用。在内容生产实践中，中心严格落实新闻采编"三审制"，重要稿件采取"三级四审制"。顺应媒体融合转型，不断优化轮值编审制度，集结音、视、图、文采编各部门主任、副主任及核心骨干组成轮值编审团队，在常规内容三审的基础上，在二审之后、平台发布之前，对全平台稿件进行加道审核，形成中心大循环、平台小循环的层层把关机制；同时，结合《一周新闻工作提示》的要求，每日撰写轮值编审日志，每周进行稿件点评。这样一来，既增加了内容审核的"安全系数"，又在实操中锻炼了采编队伍的业务融合能力。

在安全生产方面，中心树立"大安播"理念，从上游内容制作到中游把关协调，再到下游顺利播出，业务部门和技术部门密切配合，环环相扣。修订和完善了宝山区融媒体中心运行维护和安全生产管理等方面的规章制度，并对政府网站运行情况进行动态监测，实现监管有平台、数据有支撑、问责有依据。通过强化日常监管、提高安全演练的频率和加强人员技能培训等方式，采取"人防＋技防"，进一步提升应急处置能力，提高队伍的专业素质和技能，形成"每周有检查、每月有通报、每季有演练、每年有培训"的安全管理模式，确保广播电视安全播出和安全生产平稳有序。

三、全媒体服务应用实践

宝山区融媒体中心自成立以来,坚持践行党和国家对主流媒体深度融合建设的政策要求,结合区域发展实际,灵活运用多种形式,积极探索"新闻＋政务商务服务"的功能面向。

(一)大力推进智慧政务建设

依托移动客户端"宝山汇"APP,宝山区融媒体中心不断加强整合各部门的公共资源,搭建优质高效便捷的政务平台,大力推进智慧政务建设。中心依托宝山区政务服务"智能＋"的快速转型之路,新增"'宝你会'一件事""'宝你慧'智能填表""'宝你慧'政策直通车""无人干预自动办理""好办""快办"等服务功能。此外,中心开通"在线咨询"窗口,严格践行群众咨询的当日回复,了解民情,凝聚民心。截至2023年年底,共回复14 702条相关咨询。与此同时,"政务公开"各栏目及时将政府行政办理事项的结果和政策解读等相关信息向社会公开,并接受社会各界的监督。

(二)融入智慧城市应用场景,提升公共服务水平

宝山区融媒体中心围绕宝山区打造"一地两区"、城市数字化转型三年建设目标,以"宝山汇"APP为载体,加强公共服务领域的数字赋能,积极探索数字化转型的应用场景,利用先进理念和技术构建宝山数字城市生活服务新生态。"宝山汇"APP接入"文明实践""社区通""炮台湾公园入园""顾村公园购票""学校场地开放预约""体育场地预订"等一系列与生活息息相关的生活服务入口,实现各平台互联互通,协助政府优化公共服务流程,创新服务方式,推进数据共享。中心推出"宝山区统一预约平台(宝山汇)",配合随申码应用场景落地,只需一部手机就能在"宝山汇"APP上完成随申码核验,先后有8家一级部门及下属单位共191个应用场景接入随申码,并开设问题建议征集平台,由专人负责每天跟进处置网友反映的问题,并向网友进行反馈,形成工作闭环。

(三)以轻量化直播满足群众的实际需求

宝山区融媒体中心注重"小屏"与"大屏"的联动,推出"医直播""直播带岗""投促课堂"等各类轻量化直播,对接群众的垂类需求。此外,面对重大突发事件,中心力求第一时间直击现场,带来最具时效性的前线报道。在2021年台风"烟花"登陆期间,中心推出《宝山融媒带你直击台风"烟花"》全天慢直播,抖音平台观看人次破1 000万,创上海各区直播纪录。结合党史学习教育,中心举办了"行走蕴藻浜,打卡科创湾"开放式实景党课的图文及网络直播,以进程式直播的方式,多机位切换展现蕴藻浜沿线15千米行走全过程,与广大群众共上一堂开放式实景党课,学百年党史,话未来发展,凝科创同心。据统计,中心每年完成的网络直播报道数量约270场。

案例展示:https://bsweb.shmedia.tech/h5/bs/walkClock/ ·········

2021年,在中国共产党成立100周年之际,宝山区融媒体中心策划实施了"行走蕴藻浜　打卡科创湾"——宝山区"学党史、庆百年、迎七一"开放式实景党课活动,从南大公园(蕴藻浜宝山段起始点附近)出发,通过步行、骑车、公共交通、驾车及乘船五种交通方式,联合市区两级多家媒体展开全媒体大直播,以进程式直播的方式,多机位切换,以一根直播流展现蕴藻浜沿线15千米行走全过程,了解百年历史变迁,感受革命者和建设者的为民初心,最终到达实景党课地点——长江、黄浦江、蕴藻浜吴淞入海口的吴淞开埠纪念广场,以群众性活动的方式共上一堂开放式实景党课,学百年党史,话未来发展,凝科创同心。

这是一次全网参与的融媒体报道实践。"行走蕴藻浜"活动携创意出发、宣传前置、加强各方联动。(1)多级矩阵媒体联合报道。新华网、人民网、环球网、上观、上视、上广、东方网等20多家平台从不同维度不同角度切入,全景扫描此次活动的亮点、创新点以及意义,发挥了主流媒体优势组合传播,让本次开放式党课不仅好听好看,更让更多人得以听见和看见。(2)进程式全媒体直播。联动央视频、新华社—现场云、新华网、看看新闻、哔哩哔哩、话匣子、阿基米德、东方网等10多个平台对开放式实景党课进行了网络直播,观看人次达112万。其中,新华社-现场云和阿基米德平台分别以"全程直播|行走蕴藻浜、打卡科创湾正在进行中"为主题,进行了12小时进程式图文直播,全

天共发布 148 条图文跟踪报道,立体化呈现了"行走蕴藻浜"一路的风景线。(3) 创意海报"刷屏"朋友圈。活动开展过程中,融入"海报的弹幕"创意,在海报中以弹幕的效果呈现"我们所不知道的蕴藻浜"和"正在华丽转身的蕴藻浜"的组合关键词进行特别设计。通过微信公众号、朋友圈等渠道进行轻量化分发,在活动前就形成了"刷屏"的传播效果。活动预热先行、移动端先行,在活动开始前,推出系列预热短视频,提前搭建活动集成专题 H5;在活动进行期间,全天卡点推荐朋友圈分享"行走蕴藻浜"打卡九宫格照片。有节奏有广度有创意的传播策划让本次活动持续"走热",让整体活动取得了良好的传播效果,相关推文＋图文直播总阅读量达 10 万人次。

+·+

　　自 2020 年起,宝山区融媒体中心连续三年推出"上海樱花节"全媒体直播,逐渐形成了较为响亮的融媒品牌。2020 年 3 月,宝山区融媒体中心尝试利用融媒体资源优势打造了"宝山春光·樱你而美"宝山云赏花全媒体直播,通过开设外景演播室、户外 LU 连线、异地微信连线、无线图传、无人机接入＋电视转播车等手段,进一步探索多媒体融合背景下音视频节目录制、传输和播出的新路径,凭借媒体矩阵效应打通传统媒体与新媒体传播渠道,让受众感受到宝山顾村公园的美景。2021 年 3 月,中心推出时长 7 小时的"'樱'为你来春意融——云赏樱"大型直播活动,串联起上海顾村公园、无锡(鼋头渚樱花林)、武汉(金银潭医院、武汉大学和东湖磨山樱花园)和日本东京(上野公园)四处赏樱胜地,邀约市民"云上"尽赏春日美景,了解樱花知识,解读汉服文化,圆梦抗疫英雄赏樱之约。2022 年 3 月 24 日——4 月 5 日,中心又联合新民晚报、南京广电、江南晚报、南通日报、天目新闻、温州晚报、宁波晚报、合肥晚报、黄山广电等沪苏浙皖媒体启动"探春长三角"云赏樱慢直播,以顾村公园为原点,拓圈至南京、无锡、南通、温州、嘉兴、合肥、黄山等名景胜地,云游长三角樱花海,并于 4 月 2 日在新华网、新民晚报"上海时刻"板块、苏浙沪皖相关媒体平台、宝山汇 APP、"上海宝山"抖音号、"上海宝山"视频号推出长三角媒体联播,邀请沪苏浙皖四地主播实地打卡上海、无锡、宁波、合肥的赏樱地和踏青点,为疫情期间的居家市民提供美的享受和心理疏导,也为花开疫散后的实地探访作提前"攻略"。该活动慢直播累计观看流量达 400 万人次,媒体联播观看流量近 100 万人次。

(四) 发挥内容优势,促进区域优势资源的社会效益提升

宝山区融媒体中心还在原创专栏节目的联合制作上进行了探索。自 2021 年起,中心在新华网上尝试推出鉴赏类直播栏目《看见》。该栏目以"看见艺术,感悟生活"为主题,主要通过现场直播、视音频图文专题的技术进行综合呈现。栏目以讲述艺术内容为主,通过盘点艺术的最新资讯与热点话题,邀请不同专业的嘉宾向大众分享与讨论。栏目邀请上海大学图书馆馆长潘守永教授和上海大学上海美术学院博士生导师马琳联合策划,每期邀请来自博物馆、美术馆、艺术界等不同领域的专家来分享,如国际博物馆协会副主席安来顺,著名批评家、策展人王南溟,吴昌硕的曾孙、著名书画家吴超、吴越,吴中博物馆馆长陈曾路,上海科技馆天文研究中心主任林清博士等。他们以独到的见解分享他们对艺术的看法以及观展的体验,全景式地解读艺术与生活,让大众对艺术有更专业、有趣的认识,对不同的艺术事件和艺术形式产生新的思考。两年中,中心先后推出《行走的云冈石窟》《吴昌硕与上海》等 9 期视频原创作品,直播收看人数累计达 600 万人,其中,《吴昌硕与上海》收看直播的观众达到了 96.5 万人,抓住了"流量密码",取得了良好的社会反响。

围绕打造上海科创中心主阵地,做好"北转型"大文章,宝山区聚焦战略定位转向,不断优化营商环境,增强区域核心竞争力和软实力。近者悦、远者来,昔日的老工业基地正蝶变成为创新创业的热土,吸引着越来越多的科创企业在此生根发芽,细分领域掌握核心技术的小巨人企业更是其中的佼佼者,它们如何在复杂的市场环境中把握航向,开疆拓土,值得关注。宝山区融媒体中心携手阿基米德(上海)传媒有限公司走进区内街镇、园区,对话科创企业 CEO,探访应用场景,剖析创新案例,发掘产业价值,以媒体视角解码其成长之道,助力构建宝山科创的"热带雨林"。该节目已推出 15 期,总阅读量近 80 万人次。

四、创新探索"宝山特色":媒体联动促进区域效能发挥,"两码合一"提升公共服务质量

宝山区融媒体中心按照市委宣传部、区委区政府和区委宣传部的工作要

求,构建了"1+7"平台,紧扣宝山区奋进"北转型"、建设"主阵地、主城区、样板区"的中心主题主线,对全区社会发展的热点和亮点进行全方位、多角度的融媒宣传,守牢主流媒体的舆论主阵地,不断拓展媒体深度融合新边界,并创作出一批有思想、有温度、有品质的优秀作品。在此基础上,中心还注重结合区域优质资源,应用数字技术助力打造智慧生活服务场景,不断推进智慧城市建设,探索服务群众的有效路径。

(一) 以"1+7"平台建设为依托,服务全区效能提升

"1+7"平台为宝山区融媒体中心构建的发布平台。"1"即"宝山汇"客户端,"7"即"上海宝山"官方微信号、"上海宝山发布"官方政务微博、"上海宝山"抖音号、电视、广播、网站、报纸,并由此构建起以客户端为中心的全媒体传播矩阵。截至目前,"宝山汇"客户端的总下载量突破 201 万次,装机量超 61 万次,总注册用户超过 56.7 万人;"上海宝山"官方微信的粉丝达 110 万人,"上海宝山发布"官方微博的关注量达 82 万人,总发布信息超过 11 万多条,政务发布的影响力、传播力稳居全市前列。宝山区门户网站连续几年荣获上海市政府优秀网站。

以"1+7"平台为依托,中心坚持"一次采集、多种生成、多元传播"的融合理念,再造策、采、编、发的生产流程,建立统一的全媒采访平台和全媒编辑平台,对重大主题、重点题材、重要活动以全媒形式立体化传播,不断提升影响力和传播力,为宝山高水平建设上海科创中心主阵地、书写"北转型"新篇章这一发展战略提供了强有力的舆论支撑。

1. 坚持移动优先,于融合中打造爆款

在坚持移动优先的战略中,中心积极响应短视频化的趋势,尝试打造带话题、带流量的现象级产品。2020 年 1 月,中心发布的抖音短视频《从 1 到 100!这些年宝山老房加装电梯缩影》短短三天内的浏览量超 200 万人次,起到了引导舆论导向、传播正能量的效果。中心原创短评节目《所言极是》中的《上海的速度与温度! 让我们共同守护这座城市》的浏览量超 160 万人次;《男孩跪守患癌母亲去世,暖心后续令人动容》的浏览量超 129 万人次,受到了市委宣传部的肯定和表扬。同时,中心积极响应电视短视频化、广播可视化的趋势,让更多优质的、鲜活生动的原创产品向移动端倾斜,丰富新媒体平台的传播

需求。

2. 注重主题报道,服务全区效能提升

依托"1+7"全媒体矩阵平台,宝山区融媒体中心积极进行主题报道优化,服务全区效能提升。在上海市第十二次党代会以及党的二十大宣传报道中,中心运营的平台矩阵相继开设专栏专刊,及时转发主流媒体的动态信息报道以及会议精神的权威解读和重要社论,全面反映宝山区各机关单位的学习体悟和生动实践,并重磅推出"学思践悟二十大"系列短视频访谈专栏,邀请各街镇、委办局的主要领导畅谈各区域经济发展、社会治理和民生改善方面的实践与成效,营造出团结和谐、提气鼓劲的舆论氛围。此外,结合区域发展特色,融媒记者深入一线,展示宝山的"北转型",聚焦宝山加快功能提升、加快产业转型、加快空间转换、加快治理转变的典型案例和生动实践,采写真实、鲜活、生动的新闻报道,以"学用新思想·奋进北转型"为主线,推出市媒联播、主播打卡、先进典型、温情故事、时事述评五大系列的组合式专题报道。

在 2022 年上半年的全市静态管理期间,中心积极围绕核酸检测、疫情通报、物资保供、就医配药、志愿服务、方舱建设、清洁消杀等群众急难愁盼和关注的问题,以及疫情期间涌现出来的暖心事、感人事和防控工作创新做法等典型案例,进行主题报道的全媒体传播,打造出《不能停歇的诊疗！宝山畅通特殊时期"血透路"》《1.8 万份爱心餐抚慰滞留旅人》等精品,为全区共同做好疫情防控提供了良好的舆论支持,全媒体矩阵中的平台用户关注度、活跃度及粉丝量跃升。其中,"上海宝山"微信公众号的粉丝从年初的 55 万增至 100 多万,平均每天有两篇稿件的阅读量超过 10 万人次。此外,中心自主开发、首创推出了"三区"划分查询系统,在"上海宝山"微信公众号首日上线的浏览量即破百万人次,受到市民的欢迎。

（二）加强媒体联动协作,提升传播矩阵的影响力

为了扩大自身的传播影响力,宝山区融媒体中心先后入驻了新华网、人民网、东方网、上观新闻、上海广播电视台等 16 家央媒、市媒,不断深化彼此合作,逐步形成了全线助推的传播链。同时,中心通过规范各基层公众号的内容发布,切实履行把关人职责,真正形成上下贯通、左右联动的宝山媒体矩阵,提升全区新闻信息发布的质量和快速响应的效能。

在内容生成方面,宝山区融媒体中心和解放日报、新民晚报、人民日报等媒体积极联动,对重大题材进行联合报道。中心特邀人民日报联合采访,由大江东工作室推出《出"海"拓圈!科创宝山奋力寻找新"流量"》的报道;为配合"纪念陶行知诞辰 130 周年"活动,中心与解放日报副刊《朝花》联合采访,推出《陶行知在上海的步履》专稿,并联动新民晚报推出《同走行知路,共结山海约》的跨栏专版;为配合"陈伯吹国际儿童文学奖创立 40 周年"系列活动,中心联合《新民晚报》副刊《夜光杯》"十日谈"板块,推出 14 期"我与陈奖"的系列访谈。

2022 年 3 月 24 日—4 月 5 日,宝山区融媒体中心联合新民晚报、南京广电、江南晚报、南通日报、天目新闻、温州晚报、宁波晚报、合肥晚报、黄山广电等沪苏浙皖媒体,启动"探春长三角"云赏樱八地慢直播,实现沪苏浙皖媒体四地大联播。2022 年 9 月,宝山融媒积极参与 SMG 融媒体中心组织的以直播和短视频为特色的上海 16 区"人民之城"融媒联播,借助东方卫视、上视新闻综合、看看新闻网等市级媒体平台,从身边事、细微处入手,展现宝山社会治理的精度、城区发展的气度和诗意栖息的温度。同时,中心携手上海广播电视台完成了夏令热线《区长一诺》《对话区委书记》等视频制作;按照外宣要求部署,摄制完成 5 集短视频《老外另眼看盛会·宝山篇》,并继续在宝山汇 APP、"上海宝山"微信公众号、"上海宝山发布"官方微博以及电视平台做好百集融媒体产品——《老外讲故事·外国员工看中国》《百姓话思想·习近平新时代中国特色社会主义思想在上海的实践案例》系列短视频以及《大家聊巨变》系列纪录短片的联播转载工作;联动人民网上海频道拍摄制作《初见上海》短视频;联动新民晚报开展《学习贯彻落实二十大精神特别策划·点亮上海金环》融媒体系列报道;联动上海广播电视台、阿基米德刊播"二十大精神二十人讲"全媒体党课;联动东方网开展"见证新宝山·奋进新征程"征集活动。

(三)融入智慧生活应用场景建设,提升公共服务质量

在 2021 年上海樱花节期间,宝山区融媒体中心携手宝山区信息委和顾村公园引入"随申码"智慧生活服务场景应用,打通了"随申码"与网上预约码的关联对应,实现了预约码和"随申码""两码合一",只需一部普通手机就能在"宝山汇"APP 上完成"随申码"核验,一次扫码即可同步核验健康信息与核销预约记录。

在顾村公园成功案例的基础上,宝山区融媒体中心协同区府办、区信息委、区行政服务中心积极推进"随申码"在区级应用场景的运用,深入挖掘"随申码"在各个领域的潜力。中心以"宝山区统一预约平台"为载体,陆续推出"随申码"应用场景落地,目前,已有8家一级部门及下属单位共191个应用场景接入"随申码",涉及公园预约入园、学校场地开放和运动场馆场地预订等场景,将"随申码"变身为"健康码""预约码""签到码",实现"一码通行""一码管理""一码服务"。宝山区"随申码"应用场景的落地,减少了各部门在软件和硬件设备上的费用支出,缩短了市民在各场所进出管理中的排队时间,提高了工作人员的工作效率。对智慧生活应用场景的融入不仅提升了市民的生活服务体验,更助力各个场所防疫防控的预约、登记、验码、数据归集工作,确保信息可查、人员可控。

在"两码合一"的基础上,宝山区融媒体中心会同区信息委加快推进电子证照应用建设,以"宝山汇"APP为载体,实现与上海市电子证照系统互联互通。围绕宝山区电子证照的适用场景,首次推出宝山区仲裁院庭审人员识别场景,在市民未带实体身份证的情况下,可通过"随申办"市民云APP的"亮证"板块出示自己的电子身份证代替实体证照,工作人员可通过"宝山汇"APP扫码核验证件的真实性和有效性,为无法出庭的市民解决"燃眉之急"。截至2023年年底,已开通30多个电子证照应用场景,涉及教育考试中心、医院体检中心、敬老院、公园等场所。

此外,在"宝山汇"APP新上线的"四季四城·爱上宝山——汇选攻略"板块,汇集了区内一批地标性网红景点(场馆),通过"汇选攻略"发放免费体验券(3D打印咖啡体验券、卡丁车体验券、博览馆参观体验券等),丰富线上消费场景,促进线下消费模式,以品牌集聚为核心,牵手更多区域重点商圈和企业,打造多元化、数字化应用场景。中心还依托"大兴调研"活动,不断探索扩容便民服务项目:一是整合客户端已有的(学校、公园、体育场馆等)应用场景,将宝山区域内的优质城市空间资源对接用户的精准需求,将"汇选攻略"做成一站式综合服务平台,打造宝山版的"大众点评"和"小红书";二是进一步丰富城市生活应用场景,牵手更多委办局、重点商圈和企业,为市民提供线上公共服务功能;三是始终践行"新闻＋政务＋服务"的宗旨,将内容生产和城市生活全方位融合,全面提升宝山融媒的传播力和影响力,更好地服务市民生活。

第十三章

闵行区融媒体中心建设运营报告

一、闵行区融媒体中心简介

闵行区融媒体中心自 2019 年 9 月 16 日成立以来，先后获评全国 7 个（上海地区唯一）更具示范意义的客户端（中宣部颁发）、全国未成年人思想道德建设工作先进单位（中央文明办颁发）、全国新闻出版广播影视系统先进集体（国家广电总局颁发）等国家级荣誉。"今日闵行"客户端与华为签署鸿蒙生态合作协议，成为全国首家推行鸿蒙原生应用的区级融媒体中心。中心还获得了"长三角广播电 2 视媒体融合先导单位""全国好记者讲好故事""上海市优秀学习型组织"等奖项，在全市区融中均属唯一。中心领导班子荣获 2022—2023 年度闵行区"担当作为好班子"光荣称号。

闵行区融媒体中心是由原闵行报社、闵行区广播电视台、闵行区门户网站管理中心合并而成，加挂闵行报社、闵行广播电视台的牌子，为闵行区委直属正处级事业单位，归口闵行区委宣传部领导，机构类别为公益二类，保留闵行广播电视台综合频率、闵行广播电视台综合频道的呼号。闵行区融媒体中心在整合原报、台、网机构和职能的基础上，以"突出核心职能、聚焦关键职能、合并重复职能"的思路对机构进行优化，实现对广播、电视、报纸、"两微一端"等区属媒体的统一运营。

闵行区融媒体中心坚持"移动优先、客户端置顶"的发展战略，积极实践"新闻＋政务服务商务"的运营模式，以建成新型主流舆论阵地、综合服务平台、社区信息枢纽为目标，打通区级媒体"引导群众、服务群众"的"最后一公里"，着力提升媒体的传播力、引导力、影响力和公信力，为新时代闵行高质量发展营造良好的舆论氛围。

二、闵行区融媒体中心运营情况

闵行区融媒体中心牢牢抓住媒体深度融合发展的主题,努力探索构建具有地方特色的全媒体传播体系,不断壮大媒体融合的传播矩阵,打造融媒传播品牌。

(一) 注重舆论引领,用主题策划报道提升引导力

闵行区融媒体中心自成立以来,始终将做大做强主流舆论阵地作为首要任务。

围绕党的二十大,中心高度注重舆论引领:一是推出专栏形式,打造学习宣传贯彻党的二十大精神集中学习园地。相继开设"我为群众办实事""连线二十大代表""学习贯彻落实党的二十大精神"等十多个专题专栏,采写《从人民大会堂回到上海康城,二十大代表张军萍有着一揽子计划"更忙了,但很值得!"》等报道近700多篇。二是以"对话书记"的形式推进党的二十大精神落实落地。中心策划组织跨部门全媒体报道团队,赴全区各镇、街道和莘庄工业区,选择对话场景,跑企业、看社区,对话14位党(工)委书记,理思路、谈发展、畅未来。

在"大上海保卫战"期间,抗疫新闻报道始终坚持突出两个方向——服务性和引导性,强化两个要求——时效性和准确性。在报道中深化一个"暖"字,在传播中突出一个"稳"字。如报道《独居奶奶核酸阳性,转运隔离时邻居拍下"大白"接送暖心一幕,背后的故事是……》《闵行14家社区卫生服务中心均已配备新冠抗病毒药物!什么病人可以用?》,以及《妈妈》《青年》等160多期"战疫日记"等,都获得较为广泛的传播,彰显疫情防控中的先进事迹、先进典型。

【案例】 "城市不仅要有高度,更要有温度"习近平总书记考察闵行系列报道

近年来,闵行区融媒体中心高度关注保障性租赁房,将"如何保障城市建设者管理者的住房"列入重要的长期选题,持续跟进报道。2023年7月9日,闵行融媒推出关于新时代建设者管理者之家的首篇报道《"一间房""一张床",

可拎包入住！让"忧居"变"优居"》，引起社会各界的强烈反响。

2023年10月25日，上海市委办公厅的相关同志联系闵行区融媒体中心的主要领导，称之前看到"今日闵行"微信公众号发布的关于马桥新时代建设者管理者之家的相关报道，希望详细了解"这个家"的情况。

2023年11月29日，习近平总书记在考察上海期间，来到闵行区新时代城市建设者管理者之家，充分肯定了上海市和闵行区对于城市建设者管理者的关心，并提出"城市既要有高度，也要有温度"。为第一时间感受和传递总书记深厚的人民情怀，在总书记结束考察之后，闵行融媒的多路记者与中央媒体、市级媒体共同深入采访，大家珍惜与上级媒体同台竞技的难得学习机会，兵分多路，上级媒体离开后继续蹲点连夜采访，明确写作思路并分头赶稿。11月30日，推出《总书记考察的闵行区新时代城市建设者管理者之家，是如何让"一张床"筑起"一个梦"的？》。12月1日，根据宣传纪律，在中央媒体发出首篇回访报道后，我们在全市第一家推出回访报道——《习近平总书记敲开了我家门》，当日阅读数快速突破7万人次（之后达到10万人次以上），广受好评。

此外，记者还由点到面，走进闵行区多家保障性租赁社区，敲开不同类型的房门，以图文、视频等形式展现城市一线工作者、外来创业者、新青年等租户从"忧居"变"优居"，进而在上海奋斗圆梦的经历和感受，连续推出《在保租房里跨个幸福年，草根餐饮人有一个"安居梦"》等4篇"一张床、一间房、一套房"的报道，充分体现了上海的城市温度。

该系列报道发布后引起热烈反响，在"今日闵行"微信公众号上的总阅读数达23.7万人次。其中，7月推出的《"一间房""一张床"，可拎包入住！让"忧居"变"优居"》，进入市委办公厅的视野并作为选点的决策依据之一；回访报道《习近平总书记敲开了我家门》的阅读数超10万人次，相关视频还在微信视频号、抖音、客户端等多个平台发布。

通过系列报道，展现的上海"一张床、一间房、一套房"模式为各地发展多层次租赁住房供应体系提供了可借鉴的样本，各地网友留下评论，建议推广该模式。其中，《习近平总书记敲开了我家门》还入选了由市委网信办评选的上海2023年暖新闻榜并位居榜首。之后，中央电视台《新闻联播》播出了闵行融媒采制的约2分钟报道——《【温暖的牵挂】以人民为中心　持续增进民生福祉》，展现了总书记视察过的闵行新时代城市建设者管理者之家里如何过新年的温暖场景。

报道主题重大,新闻性强,挖掘深入,溢着阳光般的温暖色彩。一系列的报道不仅展现"一张床、一间房、一套房"的温度,还从细节上充分展现了习近平总书记的人民情怀,也回答了上海牢记嘱托,真心为城市一线建设者管理者提供一个温暖的家。报道不仅诠释了践行中国式现代化始终坚持以人民为中心的发展思想,还为建设多层次租赁住房供应体系,吸引各类人才在城市安家筑巢提供了经验样本,也点燃了更多城市建设者管理者的奋斗梦,为上海加快建成具有世界影响力的社会主义现代化国际大都市贡献更多的力量。

(二) 突出活动策划,用主题人物故事弘扬正能量

在推进深度融合转型的过程中,中心基于受众的需求,通过记者编辑的脚力、眼力、脑力、笔力,不断地用正能量成就大流量、以大流量放大正能量。

在做好主题策划报道的同时,中心不断强化"新闻＋活动"策划,在新内容、新赛道、新技术、新生态中坚持融合发展、多元延展,新闻报道和线上线下活动相结合。比如"幸福家庭梦想秀"活动既有融媒新闻报道,也有线下各类展示、培训、颁奖等活动,已连续开展 9 年。

2020 年的冬天,上海某区一位中学生勇救老伯成为冬日里的暖流。次日,闵行融媒体中心策划推出一场直播活动。演播室内,心理学专家、律师和学生对该事件从不同的角度谈了见解和认识,急救医生直播教学生正确施救,学生、家长和社会各界人士在线上观看并进行互动。直播期间,在"今日闵行"客户端有 133 689 人次观看,点赞数达 303 726;"今日闵行"抖音的观看人次达到14 533;在"今日闵行"微博平台同步设置的♯你一定要学会的急救知识♯、♯来吧急救少年♯等话题的阅读量超过 54 万人次;"今日闵行"微信公众号的预告微信阅读数超过 1.7 万人次……这是中心"新闻＋活动"的经典案例之一。通过"新闻＋活动",让平凡人发光,让"微力量"留痕。中心联合相关部门、基层社区、社会团体等,不断策划推进"新闻＋活动",在弘扬正能量中引发大流量,极大地增强了社会凝聚力和整合力。

(三) 提升新闻品质,重要新闻实行全生命周期管理

中心坚持每月向各街镇和委办局收集重点新闻线索,每周对标区委区政

府主要领导的工作安排,分析、研判重点报道,每天中心主要领导牵头策划当天的头条选题。对于重要新闻,做到事前充分对接学习相关材料、联系采访对象,事中现场各平台记者密切配合,采编队伍前后方分工合作,事后持续推出全媒体报道。以往的一次性流量新闻,正在变为如今持续一段时间的"流量＋质量"报道,通过重要新闻的高质量全生命周期管理,多维度、全媒体地呈现相关报道,大幅提升新闻的深度、热度、关注度和传播的长尾效应。

(四)"全民皆媒",拓展新闻来源

在深入挖掘采编部门潜力、提升个人综合能力的基础上,中心推行"全民皆媒"的策略,让更多人参与新闻采编,让更多力量投入精品创作。《成长进行时》《健康总动员》等栏目,已成为中心各媒体平台的优质内容供应商,中心非采编部门的原创供稿占比已达25％以上。中心通过与隧道股份、中国铁塔等国企的党建联建,与新疆、云南、淮南等对口协作地区以及长三角头部县级融媒体中心等深化合作,实现党务与业务的双向奔赴,进一步拓展新闻的来源、数量和质量。以"今日闵行"微信公众号为例,每月发稿量从2023年年初的约600条跃升为最高1 044条,原创比例从40％提升到最高78％,总阅读数从250万人次增至最高780万人次,微信用户稳定在125万人以上,位居全市前列。短视频推发量每月超200条,原创占比50％。"学习强国"闵行融媒号每月用稿量半年间增加30％以上,录用率提升至93％。

(五)加强矩阵建设,夯实媒体传播主阵地

在做好区融媒体中心各平台互动的同时,中心协助区委宣传部建设好各委办局和街镇、村居的三级政务新媒体阵地。一是进一步完善对基层新媒体的考评体系。每月推出两份政务新媒体报告,分别对街镇、委办局政务新媒体的发展情况以榜单形式发布。二是逐步推广融媒体分中心模式,打通"新闻＋"的最后一公里。自2021年开始,建立"1＋5＋1"融媒体分中心与通讯员队伍("1"是指区委组织部"闵行党建"微信公众号,"5"是指七宝、莘庄工业区、浦江、莘庄、虹桥分中心的采编运营,"1"指闵行资产集团政务新媒体运营),在内容、平台、渠道、队伍等方面做到多元融合。三是矩阵共享和联动机制。通过与全区各街镇、委办局保持密切联系,紧密抓牢各项工作的宣传主线,深挖基

层新闻线索,共同策划一批生动鲜活、便民服务的新媒体产品,形成联动效应。四是挂职培养机制。矩阵单位定期选送优秀政务新媒体工作人员来中心挂职锻炼,通过跟班学习,提升挂职锻炼干部的综合采写能力和新媒体运营能力。五是建立人才蓄水池。中心已成功申请成为上海市大学生就业见习基地,并与上海交通大学、华东师范大学、上海外国语大学、上海大学、上海师范大学、上海戏剧学院、浙江传媒学院等高校合作建立人才储备库。

三、全媒体服务应用实践

闵行区融媒体中心依托上海区级融媒体中心统一技术平台,秉持"移动为先"的理念,充分整合各类资源,在业务方向上积极拓展。

(一)打造移动客户端,强化政务服务功能

中心全力打造具有综合服务兼具闵行特色的"新闻+政务服务互动"移动新媒体产品矩阵——"今日闵行"客户端。客户端涵盖微信公众号、微博、抖音、视频号等社交媒体账号矩阵,同时运行、维护闵行区政府网站,针对不同渠道定制分发个性内容,聚合特色服务,定制专属功能。

"今日闵行"以"新闻+政务服务"为宗旨,一方面,从内容的生产者和推送者的角度,整合报、台、网等媒体资源,设置新闻与"视频"栏目,包括快现场、时政、专题、短视频等板块,横向融合各党政部门,纵向延伸至街镇、社区,通过文字、图片、直播、短视频等形式,做到重大新闻及时推、身边故事精准推;另一方面,从资源的整合者和提供者的角度,设置"服务"与"问政"栏目,提供民生、教育、社区等近50项服务及在线访谈、区长直通车、意见征集等问政渠道,让市民不出户就能享受快捷、集中、便利的本地线上服务,还可快速有效地传递意见建议到政府各单位。同时,从市民的服务者和倾听者角度,客户端提供问卷、投票、爆料等栏目功能,实现实时互动,聚合区内文体、医卫、亲子等资源,提供包括就医挂号、景点预约等丰富的便民服务。

截至2023年12月底,"今日闵行"客户端的总下载量达330万次,总注册用户近50万人,日活量超1万人,最高日活量超10万人,在全市同行中处于领先地位。2021年10月,客户端完成无障碍适老化整体改造升级,是工业和

信息化部"互联网应用适老化及无障碍改造专项行动"首批通过适老化及无障碍水平评测的 APP 之一。2023 年,中心荣膺"2023 年度社会责任和社会公益优秀案例奖"。

(二) 开展直播和主题活动,丰富新媒体运营手段

结合受众的媒体使用习惯和偏好,中心借助客户端等平台开展各类线上直播活动,且形成常态化运营。2021 年,直播近 134 场。2022 年,推出《发向太空遇见未来——"闵行少年星"发星直播》《奋进新征程,建功新时代——闵行区理论教育大众化创新实践展演》、话剧《严同宇》等各类大直播 72 场,从活动直播、带货直播、带岗直播拓展到带主题直播、带理论直播,每场直播的观看人次均超万。

结合特定主题和一些法定节日,中心主办一系列线上特色活动和专题,丰富新媒体运营的手段,以不同的活动主题实现分众拉新,取得实效。如组织运营"青春打卡""五五购物节""少年星"系列太空征集投票活动、郊野公园答题抽奖活动等各类活动。在抗疫居家隔离期间,推出"小手牵大手　童心齐抗疫"征集投票活动,历时 5 个月,吸引 9 万多人次参加,较好地鼓励青少年积极面对生活、拍摄居家美食视频或书法作品做展示,用户的参与热情高涨。

(三) 拓宽互动渠道,践行为民服务的宗旨

在 2022 年"大上海保卫战"期间,闵行区融媒体中心在统筹做好疫情防控和经济社会发展的全媒体新闻报道的同时,第一时间搭建网上问题建议征集平台,建立"网上用心,网下用力"的工作机制,有效地推动网民意见解决,为媒体融合践行网上群众路线积累一定的经验。

2020 年,中心在全市第一个开设"疫情防控问题建议征集平台"。自 2022 年 3 月 7 日起,又及时推出"疫情防控问题建议收集平台"专栏,第一时间了解群众的所思所愿,积极回应网民关切,打通引导群众、服务群众的"神经末梢"。

为更好地帮助市民解决急难愁问题,区融媒体中心还组建了问题建议汇总梳理和处置回复两个专班,通过与全区各街镇、委办局的紧密联动,形成意见建议收集、处理和回复闭环。工作期间,共收集到市民意见建议 1.6 万余

条,所有问题均予以回复,90%以上的问题得到妥善解决或满意反馈。许多共性问题通过"今日闵行"全媒体平台发布,回应市民关切。在此基础上,每日编制专报报区疫情防控办,相关建议被积极采纳。还形成《疫情下上海党员干部群众心态分析预判及建议》舆情专报,被中宣部相关部门单篇采纳。

四、创新探索"闵行特色":拓展互联网思维,助力城市治理现代化

闵行区融媒体中心大力实践互联网思维和治理思维,把"引导群众、服务群众"作为媒体融合的出发点和归宿点,为区域性的主流舆论阵地服务,助力城市治理的现代化。同时,通过构建"大宣传"格局,闵行区融媒体中心促成从内部融合到区域融合再到生态融合的闵行模式。

(一) 拓展互联网思维,全面开展融媒体实践

中心坚持"移动优先、客户端置顶"的发展策略,创新拓展互联网思维,以"新闻＋政务服务活动"为主体路径,全面开展融媒体实践。

1. 优化"新闻＋政务",走好全媒体时代的网上群众路线

为更好地反映百姓呼声,架起百姓与政府沟通的桥梁,中心持续推进"新闻＋政务",在解决市民的实际问题中解决思想问题。

一是为群众提供暖心服务。在2022年"大上海保卫战"期间,不仅在全市率先开启"新冠肺炎疫情防控工作问题建议征集"专栏,联动相关部门一起帮助市民解决问题,还第一时间开设"居民代配药登记申请登记服务"功能,帮助居委代配药线上申请登记,在减轻居委人工登记负担的同时,提高市民配药的准确性和时效性。及时推出"闵融保供行动",为市民买菜难提供线上帮助,在线下买菜最困难的时期,有效地解决了约5 000户家庭的蔬菜供应问题。

二是通过直播引领的全媒体传播,积极回应市民关切。2022年,在疫情防控措施不断优化后,中心立即推出对话专家直播节目。主持人带着一个个问题,对话市儿科医院、市第五人民医院多位专家,并形成短视频和系列图文报道,在"今日闵行"全平台播发,网友纷纷点赞直播问题有针对性,专家回答深入浅出且实用性强。此外,中心还根据市民需要,及时推出"'救'在身边""沪

岗行动"等以直播为基础的全媒体传播,得到群众的广泛好评。

三是推动民生问题解决。深挖民生数据富矿,"算"出百姓反映最集中的"加梯难""就业难"等堵点,在开展专题报道推动问题解决的基础上,客户端上还提供"加梯服务指南""易就业"等服务,得到群众的广泛好评。

2. 创新"新闻＋活动",实现双向奔赴与互相赋能

中心通过开展丰富多彩的活动,精准地服务各垂直领域和细分人群。承办第一届闵行区"闵理我来说"全民宣讲大赛,聚焦新时代文明实践中心建设重点任务,依托"闵理＋"特色品牌,让闵行传播党的创新理论更接地气,共吸引 3 000 余人参加。完成品牌亲子活动《幸福家庭梦想秀》幼儿组的展示,共有 350 组幼儿家庭通过歌舞等艺术表现形式,寻找幸福、传递幸福、提升幸福。此外,中心还与中福会小伙伴学校、闵行区实验小学、浦江镇等合作,分别推出"超级主播夏令营""蒙正时间""獬豸小囡媒体人团队"等,为青少年提供媒体人职业体验、素养训练和成果展示的平台。打造全媒体生活服务类栏目《车圈》和《惠生活》,通过主持人带入式的体验报道,宣传闵行本土企业,促进消费,在客户端、微信、抖音以及哔哩哔哩等平台的浏览量均呈稳步攀升态势。

新闻与活动双向奔赴、互相赋能,通过活动产出用户喜闻乐见的新闻,通过新闻扩大活动的影响,为中心初步探索出"新闻＋商务"的模式。"新闻＋活动"带来的微商务盈利模式能够很好地反哺新闻业务,较好地推动区融媒体中心与社会面的融合。

(二) 发展治理思维,助力城市治理现代化

中心不断深化"以用户为中心"的理念,充分发展治理思维,聚合社会各方资源,让治理插上"技术的翅膀",在客户端实现用户需求和场景应用两张画像的统一,助力城市治理现代化。

1. 精准画像,建立多功能标杆场景

一是建立"全闵预约"数字标杆场景。自 2022 年起,在提供"口罩预约""景点预约"等预约服务的基础上,客户端深化预约功能,推出面向全区服务的"全闵预约"平台。自 2023 年 3 月 31 日起,全区 104 所校园健身场地通过"今日闵行"客户端预约,有序推动学校体育场地向市民开放,有效地缓解了市民健身需求与场地资源供给之间的矛盾。区内相关公园、图书馆、主题教育基地

预约,以及各类课程、活动等各项预约服务正不断入驻客户端。"社会体育场馆预约"已实现在线付费功能。

二是打通闵行 25 万学生的数字底座。配合"双减"政策,延伸家校服务,将需求和资源进行有效对接并形成数据,用数据指导各类活动的开展,打造数字底座。在与区教育局充分沟通、反复论证后,共同推出"五育"融合项目。结合线上、线下多种场景,不同模式的学习环境,与各类科技、艺术、文化场馆、活动、展览等结合,实现全过程记录并自动纳入学生综评栏目,助力"五育"并举、融合育人。

三是实现主动推送功能。以用户的地理位置为基点,陆续实现将客户端已有的各类场馆、项目以及生活服务等主动推送给用户,给用户提供服务。"今日闵行"客户端在全市首个推出区级气象预警播报,利用客户端消息推送功能,在收到闵行气象台的预警信息后第一时间主动向 40 多万用户推送,成为网络时代应急广播系统的重要组成部分。此外,"今日闵行"微信端还新增突发天气预警、停水停电通知等固定服务栏目,已成为百姓生活中不可或缺的服务功能。

如今,已有教育、就医、就业、物业等 16 大类的高频服务项目入驻"今日闵行"客户端,"全闵预约"服务的覆盖面、便捷度持续提升。闵行融媒体中心将携手区大数据中心从技术标准、信息共享、宣传推广等全方位深化合作,让更多数字化转型应用标杆重点场景和为民服务功能入驻"今日闵行"。

2. 下沉优质资源,深度参与社会治理

随着媒体融合的深入推进,中心在建设社会治理共同体、推进社会治理现代化的进程中,发挥了不可替代的积极作用。

打造网上邻里中心,开通"上海康城网上社区",将优质资源引入社区,建成国内首个"中风 120"(脑卒中预防、急救及康复)社区项目。

积极回应百姓关切的问题。在"今日闵行"客户端设置"问政""区长直通车"等栏目,24 小时内回复网民问题,提升政务服务的时效性。电视、视频号和微信公众号开设了《民情直通车》监督类栏目,广播、微信公众号开设《我来帮你忙》栏目,聚焦社会热点问题,帮助解决市民身边的烦心事。

专业问题权威答复。开通 3—17 岁疫苗接种意见建议平台,并在线下建立由区卫健委、区教育局和区融媒体中心相关人员组成的意见建议处置小组,及时对市民关心的问题释疑解惑。

3. 扩展生活新场景,探索城市治理新路径

闵行区融媒体中心始终秉持"移动优先、客户端置顶"的发展策略,持续探索"新闻＋政务服务商务",建立以内容建设为根本、先进技术为支撑、创新发展为理念的全媒体传播体系。

2023 年 9 月 27 日下午,中心与上海哈啰普惠科技有限公司共同举行"'今日闵行'×'哈啰'美丽闵行　文明出行"系列活动启动仪式。"今日闵行"客户端成为全市首个支持"哈啰"扫码功能并可获得免费骑行的区级媒体客户端。这是闵行区融媒体中心与企业合作,共同探索社会治理新模式的一次创新尝试。通过共建共享、共管共治,推动城市美好出行,助力城市治理。

"今日闵行"与"哈啰"牵手成功,是中心努力探索区域主流媒体创新发展之路的有益尝试。未来,中心还将继续拓宽"朋友圈",加强资源整合,创新和扩展更多应用场景,提供更多精准化、精细化服务,在参与区域社会治理的过程中,不断提升社会治理效能,以媒体融合发展赋能基层社会治理现代化、数字化、智能化。

(三)练内功借外力,构建"大宣传"格局

闵行区融媒体中心自 2019 年 9 月成立以来,积极练内功、借外力,不断探索新路径、新方法,持续推进媒体深度融合,以英文报《Minhang Times》、"上海闵行"门户网站(英文版)、"今日闵行"客户端(英文版)、短视频栏目《BlueBerry Video》、"今日闵行"微信英文版等五个外宣平台为基础,全力构建全方位、多层次、立体式的"大宣传"格局,推动外宣工作出圈又出彩。

1. 练好内功,提升对外宣传的能级

一是练好"快"字功,坚持以新闻策划和融合服务作为对外宣传工作的主要抓手。根据外宣的受众特点和传播方式,多角度、多层次地提高对外宣传的能级。2020 年、2021 年分别推出《进博时间》专题报道,2021 年进博会期间在客户端推出 VR 导览功能,为从虹桥枢纽进出的展商与观众提供便捷指引。2022 年,中心精心采访制作推出《老外看进博》系列短视频,集中呈现外籍人士眼中的进博会和中国市场。

二是练好"活"字功,让英文短视频有意义更有意思。2022 年,闵行融媒体

中心承担了市政府新闻办 6 期《另眼观盛会——老外讲故事》的拍摄,中心加深对讲好中国故事、做好外宣工作的理解,安排专人对标市级媒体外宣报道的选题、表达方式、细节等并进行比较学习。2023 年 3 月,融媒体中心组建一支由三位记者组成的英文出镜记者队伍,再加上配套摄像、编辑,在全市 16 个区中第一个形成外语短视频小组。2023 年 6 月,首条挂上《BlueBerry Video》标志的短视频正式推出,2023 年共推送 54 期英文短视频。其中,《上海　我们想对你说》《New Exhibition of Peace and Love》等视频作品在上海日报的 City News Service 等账号播出。2023 年,闵行融媒体中心记者苏楠参加市委宣传部举办的《好记者讲好故事》比赛,演讲的题目是《〈致流浪者〉——我们的国际传播》。

三是练好"广"字功,打造面向在沪境外人士的外宣新媒体传播矩阵。2020 年 9 月,在"今日闵行"客户端上线一周年之际,中心与华漕金丰国际社区发展促进会合作,正式推出客户端英文版。居住在华漕国际社区的英国友人、"华漕好人"荣誉获得者欧阳毅,受邀成为"今日闵行"客户端英文版的推荐官。

2. 借助外力,拓宽外宣传播途径

对外宣传工作是一个系统工程,闵行融媒体中心不仅致力于做好在沪境外人士的报道,关注重点企业、知名人士,也努力让境外人士主动参与报道中,让外宣报道更加具有亲切感和传播力,让境外人士更加了解中国,主动成为外宣队伍的有生力量。

一是邀请在沪境外人士参与闵行融媒体中心的外宣工作。2019 年,刚成立的闵行区融媒体中心与华东师范大学合作,迎来就读于该校的俄罗斯和突尼斯留学生参与,采制的一系列短视频内容,收到较好的社会反响。2021 年年底,中心邀请在闵行工作的俄罗斯姑娘唐曦兰合作,推出《俄罗斯诗人与文来学子诗词中迎接新年》等短视频和微信。在 2022 年"大上海保卫战"期间,唐曦兰以老外的视角推出 VLOG,表达对上海相关疫情防控措施的理解和支持,澄清了不实舆情。

二是充分利用高校和海内外的语言人才资源。2023 年 6 月,中心与上海外国语大学新闻传播学院进行共建合作,借助"上海网球大师赛""进博会"等大活动深入合作。2023 年 6 月,中心与统战部门合作,邀请香港岭南大学的两位学生参与新闻实践。

　　三是借助新闻报道让知名外企成为外宣的意见领袖。中心在总结历届"进博会"报道经验的基础上，探索知名外企报道的制度化、系列化，不断优化调整报道的叙事逻辑，用更为外界所接受的表达方式和话语，通过意见领袖的引领，助力外界更好地了解上海，坚定投资中国的信心。比如，中心通过《BlueBerry Video》和《品牌汇》等栏目，聚焦雅诗兰黛这样的知名外企，以主持人走进企业、访谈现场体验的形式，和企业负责人进行对话交流，讲述企业品牌创立发展的故事、在闵行发展的理念及对市场的展望。

第十四章

嘉定区融媒体中心建设运营报告

一、嘉定区融媒体中心简介

嘉定区融媒体中心于 2019 年 6 月 28 日挂牌成立,为中共嘉定区委宣传部领导的公益二类事业单位,并挂嘉定报社、嘉定区广播电视台的牌子(见图 14.1)。中心以"能整尽整"为原则,以"突出核心职能、归并重复职能"为思路,

图 14.1　修缮后的嘉定区融媒体中心电视塔

将原嘉定报社、嘉定广播电视台及区委宣传部下属的"上海嘉定"微信和微博、区政府门户网站新闻频道编辑部进行统一整合。

嘉定区融媒体中心共设 11 个内设机构：综合办公室、党群工作部、总编办公室、新闻采访部、新闻编辑部、移动媒体部、视频创作部、音频编播部、事业推广部、技术运维部和信息服务部。为突出新闻宣传的主责主业，中心成立了编委会，统筹新闻采编内容生产和平台内容发布。嘉定区融媒体中心是嘉定区委区政府的重要执政和行政资源，是党的宣传思想和新闻舆论工作的重要阵地，是引导群众、服务群众的重要平台。根据中央、市委相关文件精神，中心在机构、内容、渠道、平台、人员、经营、管理等方面推进深度融合，以建成主流舆论阵地、综合服务平台、社区信息枢纽为目标，打通区级媒体引导群众、服务群众的"最后一公里"，着力提升中心的传播力、引导力、影响力、公信力。

二、嘉定区融媒体中心运营情况

自 2019 年以来，嘉定区融媒体中心结合地域特色和自身实际，坚持以群众需求为导向，以先进技术为手段，以业务创新为抓手，以移动优先为思路，不断进行自身新闻采编制作的生产流程再造与全媒化运营探索。

（一）建设"中央厨房"，再造生产流程

1. 分工联动，统筹协调

嘉定区融媒体中心积极构建从多媒体向融媒体转变的分工联动工作模式，再造"策、采、编、审、发"流程，实现"宣传资源统筹、重大选题策划、采访力量集中、发布平台融合"的统一指挥调度体系。编委会负责对中心宣传报道任务进行统一部署，统筹协调新闻采编力量、内容生产和平台发布。

2. 规范制度，严把关口

中心建立编委会议、采前会议、编前会议、内容审核、平台发布以及安全应急等相关工作制度，每天由值班总编辑牵头，采编部门负责人、各平台编审人员参与，就当天新闻选题策划、记者报道的角度等内容展开讨论，明确各平台对内容生产的需求和采访报道建议，并将意见及时反馈给记者。同时，注重闭环管理，强化"三审三校"制度，严把最后的发布关。

3. 优化流程,平台联动

中心围绕工作目标定位,不断加强顶层设计,建立工作流程,形成平台联动的有效模式。目前,"上海嘉定"微信公众号每天推送 8 波约 30 篇稿件、微博推送约 70 条次;APP、短视频、网站内容及时更新;《嘉定新闻》每天一档,时长约 15 分钟;《嘉定报》每周三刊发,各平台更新的日均信息量累计在 200 条。中心全面落实全媒体采编要求,采访记者为全平台供稿,各平台编辑可在资源库中选稿,基本上形成"一次采集、多种生成、多元传播"的工作新格局,极大地提高了采编效率。

(二) 集聚优势力量,打造"上海嘉定"APP

嘉定区融媒体中心重视"上海嘉定"APP 的不断迭代升级,已从 1.0 版升级到 3.0 版,在频道、栏目、服务、功能上不断优化。一是首页频道,在原有基础上推出新时代文明实践中心、求职招聘、直播等平台,满足群众的多元需求。二是政务板块,持续完善政务服务"一网通办"和城市运行"一网统管"功能,优化"问政"平台,提升网络问政能力。三是服务板块,涵盖了生活、教育、交通领域等信息,进一步完善网上办事、咨询预约、申领查询等功能。四是视听板块,围绕"大小屏"联动,强化短视频、直播等各类视听资源的发布,并推出广播节目可视化产品,如《健康有道》《法宝在线》《成长进行时》等。五是商城板块,打造"我嘉生活馆",推出积分兑换、文创和农产品销售功能,助力本土文化资源的开发利用。六是开展阶段性活动宣传,如"新年签到送福利""甜到嘉""宠粉节"等活动,增强服务性,提高日活率。

(三) 坚持"移动优先",推进媒体融合

中心目前共有微信、微博、APP 客户端、抖音、网站、报纸、电视、广播八大发布平台,"两微"政务新媒体的传播力和影响力始终保持在全市上游。中心自成立以来,坚持"移动优先"的发展战略,在八大平台的基础上开设了人民号、上观号、头条号、快手、视频号等账号,入驻新华社、央广网、"学习强国"上海平台、东方网、澎湃新闻等客户端,形成了多层级的传播矩阵。

1. 推进融媒体报道,服务中心工作

2021 年,围绕"庆祝建党百年""党史学习教育"等主题,在各平台推出"奋斗百年路　启航新征程"专栏,下设"比学赶超　奋进'十四五'"等多个专题,共播发相关报道 700 余篇,全网阅读量约 375 万人次。《品镇》系列报道并应邀赴中宣部"贯彻党的十九届五中全会精神"专题研修班进行经验介绍和现场交流。

2022 年,中心将"喜迎党的二十大"和"学习宣传贯彻党的二十大精神"作为新闻宣传工作最核心的主线任务,相继推出"赶考路上""非凡十年""爱上嘉定""嘉园故事""'十'光流转"等系列报道,开设聚焦党的二十大主题专栏 20 余个,播发报道 700 余篇,全面奏响"奋进新征程·建功新时代"的舆论强音。

2023 年,各平台以全面贯彻落实党的二十大精神开局之年为主线,播发相关报道 2 000 余条,策划推出"十个维度看开局""奋进'镇'当时"等系列报道。其中,"十个维度看开局"通过十个关键词、十幅海报和十篇新闻报道,奋力呈现全区上下"开好局、起好步"的信心与举措。

此外,中心还注重围绕新城北虹"双引擎"、汽车产业、乡村振兴、民心工程等区域重点主题开展深入报道,展示嘉定经济社会发展的成效和良好的社会形象。积极参与上级媒体发起的各类新闻活动,圆满完成"'人民之城'融媒体直播""对话区委书记访谈""'点亮上海金环'融媒体报道"等外宣任务,从身边事着眼,从细微处入手,立体勾勒嘉定"人文教化地、智慧汽车城"的魅力,取得了良好的宣传效果和社会效益。

2. 聚焦民生关切,提升媒体融合的传播力

自 2020 年以来,中心在广播节目可视化方面作了积极有益的探索,推动传统媒体与新兴媒体的深度融合。一是推出"我爱我嘉"大型民生系列访谈特别节目,邀请区内街镇和委局主要负责人走进融媒体中心直播厅,直面民生诉求,使节目形成"民有所呼,我有所应"的生动局面。二是推进广播节目可视化转变,依托"上海嘉定"APP,一批节目由广播直播转变为音视频同步直播,其中,《健康有道》节目的音视频直播已形成常态化。同时,结合广播内容策划推出融媒延伸产品,例如,《成长进行时》打造了《小爱小嘉说新闻》,《法宝在线》推出了《律师别走》短视频。

3. 创新传播形式,打造短视频品牌"嘉视频"

中心整合现有采编力量和视频资源,强化产品思维,打造了自己的短视频品牌"嘉视频",在 APP、抖音、快手、微信视频号等平台上全面推出,精心策划制作"说嘉定""探嘉定""嘉定记忆""嘉定这一站""二十四节气""嘉定走起""智造嘉"等多个主题。围绕新城规划、科技创新、民生福祉等主题,"嘉视频"团队在上海广播电台对话区委书记访谈、区党代会、区两会等重要信息发布节点制作了一批短视频,以领导讲述与对应画面相结合的形式,截取信息发布中嘉定人民最关心的内容,通过短小精悍又干货满满的可视化呈现,达到提纲挈领的效果。聚焦长三角一体化国家战略,2023 年围绕沪苏轨交连接这一重大选题,与昆山市融媒体中心联袂制作 3 集沉浸式探访系列短视频《牵手!"双11"》,"嘉定小哥哥"与"昆山小姐姐"带领两地市民增进对彼此城市风貌、人文底蕴与烟火味的了解。

4. 重视对外宣传,擦亮国际传播系列名片

2022—2023 年,嘉定区融媒体中心陆续采制推出"我嘉老外""另眼观盛会·老外讲故事"等视频外宣产品。"我嘉老外"系列短视频以在嘉定工作和生活的外籍人士为第一视角,讲述自己在这座城市生活的经历和感受,荣获2022 年上海市银鸽奖。"我嘉老外"的 2.0 版"另眼观盛会·老外讲故事"的8 集短视频在新民晚报移动媒体平台上播发,相关视频还由市委外宣办推向国际传播。2023 年 7 月,在新华社新闻信息中心、新华社县级融媒体研究中心组织开展的 2022—2023 年度"全国融媒体中心能力建设"调查研究中,嘉定区融媒体中心入选县级融媒体中心国际传播典型事例。

(四) 精准定位用户喜好,推出原创"爆款"活动

为持续提升平台的用户基数与活跃度,"上海嘉定"APP 精准分析、定位用户的使用喜好,结合区内重大活动和重要节庆,策划推出了一系列原创线上活动。其中包括:"12 街镇民俗大比拼""长护险政策有奖问答"等投票答题类活动;"我嘉送好礼""我嘉邀你美味一夏"等签到抽奖类活动;"1 200 个我'嘉'盲盒来了!""1 000 串马陆葡萄等你来摘"等趣味游戏类活动。以各类活动为载体,通过"爆点"设置、粉丝运营、积分兑换等方法,在优化用户体验的同时,打造"上海嘉定"APP 的品牌记忆点,进一步增加粉丝黏性。

此外,嘉定区融媒体中心还持续深耕校园流量,聚合教育资源丰富的优势,实施立体传播。"上海嘉定"APP上线以来始终与区教育部门保持联动,通过项目合作的形式,充分发挥媒体直播、宣传、策划等专业优势,着力扩大校园流量池。先后策划推出了"小记者团跑两会""中小学生广播体操竞赛人气评选赛""少先队鼓号大赛""少先队队风队纪风采展示活动"等一系列学生活动,以及聚焦家庭教育的《嘉师有约》线上讲堂。

(五)提升运营能力,注重活动推广与品牌营销

2019年11月19日,按照《上海市嘉定区融媒体中心建设实施方案》提出的"深化机构、人事、财政、薪酬方面改革"的要求,区属国有企业上海嘉定文化传媒有限公司正式成立。公司由区国资委委托区委宣传部管理,融媒体中心负责日常运营,为主责主业发展提供坚实的保障,取得了良好的社会和经济效益。公司作为中心的运营平台,以商务项目为依托,以活动营销、产品营销、品牌营销为载体,探索、创新媒体融合发展之路,实现了经营创收。

公司在具体运营方面主要采取以下举措:一是强化基本盘,扩大政企联动"朋友圈"。主动服务区委、区政府中心工作,重点关注民生保障、交通出行、医疗健康、人才教育等方面服务产品的研发,先后与区纪委监委、区国资委、南翔镇、区城发集团等8家单位签署战略协议,积极服务全区委办局、街镇、企业和单位,完成广告宣传、平面设计、视频拍制、活动策划、网络直播、微信代理等服务项目。二是聚合区域资源,实现线上线下"双轮"驱动。公司紧扣需求导向、聚焦手段创新、发挥资源优势,依托"上海嘉定"APP在线上推出"我嘉生活馆",并在线下创办"我嘉文创馆",围绕非遗体验、菊花展等主题开展线下文创专场活动,与区商务委携手连续4年举办"嘉定购物节",进一步拓展嘉定特色农产品、文创品、对口帮扶产品的销售渠道和本地热门商圈优惠信息的发布渠道,通过线上引流带动本区实体消费,促进消费回补和潜力释放。2022年,结合"汽车嘉定"名片,成功举办"沃尔沃""奔驰""印象城"3场线上购车活动,直播期间预估销售额2 000万元(见图14.2)。三是加强自我营销,提升嘉定区融媒体中心的品牌影响力。公司盘活中心各类发布平台资源,打造"我嘉四季"常态化品牌项目以及各类主题活动品牌项目,通过探索"直播+活动"的新模式,使得"上海嘉定"APP完成流量获取、流量运营和流量变现的闭环。

图 14.2　嘉定区融媒体中心积极打造直播售车品牌活动

三、全媒体服务应用实践

嘉定区融媒体中心以自身媒体平台优势为基础,加强通联协作,拓展业务范围,聚焦群众的实际需求,着力打造综合服务类平台,更好地践行群众路线的发展理念。

(一)聚焦群众需求,打造综合服务平台

嘉定区融媒体中心切实发挥媒体连接政府与群众的渠道平台功能,除了APP 政务服务板块上提供的各类服务,还努力探索媒体服务与群众需求的有效结合点,推动"新闻＋服务"功能走向深入。2020 年疫情暴发伊始,中心第一时间推出"口罩预约系统""疫情防控服务平台"和"空中课堂回看"等有针对性的便民服务,助力企业复工生产和市民日常生活。为践行"以人民为中心"的理念,中心充分发挥好上情下达、下情上传的桥梁纽带作用,在区"两会"、"我爱我嘉"民生访谈、疫情防控等不同时间点,分别开通市民意见建议征集通道,

及时了解掌握市民的急难愁盼。2022—2023 年，"上海嘉定"客户端及微信、微博共收到市民意见建议和留言超 18 万条，对其中相对简单的普遍性问题，工作人员第一时间向主管部门联系求证后，做到应回尽回；更多的市民诉求和合理化建议，通过定期梳理汇总后"直通"相关部门，发挥了"媒体＋政务服务"的积极作用。为进一步聚焦群众需求，2023 年中心相继设立评论小组和粉丝群，积极与用户开展在线互动交流，不断提升工作的亲和力，持续走好网上群众路线。

（二）拓展平台功能，完善三级通联网络

嘉定区融媒体中心通过探索建立从上往下、层层推进的发展模式，力争融媒体中心服务进社区。一是建好街镇服务站，优化资源整合。在中心揭牌成立当天，12 个街镇融媒体中心基层服务站也同步挂牌成立，服务站成为中心重要的新闻信息供应源和不可或缺的采编力量。2020 年 4 月，在"上海嘉定"APP 开通了街镇频道，全区 12 个街镇同步入驻，成为街镇信息发布的重要阵地。二是新建村居服务点，打造三级网络。2020 年 6 月，在 30 个村、居、园区、企业建立了首批融媒体中心服务点，并制定《嘉定区融媒体中心服务点合作方案》，努力构建"中心—街镇—村居（园区、企业）"三级融媒体网络体系。中心持续完善三级通联网络，于 2022 年建立委办局通联通讯录及微信群，优化通讯员轮岗机制，资深记者、编辑一对一带教指导，既为中心内容生产注入新活力，也帮助基层队伍在实践中提升业务能力。

四、创新探索"嘉定特色"：聚焦主业、适度商务、服务贴心的融合路径

嘉定区融媒体中心以"事业单位、企业化管理"的运作方式作为开展"新闻＋政务商务服务"的主要路径，其深度融合实践呈现出较为明显的行政化与市场化并行特色，辅之以领导班子互联网思维与区融运行的积极尝试，在体制规约和市场规律的调适、冲突与博弈中开拓进取，努力探索"创新活力充沛、融合发展充分、人文魅力充足、人民生活充裕"，兼顾社会效益与经济效益的融合转型之路。

（一）政务全面，兼顾全局与细节的"新闻＋政务"新格局

1. 聚焦主责主业，做强主流舆论

中心在转型发展过程中聚焦于新闻宣传与舆论引导的主责主业，不但注重服务于区委、区政府的中心大局及长三角一体化战略推进，还努力做好"人民美好生活的记录者"，搭建起自上而下、由宏观到微观的"新闻＋政务"践行体系。在宏观层面，中心开设党的二十大主题专栏20余个，推出"国色嘉定""学习进行时""跑出'嘉'速度""十年再出发"等不同系列的宣传报道，更好地展现了中国式现代化的嘉定图景。在微观层面，推出"民生小目标""身边小确幸""我'嘉'养老"等原创系列，多角度地展示人民城市建设的嘉定实践。中心注重捕捉凡人微光，推出"匠心筑梦""巾帼筑梦""志愿在身边"等报道，挖掘了板凳爷爷、救火爷叔等温情人物。此外，嘉定区融媒体中心还通过"呼声追踪"栏目名片，解决市民急难愁盼的现实问题。在"大上海保卫战"期间，嘉定区融媒体中心采制了"方舱故事""宝藏志愿者"等系列报道，原创首发稿《这双手的主人，找到了》被人民日报、新华社、央视等央媒转载，并入选中央网信办评选的2022中国网络正能量图片。

此外，为了更好地服务本土区域，报道嘉定人身边的故事，嘉定区融媒体中心建设了较为活跃的通讯员队伍，将新闻宣传与舆论引导的力量深入基层一线。区融媒体中心领导班子加强与街镇结对联系，定期率部室走访调研，面对面地倾听基层声音，收集意见建议；在优化通讯员轮岗机制方面，每年约有40名通讯员完成轮岗，既为中心内容生产注入新活力，也帮助基层队伍在实践中提升业务能力。2019—2023年，中心各平台年均采用通讯员投稿4 000条，通讯员报稿及录用稿件数量、成稿质量整体上呈上升趋势，尤其在微信平台，通讯员用稿量撑起了"半壁江山"。通讯员稿件更多关注的是辖区内的普通人和事，比如，《发挥居民自治效能，推动老旧小区加装电梯》稿件中把居民自治和老百姓关心的加装电梯结合起来，让读者了解老旧小区如何又快又好地装上电梯，有一定的推广价值；华亭镇报送的短视频《嘉定地产黄桃成熟上市！》和马陆镇报送的短视频《炎炎夏日，快来吃一口用井水冰镇的西瓜～》等体现了地方特色，引起读者共情。

在疫情防控期间，通讯员克服困难采写了大量稿件。安亭镇通讯员从疫情防控工作的不同角度入手，基本上实现日产新鲜稿件，陆续报道《112家商超对接 77 个村居！这里生活物资买得到、拿得到》《上汽集团设计中心疫情下"闭门造车"，把耽误的工作进度抢回来》《安亭镇第一批复工复产"白名单"出炉，涉及 60 家重点企业》等信息，充分地展现了辖区居民企业积极抗疫、复工复产的精神状态。

2. 问政监督，强调数据在社会治理中的价值

为贯彻落实习近平总书记"人民城市人民建，人民城市为人民"的理念，顺应媒体融合的大势，自 2020 年 7 月中旬起，嘉定区委宣传部和嘉定区融媒体中心联合推出 2020"我爱我嘉"大型民生系列访谈节目，依托嘉定电视台综合广播的品牌栏目《民生热线》，全媒体出击、全矩阵发力，创新打造出一系列符合新时代传播特点和受众需求的融媒产品。至 2023 年，"我爱我嘉"民生系列访谈已成功举办 4 季，各街镇及部门负责人累计 71 人次走进嘉定区融媒体中心的直播厅，直面民生诉求，回应民生关切，赢得线上线下广大受众的好评。访谈直播首次通过"广播和网络同步直播、线下和线上即时互动、场内和场外实况连线"的方式进行，获得了嘉定居民的广泛关注和互动参与。据不完全统计，访谈 4 季在线直播全网观看量累计超过 300 万人次。

"我爱我嘉"民生系列访谈不但创新了节目流程及样态，还通过"两微一端"平台同步发布相关推文、短视频，在取得良好的社会反响的同时也大大提升了中心各部门协同融合的能力。该系列访谈是嘉定区融媒体中心成立以来时间跨度最大、涉及部门最多的全岗位大练兵，不仅对记者和主持人提出了比较高的要求，对技术保障也是一场场的实战考验。由此，民生系列访谈真正实现了台上台下、线上线下、场内场外的三重互动，进一步增强了受众黏性，也提升了领导干部通过媒体宣传工作、服务民生的能力。

嘉定区融媒体中心在聚焦主责主业的基础上，还有意识地进行社会治理大数据的积累。通过日常"两微一端"信息推送的阅读量、转发量和评论数等后台数据反馈，中心敏锐地发掘出嘉定区 180 万居民在教育和卫生领域有着较强的关注度和反馈强度。例如，"我爱我嘉"第二季第 9 期节目以"教育"为主要话题，共获得 1.7 万次点赞，相关短视频的点击量达 26 万次，观看直播的有 4 000 人次，微信号推文的阅读量近 2 万人次，颇为"亮眼"的一组数据让当期受访嘉宾、嘉定区教育局局长备受鼓舞，也深感重任在肩："想到教育话题会有很多人关注，但没想到通过全媒体平台传播后，会有这么高的关注度。"直播

中,职能部门当场未能给出答复或解决方案的问题,中心也会落实采编力量进行跟踪,推动问题解决,促进工作开展,体现了媒体的社会责任与担当。中心以超前思维为后续新闻宣传和服务群众奠定数据基础的同时,还为政府决策咨询提供了来自基层一线的真实情况,真正将"以人民为中心"的融合思路落到细节实处,在舆论引导和问政监督协同并行中构建起全面立体的"新闻+政务"新格局。

(二)商务适度,营收效益的"体制内外循环"建设

嘉定区融媒体中心在"新闻+商务"方面积累了较为丰富的经验。探索事企一体化管理机制,建立效益营收的体制内循环与体制外循环,努力寻求政策性扶持与市场性竞争的平衡点,以适度的"新闻+商务"运作增强自身的"造血能力",激发融媒体中心的内部活力。

一方面,嘉定区融媒体中心充分利用自身的属性资源和政策便利,注重强化与体制内单位的合作,接受党政资源的"选择性扶持",实现中心营收的体制内循环。在服务区委、区政府中心工作的同时,关注民生、交通、医疗、教育等领域的服务产品研发,与区域内的各委办局、街镇和企事业单位签署战略合作协议,以互联网思维强化与其的用户连接,完成广告宣传、平面设计、视频拍制、活动策划、网络直播和微信代理等项目的服务工作,建构起文化宣传业务方面的合作互惠关系。截至2023年年底,与公司进行项目合作的委局街道覆盖面超过80%。

另一方面,依托自身优势积极参与市场竞争,在单位性质允许的范围内进行商务合作的"选择性经营",实现中心营收的体制外循环。在线上,嘉定区融媒体中心推出了"我嘉生活馆"电商平台,以媒体公信力和宣传资源置换作为电子商务开展的助力逻辑;在线下,创办"我嘉文创馆",集中销售嘉定本土IP衍生而来的文创产品,将区域文化资源与经济营收有机地结合。此外,中心还联合区商务委举办了"嘉定购物节",围绕汽车、数智、商圈、友邻和绿色等领域,将其打造为极具嘉定特色的年度活动IP。以2022年"嘉定购物节"为例,活动围绕"惠生活、慧消费、汇嘉定"的主题,打造了5大主题板块27项内容,聚焦新城商圈、优势产业和商旅文体农的跨界融合,以在线消费、汽车消费和夜间经济为重点,普惠于民的同时助力电商平台的多元化消费业态,积极探索

区级融媒体中心"新闻＋商务"的新模式、新特色与新前景。通过多年的探索建设,上海嘉定文化传媒有限公司实现年均 1 500 万元的经济收益,年度利润超过 300 万元,以商业收益反哺事业推进。

面对"大上海保卫战"期间实体企业的经营困境,嘉定区融媒体中心充分发挥社会责任感,担当起群众与企业之间的关联桥梁。2020 年,上海嘉定文化传媒有限公司在"我嘉生活馆"电商平台推出"桃花桃枝助农接力"活动,对云南省楚雄州牟定县的鲜桃花枝滞销问题进行帮扶,配合中心融媒报道矩阵的宣传力量,最终以公益价售出近千份冬桃花枝,收益近 2 万元,这是对网络助农扶贫新模式的有益探索。2022 年 7 月,针对区域内汽车产业聚集的现状,嘉定区融媒体中心以"直播＋活动"的方式帮助各大车企进行预售,取得 50 分钟卖出 32 辆汽车、最终成交超过一半的好成绩,有效地缓解了疫情期间各大车企积压的销售压力,释放了群众的购买需求。

(三) 关注民生细节,深挖用户需求

在政务与商务探索之外,嘉定区融媒体中心关注民生细节,深挖用户需求,注重以群众的真实需求为业务活动开展的依据。疫情期间,为了更好地满足群众的出游需求,嘉定区融媒体中心、嘉定区绿化和市容管理局携手东方网旗下东方怡动技术团队,在"上海嘉定"APP 推出了"2020 年嘉定紫藤季"创新项目,通过"嘉定紫藤园游览网络预约系统"和"紫藤直播间"两大板块,实现"云预约"和"云赏花"功能。在"云预约"方面,市民只需下载并登录"上海嘉定"APP,进入"嘉定紫藤园游览网络预约系统",填写个人信息,上传"随申码",即可轻松完成预约,整个过程平均仅需 2 分钟。该系统 24 小时开放,市民可随时在线完成实名制预约,不受时间限制。借助预约系统,嘉定紫藤园可对游客进行有效分流,实现错时游览,避免人群聚集,既能缓解公园本身的承载压力,又能最大程度地确保游客的游园安全,让市民游客享受更便捷的线上预约服务和更安全的线下游览体验。"云赏花"则是嘉定区融媒体中心在"互联网＋旅游"方面的创新探索,在"上海嘉定"APP 推出"紫藤直播间"特别板块,通过在嘉定紫藤园内架设摄像头实时直播的方式,全天 24 小时带领市民"云赏紫藤",为未能成功预约入园的市民提供了观赏渠道。该创新项目的成功上线是嘉定区融媒体中心对"媒体＋"思维的一次实践,借助中心的各大传

播平台和信息技术支持,进一步探索"媒体＋服务"的新模式。

此外,为了给广大劳动者提供更安全、更可靠的求职就业线上服务,嘉定区融媒体中心在 2021 年 2 月联合区人社局在"上海嘉定"APP 推出"上海市嘉定区公共招聘平台"。求职者可根据自身需求查询和选择相应的职位类型、工作地点、薪资待遇等,还能创建简历,实时在线投递,一键管理推荐简历至匹配职位。同时,中心编辑还积极汇总全区 12 个街镇的招聘信息,及时在"上海嘉定"微信公众号上发布,受到用户的广泛关注。2021 年,嘉定区融媒体中心还围绕职称政策解析、高层次人才、税收优惠、社保缴费、劳动合同等主题开展多场政策"云宣讲",专业人员通过线上直播授课的形式为招聘求职双方答疑解惑。

自 2022 年起,嘉定区融媒体中心充分运用网络技术手段,打造直播带岗模式。中心从 3 月起与相关部门联合推出 2022 年嘉定区"人人乐业、春风行动"现场带岗活动,进一步加强对登记失业人员的公共就业服务,帮助失业人员再就业,共有 10 家区内知名企业负责人、人力资源负责人就企业基本情况、推出岗位及薪资待遇、岗位发展愿景三个方面进行推介,招聘人数超过 300 人。10 月底,伴随着"上海嘉定人才港"的开幕,中心与区人社部门携手推出"嘉有港湾、职等你来"直播带岗系列招聘活动,聚焦嘉定特色汽车产业,力求以创新模式搭建起求职者和用人单位之间的高效对接通道。

第十五章

金山区融媒体中心建设运营报告

一、金山区融媒体中心简介

金山区融媒体中心（增挂上海金山广播电视台的牌子）于 2019 年 6 月 28 日挂牌成立，是金山区委直属的公益二类事业单位，也是上海市首批成立的区县融媒体中心之一（见图 15.1）。金山区融媒体中心保留了原金山报、金山广播电视、"i 金山"等新闻品牌产品，重点打造"上海金山"APP，建立了以"移动优先"为原则的采、编、刊、播机制和绩效管理制度，形成了以微信、微博、

图 15.1　金文大厦（金山区融媒体中心所在地址）

APP、抖音等新媒体为核心,广播、电视、报纸、手机报为骨干的全方位、多层次的主流媒体矩阵。

中心内设 13 个机构:办公室、党群工作部、总编室、新闻采集中心、移动传播中心、视音频创作中心、报纸部、广播电视部、大型活动部、媒体运营部、文明实践部、技术部和播出部。中心大力推进媒体融合改革,围绕区委、区政府重大决策及中心工作,主动策划广播、电视、报纸及互联网的新闻宣传工作,做好域内重大新闻事件的采访、报送和新闻发布工作,以及全媒体对外宣传工作,充分运用媒体平台为群众提供政务、便民和信息等服务,积极承担起新型主流媒体举旗帜、聚民心、育新人、兴文化、展形象的使命任务。

二、金山区融媒体中心运营情况

金山区融媒体中心深入实施"移动优先"策略,建设自有"上海金山"APP,并以此为基点不断调整完善采、编、刊、播"1+4"流程、月度评优办法、部门绩效考核办法等,进一步释放了新闻生产力。

(一) 践行"移动优先"策略,着力打造"上海金山"APP

"上海金山"APP 于 2019 年 6 月正式上线,立足"新闻+政务服务商务",提供生活、教育、交通等便民服务,运用中心自有资源,将电视、广播、报纸内容以新媒体的形式呈现,打造"看""听""读"一体化平台,拥有"上海湾区""积分乐园""慢直播""观众中来"等板块。根据用户体验和实际需求,"上海金山"APP 不断完善功能和页面设计,于 2022 年进行了 2.0 改版并上线,新增"每日天气预报""视频投屏功能""城市慢直播专栏"等;增加便民服务窗口,丰富服务内容;汇集金山铁路时刻表、停车场查询、入学政策查询等便民入口,满足居民生产生活的需求。根据适老化改造的要求,"上海金山"APP 新增"关怀模式",在保留核心功能的基础上化繁为简,用户可以选择一键读屏,获取资讯更加便捷。2022 年 3 月,"上海金山"APP 推出疫情防控意见征集平台,结合实际不断创新,运用城市探头、5G 网络探索"核酸慧眼"等功能的可行性。在强化互动方面,"上海金山"APP 策划推出了"积分连续签到""积分夺宝""积分游戏"等一系列活动,培养了用户的互动习惯。同时,增加积分商城电子兑换券等商品,降低部分用户商品领取的交通成本。

在政务服务方面,2023年2月,"上海金山"APP设置专门政务入口,公开政务信息,提供政务服务,同时开放问政平台,方便居民找问题、提诉求,以便更好地了解民情、集中民智、维护民利、凝聚民心。针对重点领域,开通链接服务,让用户能直接查询最新信息。

(二)围绕媒体融合发展,建章立制与优化流程

在宣传管理方面,金山区融媒体中心不断建立健全适应融合发展的运行、生产、管理、考核、激励等工作机制,形成中心层面各类规章制度50多项。比如,在全媒体生产体系建设层面,确立了以新媒体为核心的一体化发展机制,实现了内容、技术、传播渠道的高度共享;在内部考评奖惩层面,建立了好作品月度评优机制、全媒体内容评议机制及刊播差错追究机制;在人才培养培育层面,在中心的推动下,金山区出台了全市首个专门针对新闻传媒人才队伍建设的工作办法,进一步促进宣传管理的提质增效。中心充分发挥编委会把导向方向、议采编大事、统刊播全局的作用,从策划选题、采编制作、刊播推发等环节严格审查,突出主题宣传,注重正面报道,形成舆论声势;坚持报、台、端、微一体策划,努力实现规定动作整齐划一、自选动作各尽其能;全面对接上海市区级融媒体统一技术平台,调整原有的业务生产系统,对内容生产、审核、分发的全媒体新闻生产流程做出重点完善,实现了新闻选题策划和采访调度的统一管理;"上海金山"APP后台与市级平台的报道库、图片集、视音频实现互通。

在融合生产方面,中心健全完善全媒体采编"1+4"生产流程,完成了融媒体架构新闻网技术平台的升级,打通了电视新闻编播、报纸审核签发和数字报发布等流程。中心调整优化选题报送制度,建立刊播端口与新闻采集中心定期沟通机制,有效地解决了新媒体供稿不足、采用脱节等问题;健全完善新闻作品评优机制,将新媒体作品、通讯员作品纳入月度好作品评选;建立网络直播项目的统筹协调机制,不断提高网络直播现场管理水平和应急处置能力。

在通联协作方面,中心与上级媒体和区外头部平台加强联系与协作,努力扩大金山新闻的版图。目前,"i金山""上海金山"已经入驻"学习强国"金山融媒号、"三农头条"、人民网、今日头条、网易新闻、企鹅号、百家号、澎湃号、上观9大媒体平台,总阅读量破亿人次,同时,与"三农头条"、021视频等建立了密

切联系,月均发稿量约 2 600 条,部分优质内容经区外媒体平台的二次创作,在主页、头条等显著位置呈现,扩大了金山经验、金山故事的传播范围和传播力度。在 2022 年"大上海保卫战"期间,中心参与上级媒体直播连线近 20 场次,提供或配合上级媒体采制电视新闻 200 余条,在人民网、上观新闻、澎湃新闻等各大平台推送新闻信息近 9 000 篇。中心重视通讯员队伍建设,召开通联例会,编发《通联简报》,延伸新闻触角。

近年来,中心原创的一批主题突出、特色鲜明、有温度有热度的新闻作品被中央、市级主流媒体录用。2022 年,区外主流媒体刊发正面宣传金山的报道 1 971 篇,其中,中央媒体 294 篇,上海媒体 1 677 篇;2023 年,区外主流媒体刊发正面宣传金山的报道 2 102 篇,其中,中央媒体 201 篇、上海媒体 1 901 篇。在"大上海保卫战"期间,"i 金山"微信公众号坚持顶格推送,每日 3 发,每发 8 条,通过及时发布权威信息、温情讲述暖心故事、及时回应后台留言等举措增粉近 10 万人,凸显出较强的引导力。2023 年 3 月,"i 金山"微信公众号又自加压力,变一日 3 发为一日 6 发,发布时间从早 8:00 到晚 11:00,每天发送信息多达 21 条以上,进一步确保重要信息的时效性和首发性。

秉持"移动优先"的原则,金山区融媒体中心加快主力军向主阵地挺进,网络主阵地建设初现成效。2022 年,"i 金山"获得中国农业电影电视中心"三农头条"评选的"融媒体之星"荣誉称号;同年,"i 金山"在"全国县级媒体微信号百强榜"上排名第 9 位,年度总阅读数排名第 4 位,3 次进入中国微信月榜 500 强,获得盖章认证。2023 年,"上海金山"获得人民日报新媒体部颁发的"乡村振兴传播基地"荣誉称号。2022 年和 2023 年,"上海金山"被评为上观优秀入驻账号。

(三)重视活动运营,提升平台的影响力

结合元旦、春节、中秋节、国庆节等节日,围绕区委区府的重点工作、重大活动等,金山区融媒体中心通过全平台协作的方式,推出了"走进党代会""小朱跑'两会'"等 H5 互动,策划组织了"新年第一缕阳光"摄影大赛、上海湾区"月圆映中秋"摄影大赛、年俗知识线上答题等活动;推出"学习市第十二次党代会精神"积分答题活动、国家宪法日答题活动、全民国防教育日线上答题活动、金山市民看金山线上活动等,其中,"学习市第十二次党代会精神"积分答题活动累计参与答题 2.5 万人次。同时,中心注重加强与区内各单位、部门的合作,推出特色服务,打造具有针对性的主题活动,比如,连续 3 年与区绿化市容局联合策划举办植树节线上活动,目前已成为"上海金山"APP 的品牌活动之一。2022—2023 年,"上海金山"APP 总计完成线上活动超 100 场,累计参与活动人次超 200 万。"大上海保卫战"期间,"上海金山"APP 开设"居家抗疫文体集锦"专题,配合推出了居民抗疫作品的征集活动,全程参与人数超过 8.1 万人,共收到居民、组织投稿累计 853 件。期间还设计推出了"金山农民画抗疫作品专题云展""六一师生作品云展览"两个 H5 展示活动。

自 2021 年 12 月起,中心通过"i 金山"视频号开启网络直播,截至 2023 年年底共直播超过 300 场,其中,与金山本地企业、本土品牌合作进行"金选优品"带货直播,推出"金山百果节""大闸蟹开捕节"等特色直播活动,累计观看人数 2 300 万人。在"大上海保卫战"封闭管理期间,中心每日在"i 金山"视频号进行发布会直播、城市慢直播、云赏花直播等,平均每日观看人数超过 20 万人次,单日累计最高观看人数达 73.6 万人次,单场最高实时在线人数达 6 838 人次。

三、全媒体服务应用实践

在全媒体服务应用方面,金山区融媒体中心以政务服务为重点发力领域,发挥媒体的优势,融入城乡社会治理的多个面向,加强媒体监督,优化便民服务形式,进行了一系列探索尝试。

(一)优化政务平台功能,加强媒体监督

金山区融媒体中心牢固树立人民至上的理念,主动融入城乡社会治理,通过新闻监督助推群众急难愁盼问题的解决。中心公布了媒体监督热线(67961048),在"上海金山"APP、"i 金山"等平台开设了"意见建议"征集板块,并在区委宣传部牵头下初步成立了由区委督查室、网信办、信访办、城运中心、融媒体中心等单位(部门)组成的人民建议处置工作专班,形成了意见建议征集、转交、受理、处置、答复的工作闭环。该工作专班在"大上海保卫战"中发挥了突出作用,受到了市民的极大关注。此外,中心还实现了《观众中来》栏目的

固定化播出，对环境整治、社会治理等方面存在的问题进行曝光监督，促进问题的有效解决（见图 15.2）。

图 15.2　2024 年 3 月 21 日，金山区融媒体中心记者现场核实群众反映情况

疫情期间，中心依托"上海金山"APP、"i 金山"视频号等平台，畅通收集群众意见建议的渠道，强化媒体监督，持续做好"我为群众办实事"服务。2022 年 3 月，"上海金山"APP 首页"湾区特色"板块开设"疫情防控"专栏，并在"i 金山"微信公众号添加专题入口，开通"意见征集"，公开征集居民对疫情防控工作的意见建议，与区委网信办、区信访办等部门建立起意见建议征集、转交、处置、反馈和媒体监督工作机制，形成工作闭环，累计转交处理意见、诉求 1 000 余件。4 月 1 日—5 月 22 日，平台征集相关意见、诉求 684 件，经过整理提交、信访途径及时协调及疏导解释，群众诉求及人民建议得到有效解决和采纳，解决（采纳）率达到 97.7%。

（二）拓宽服务类型，打通服务群众、引导群众的"最后一公里"

金山区融媒体中心重视基层服务功能的发挥，紧贴区委区政府的中心工作、职能部门的重点工作及百姓的生产生活需求，以"i 金山"视频号为主平台，以"金选优品"为品牌，着力提供"鑫直播"媒体服务。中心正式发布了"上海金山"APP2.0版本,增设了"慢直播""市民互动"等专栏,推进适老化和无障碍改造,推出了形式多样的线上活动;密切与基层单位的沟通联系,与各街镇、高新区社区首次联合开展了"喜迎二十大——非凡十年·金山行"全媒大型新闻行动,打通了服务群众、引导群众的"最后一公里"。

围绕就业创业,中心与金山区总工会等部门合作推出"会聘上海·鑫工助业"直播招聘系列活动,策划组织专场招聘共计11场。为配合高校毕业季求职的需求,中心策划组织了"2022年金山区高校毕业生网络直播招聘会""'雁归金山·职在湾区'2022年金山区高校毕业生就业创业主题日"等活动,切实做好服务工作。

此外,"上海金山"APP还积极开拓社区信息枢纽功能,与区委办局合作开设"金机报晓""金山区发改委""金山教育""文旅金山"等融媒矩阵号,并开设"文明实践""金山女性""文化配送""退役军人事务"等专用频道,不断完善综合服务的平台功能,接入"一网通办"金山旗舰店和第三方活动平台,推出连续签到、积分抽奖、有奖征集、湾区特色等活动,充分运用好积分商城促进APP下载安装量和用户活跃度的不断提升。

2022年"大上海保卫战"期间,中心在做好蔬菜保供、配药新解、云上祭扫等便民服务信息发布的同时,每日梳理汇总"i金山"微信公众号、"上海金山"APP、"金山传播"微博、金山区疫情防控问题建议征集澎湃数据专报等多个平台的网友留言,会同区委网信办积极回应、稳妥回复,做好信息服务和舆论引导工作,该做法得到了上观新闻、澎湃新闻等市级平台的宣传推广。

四、创新探索"金山特色":加强媒体舆论监督,优化宣传评议机制

金山区融媒体中心在媒体深度融合转型的过程中,不断加强媒体舆论监督能力,强化政务服务能力,在评议机制优化和绩效晋升激励等方面进行了有针对性和成效性的创新探索。

(一)用好媒体舆论监督利器

金山区融媒体中心积极创建媒体监督工作机制,探索人民建议征集、转

交、处置、反馈工作的闭环,并通过《观众中来》等节目加大对群众反映的社会治理、环境整治、疫情防控、安全生产等领域存在的突出问题的曝光力度,促进问题的有效解决。

中心完善了《关于进一步加强新闻舆论监督工作方案》《"观众中来"栏目方案》,制定了工作流程表,并在"上海金山"APP开设了"观众中来·问吧"板块(见图15.3),设置了市民反映意见建议的渠道;在《金山报》《金视新闻》、"i金山"微信公众号等端口公布了媒体监督热线(67961048)和提交建议的二维码,使群众反映问题的渠道更加多元。此外,栏目主动加强与12345市民服务热线的协调对接,第一时间流转、处置人民群众的意见建议,反馈至相关职能部门进行情况回复,形成了人民意见建议征集、转交、处置、反馈的工作闭环。以2023年为例,4月26日"上海金山"APP上线"问吧"板块,至当年年底,共收集居民提问301条,完成处理278条。

图15.3 观众中来·问吧二维码

2022年,为了增强媒体监督节目的曝光度,中心调整了《观众中来》的播出频次和形式:在每周一、三、五晚上的《金视新闻》中开设"记者在现场"和"记者回访"板块,重点开展监督报道和回访报道;在每周六晚上的《金视新闻》中开设"记者观察"板块,对一些治理问题和社会现象进行透视报道。与此同时,在《金山报》、"i金山"微信公众号、"上海金山"APP推文中予以同步报道,形成集束监督效应。2022年,《观众中来》栏目共播出涉及环境治理、矛盾纠纷、社区管理漏洞等方面的曝光类报道178条,其中,有176个曝光问题已经得到妥善解决,取得了良好的监督效果。2023年,《观众中来》栏目共播出310期,曝光解决群众反映的问题108个,真正做到"为百姓说话",让相关部门"红脸出汗"。

在2022年"大上海保卫战"期间,为了传递疫情实时信息,方便网友反映问题,中心及时调整部署,在新媒体端专门开设三个意见征集入口:在"疫情防控"板块,可随时查看疫情防控新闻,了解最新资讯和政策;在"核酸慧眼"板块,采用慢直播的形式,提供常态化核酸采样点的实时动态更新;在"最新回复"板块,收集汇总网友的问题,并予以答复。中心新媒体编辑每日对"i金山"微信公众号、"上海金山"APP、"金山传播"微博等新媒体端网友留言进行多轮梳理汇总,交由区委网信办处置,如遇紧急求助,则随时对接联系。通过与区委网信办、信访办的及时对接,群众诉求及人民建议得到有效解决和采纳,解决(采纳)率达到97.7%。2022年,"i金山"微信公众号单条微信留言最高达到1 000多条,日留言量最多突破2 600条。截至目前,《观众中来》栏目已成为金山区新闻舆论监督的品牌栏目,为主流媒体参与社会治理开辟了一条新路径,更好地维护和增强了政府的公信力,体现了"人民城市人民建、人民城市为人民"的理念,取得了良好的社会效益。

(二)重视宣传功能,以月度好稿评选提质增效

为了大力推进新闻精品建设,金山区融媒体中心在内部推行月度好作品评选,并把好作品评选与新闻人员的业务职称晋升和年度绩效考评相结合,不断修订和完善《中心月度(季度)好作品评选办法》,通过建立风向标、用好指挥棒的方式,在全中心牢固树立精品意识和创优意识。

根据评优办法,所有记者和编辑每月可在对应的项目中申报好作品,全媒体记者可在报纸、广播电视、新媒体的三类稿件中选择两类各报一篇(条),鼓励媒体稿件参评的积极性。编委会成员分成3个评选小组,分别对报纸、新媒体、广播电视申报的作品进行评选。对评选出的好作品,评选小组给出评选意见并在全员群进行公示,让申报者知其优也知其所以优,供其他员工进行经验学习。

为了强化月度评议结果,中心每季度组织一次综合评议会,要求所有业务一线人员参加,每个编委会评选小组选派点评员,就日常评选中发现的问题尤其是一些长期存在的问题进行现场剖析、点评,肯定优秀、点名不足,引领今后的业务方向优化和质量提升。

在制定月度评优办法时,中心明确:在新闻人员的业务职称晋升和年度绩效考评中加大月评的权重,业务强要体现在平时和基础工作中,将业务能力是否达标、日常表现是否优秀作为单位内部评定初、中级职称时的重要依据。

例如,评优办法中规定:"凡年度内四次以上(含四次)获得好作品一等奖,可作为年度优秀员工和岗位首席推荐人选(须符合中心其他相关规定要求),而年度内未获任何奖励者,年底扣罚绩效20%",让月度评优的重要性在业务人员心中扎根,引发其对日常产出质量的重视,潜移默化地提升融媒体生产内容的质量。

2019年,在内部评优实践的基础上,中心扩大月度评优的覆盖面,将这一举措推广至对街镇、高新区通讯员的考评,通讯员每月可申报一个见诸融媒体中心各端的好作品,由新闻采集中心通联主管收集和整理申报稿件,并报至各评选小组。这一举措推行后,极大地调动了通讯员生产好作品、申报好作品的积极性,部分通讯员的好作品申报数量甚至超越记者,高分作品频频出现,倒逼融媒体专业记者的上进心和专业性。通过内外并举的考评办法,中心编辑和记者与基层通讯员相互激励:在区"金闻奖"评选中,中心好作品申报质量明显提升,多篇新闻报道在上海广播电视奖(地区)、市"走转改"优秀作品评奖、上海科技新闻奖评选中斩获佳绩。

(三) 建立全媒体评议机制

金山区融媒体中心建立了全媒体生产内容评议员队伍,加强外部对全媒体生产内容的监督和审视。外部评议工作机制与内部月度评优相得益彰,一起形成促进全媒体内容生产提质增效的强大合力。全媒体评议员队伍的成员大多是具有媒体工作或宣传工作经历的专业人士,还有一部分来自社会自媒体,具备较高的政治理论素养和专业知识水平,有较强的政治鉴别力和政治敏锐性,熟悉媒体宣传报道业务,能够及时关注中心全媒体生产内容。除了评议员工作群中的即时评议,中心还收到涉及融媒体各端口内容主题、标题立意和编辑排版等方面的专业评议意见300余篇,不仅帮助记者和编辑提升专业性,还对中心新闻作品质效的提高起到较好的监督作用。

为了管理好这支评议员队伍,中心制定出台了《全媒体内容评议工作办法》,对工作方法和流程进行了规定:中心原则上每年召开一次评议员工作会议,分析评议工作中存在的问题,研究新的评议手段和方法;中心要及时汇总评议员对全媒体生产内容的意见,相关各端责任人要在3个工作日内对评议意见作出整改或解释性书面反馈;中心将对工作积极、富有成效的优秀全媒体内容评议员进行奖励等。同时,由中心总编室牵头成立评议员工作群,为喜欢"马上评"的评议员提供平台,也为评议员与中心业务层的日常联络提供平台。《全媒体内容评议工作办法》的制定实施和工作群的建立,让评议员队伍管理有章可循,激发了评议员的积极性和活跃度,保证了每月评议意见的按时集结下发。中心业务层也普遍认可评议工作的必要性,形成编评往来、促进生产的良性互动关系。

(四)践行"短视频""短音频"战略,以"直播+"助力乡村振兴

为顺应媒体融合发展的趋势,金山区融媒体中心于 2021 年 9 月正式组建了视音频创作中心,以"传播正能量、讲好金山故事"为宗旨,创作推出了一批以《主播说金山》《看转型塑形　赞金山如画》《湾区智造》《上海湾区奋进者》《文明实践之星》等系列品牌节目为代表的短视频作品,形成了较强的社会影响力。其中,以集中展现金山本地典型人物的良好精神风貌和先进事迹为旨归的《上海湾区奋进者》系列短视频,目前拍摄播出 60 多个人物故事,累计播放量达 120 多万次,许多典型人物在接受采访拍摄后,荣获了国家级、市级的荣誉,例如,丝毯大师程美华荣获了 2023 年感动上海十大人物,捐献毕生积蓄的好人苑志强入围 2023 年第一季度中国好人榜"助人为乐"候选人,传播了正能量。短视频《80 岁活雷锋:走街串巷为邻里》荣获 2022 年上海广电奖(地区奖)一等奖,媒体融媒作品《不靠谱乐队》获得 2021 年上海广电奖(地区奖)二等奖,微电影《我的"团长"我的"团"》荣获上海电视艺术家协会 2022 华东地区暨全国部分省市微视频(微电影)作品大赛优秀作品奖。

此外,金山区融媒体中心实施了"短音频"战略,充分激发传统媒体广播的新活力。一方面,在阿基米德、喜马拉雅、蜻蜓三个音频平台上开设了金山广播账号以及主持人账号,分别进行节目推广,拓展金山广播节目的收听渠道;另一方面,强化内容形态转化,《1051 惠生活》《1051 会客厅》《金山故事会》等自办节目在广播频率首播后,加工剪辑成短音频,重新在 3 个音频平台上载播出,拓展了节目的播出覆盖面,取得了较为理想的传播效果。比如,12 期读书类节目《读史记品人生》被剪辑成 91 个短音频后,在 3 个音频平台上的点击量合计达到 138.98 万次;《1051 会客厅》围绕建党 100 周年主题推出的 8 期系列访谈节目,在阿基米德平台获得 231.5 万次的点击量。鉴于金山广播上载、回

播形成的短音频资源的丰富性,2021年,阿基米德运营部门主动对金山广播旗下短音频资源重新分门别类,设立了家庭教育、美丽生活、情感话题、生活普法等30个专题,这在各区县融媒体中心中尚属首家。

金山区融媒体中心还积极探索"新闻＋商务"的新模式,以"直播＋"助力乡村振兴战略,更好地服务地域居民。中心重视宣传本地企业,推广特色产品。一方面,直播团队积极对接区内诸多果蔬专业合作社和花卉基地并达成合作,将直播间搭到乡间田头,走进农业大棚、田头超市,通过直播这种新颖的形式让市民近距离地感受金山瓜果、蔬菜的品质,了解现代农业种植技术,改变部分居民对农业种植的刻板印象。2022年6月,直播团队和区农委合作在香颂湾小广场举办了"缤纷百果节",不仅设置了让市民现场品鉴的线下"夜市",还邀请各合作社负责人走进直播间进行现场推介,全方位地推广金山的名优蔬果,获得了居民的认可(见图15.4)。

扫一扫,观看视频

图15.4　金山区缤纷百果节暨"浓情蜜意,湾区优选"金山夜市活动

另一方面,中心直播团队与丁义兴、金财鱼、叶聚兴、妙可蓝多、猪猪家等金山本地知名企业建立了良好的合作关系,策划推出了多场直播活动。比如,根据企业的主推产品,适当结合时令节气、重要节日等,推出"妇女节""端午节""年货节"等专场直播活动,例如,在清明节前后推出丁义兴青团、在端午节前后推出叶聚兴肉粽等,吸引了大量粉丝关注本地企业及特色产品。2022—2023年,直播团队在"上海金山"APP、"i金山"视频号等网络直播平台上,与金山本地企业、本土品牌合作开展"金选优品"带货类直播60余场,营业额超过60万元。同时,中心积极开展合作对接,助力消费帮扶。直播团队与金山区消费扶贫创新基地、区内龙头农企强丰集团等合作,策划开展了多场直播活动,涉及云南、贵州、安徽等多个省市的农副产品,切实助力消费帮扶。其中,

2022年"消费帮扶月—山海之缘"消费帮扶专场,介绍推广金山区对口帮扶的云南省普洱市的墨山猪腊肉、小花糯玉米、普洱茶、墨江紫米、黑毛猪肉等几十种产品,主播在直播过程中与云南水之灵古茶庄园连线,由基地负责人现场介绍茶树的生长环境和茶饼生产过程,让市民直观地感受云南当地优美的生态环境,提升购买热情。该场直播累计观看人数近万人,直接销售额超12万元,是直播带货开展以来单场营业额最高的一场直播。此外,中心践行社会责任,参与食品保供,服务广大群众。在"大上海保卫战"期间,直播团队利用之前与合作商户、合作社等建立的良好合作关系,积极筹措货品资源,上架蔬果套餐、平价日用品等,在当时物资流通不畅的情况下,努力为金山居民做好生活保障服务。例如,中心经与上海根林果蔬种植专业合作社对接,为隔离在家的居民捐赠1.5吨菠菜,1 500份免费菠菜在"爱小鑫"小店一上架便被抢空,合作社立即安排人员加快采收,并通过专业的冷链车配送至小区,得到了区内居民的普遍好评。

第十六章

松江区融媒体中心建设运营报告

一、松江区融媒体中心简介

上海市松江区融媒体中心（松江报社、上海市松江区广播电视台、松江区新闻宣传服务中心）是区属公益一类事业单位（见图 16.1）。2017 年 6 月 26 日，松江报社、松江区广播电视台和松江区新闻宣传综合服务中心合并，成

图 16.1　松江区融媒体中心指挥中心

立松江区新闻传媒中心。2019 年 5 月 6 日,松江区新闻传媒中心更名为松江区融媒体中心,为中宣部县级融媒体中心建设示范联系点。2019 年 6 月 28 日,松江区融媒体中心正式挂牌成立。中心下设党群办、行政办、总编办、编辑部、采访部、节目部、市场运营部、公共关系部、视觉创作部、技术保障部和网络运维部。中心共 14 层,总面积 2.16 万平方米,拥有一座 158 米高的广播电视发射塔。

二、松江区融媒体中心运营情况

(一) 技术赋能,融合传播

为推动媒体融合向纵深发展,打造有效的全媒体传播体系,中心依托东方网开发建设"茸采编"系统,打通"策—采—编—发"流程,所有稿件实现一次采集、多平台发布,大大提高新闻产品的制作效率。中心探索客户端运营服务数据本地化存储、分析等工作,建设本地媒资库,为中心建成自主可控的新媒体资源管理平台打下基础。同时,中心尝试应用 AI 主播进行播报等更多智能化技术手段,提升新闻产品的生产效率和质量。

2023 年,"松江新闻传媒中心全媒体中央厨房系统"信息化项目经上海市电影电视技术学会专家鉴定后,认为具有较强的实用性和技术创新性,建设成果非常具有标杆意义,探索解决了区县媒体发展道路上的痛点难点,使松江区融媒体中心能够为全国其他县级媒体机构转型提供有益的经验和启示,具有较强的推广价值,总体技术达到了国内领先水平。该项目获评上海市文化和旅游局科学技术进步奖三等奖。

融媒体中心要在激烈的竞争中有更大作为,就要用好融媒体中心报纸、广播、电视、网络形态多样的特点。中心在内容生产上明确的导向是:能融合传播的选题优先。其中,可视化广播就是松江融媒融合传播的一个典型案例。2020 年 6 月开始的夏令热线采用可视化广播直播形式,打破广播节目只可收听的局限,实现广播节目可听、可视、可互动,并由直播节目衍生出报纸专版、电视专题以及微信、抖音、客户端等平台的新闻内容,收听、收看人次连创新高,打造了融合传播的成功案例,荣获 2022"长三角广播电视媒体融合优秀案例成长项目"。

（二）深化制度改革，激发新闻生产力

2020 年 8 月，为进一步激发员工活力，区融媒体中心探索派遣人员企业化用工模式。2017 年，成立上海之根文化传媒有限公司，是全市各区最早一批组建国资公司的单位，开始探索区级融媒体中心的市场化、企业化运营。2020 年 8 月，成立上海帜峰视觉艺术传播有限公司。2020 年 12 月，派遣用工共 92 人整体转至国企。

为了理顺上海帜峰视觉艺术传播有限公司的隶属关系，稳定国企人员队伍，激发国企运营活力，盘活资源，2022 年，在区委宣传部、区国资委、区财政局等部门的指导下，制定帜峰公司"三定"方案，给中心国企员工晋升通道搭建基础。同时，区委宣传部进一步理顺区新闻办、区融媒体中心和帜峰公司三者之间的关系，为进一步稳定人才队伍、解决人才后顾之忧、激发工作积极性提供了机制保障。

针对长期困扰中心的职称满额问题，中心积极与区人社局协调，调整优化职称结构比例，通过前期调查摸底，摸清管理岗位、技术岗位的基本情况，出台《松江区融媒体中心职称聘期考核管理办法（试行）》，通过外聘专家评定，结合日常工作表现，对全中心的专技人员进行聘期考核，打破职称只进不出、只上不下的问题，让优秀人才能够脱颖而出，让事业、国企两种身份的员工都迸发出旺盛的作为意识和创作热情，进一步解放和激发新闻生产力。

（三）打造新闻精品，有效引导舆论

中心围绕党的二十大、建党百年、主题教育、长三角 G60 科创走廊、松江新城建设、"进博会"松江时刻、区"两会"、党代会、抗击新冠肺炎疫情、脱贫攻坚等重大主题，精心策划，推出一系列专栏、专题、专版报道，持续发挥主流媒体舆论引导的"稳定器"和"压舱石"作用。

2020—2023 年，中心在人民日报、新华社、中央广播电视总台、解放日报、文汇报、新民晚报、"上海发布"等央级、省市级媒体发稿近 3 000 条。新闻作品《20 斤重大米他为军民运送了 700 多包》等 4 条报道登上"新华社全媒＋"，在腾讯、搜狐、百度等各大新闻网站首页推荐，阅读量超过 1 亿人次，新华社总社推广松江区融媒体中心的做法，4 条有关松江疫情防控和复工复产的新闻被央视和新华社国际频道采用，向全世界传播。中心还不断加快媒体融合发展的步伐，创新新闻宣传的传播手段，立足于松江"科创、人文、生态"三大发展维

度,用短而精的视频形式报道松江故事,反映松江经济社会发展的实际情况。

中心"一报两台""两微一端"各平台在重要时段、重要版面发布舆论监督报道,以图文、电视、短视频等全媒体形式推出,充分发挥融媒体中心"听民声、解民忧、暖民心"的作用。"上海松江"微信公众号、"上海松江发布"微博以及"上海松江"客户端充分发挥新媒体及时性和互动性强的优势,及时发布舆论监督报道,以权威准确的信息引导舆论,推动重点工作的开展,加快群众急难愁盼问题的解决;《松江报》开设民声民情专版,并在第3版的醒目位置刊登热线电话,在民声民情专版设"舆论监督""民生回音壁""答疑解惑""人民建议"等栏目,每周五刊发;《松江新闻》发布舆论监督类电视新闻,内容涵盖老旧小区加梯、无障碍设施改造、旧改工作、文明养犬、车辆规范停放等。2023年,"上海松江"客户端完成新版升级,"互动—我要报料"推出全新页面,留言板块的视觉更直观、操作更便捷,记者通过该板块内容进行"一对一"回复,推动问题解决,对于民意反映集中的问题,推出相关报道。

2020年年初,中心记者奋战一线,推出抗击新冠肺炎疫情等主题报道,通过"上海松江""两微一端"政务新媒体平台发布疫情相关报道13 644条,制作推送短视频1 066条,移动端的总阅读量达2.96亿次。2022年上半年,在"大上海保卫战"中,中心恪守"人民至上,生命至上",各发布平台持续开展疫情防控相关报道,《松江报》共刊发疫情相关信息962条;松江电视台的《松江新闻》《云间播报》两档新闻节目每天涉疫报道占比超90%;可视化广播的《直播松江》栏目策划"众志成城、抗击疫情"系列直播42期;"上海松江"客户端、微信公众号、微博号等累计发布疫情防控报道和科普宣传8 000余条。

2023年是长三角一体化发展上升为国家战略五周年,也是松江提出"G60上海松江科创走廊"建设七周年。围绕"策源、路径、奇迹、魅力、效应、引领、向往"七个关键词,《松江报》头版头条刊发《长三角G60科创走廊建设七周年系列综述》(共7篇),微信、微博、客户端、电视同步推送、报道,生动地展现"长三角G60科创走廊"建设取得的丰硕成果(见图16.2),文章被《人民日报》《解放日报》等央级和市级主流媒体转载。在第六届"进博会"上,2023"长三角G60科创走廊"高质量发展要素对接大会如期而至,当天的《松江报》推出8个版面,全方位、全景式、全角度地呈现本次大会。"上海松江"微信公众号在大会当天推送7波33条微信,大大提高了大会的传播力和影响力。"进博会"期间,中心共采制图文、电视、短视频等新闻产品 50 余条,充分展现了"长三角 G60 科创走廊"的澎湃活力与十足韧性。

图 16.2　长三角 G60 科创走廊建设七周年系列综述(一)

三、全媒体服务应用实践

(一) 坚持"移动优先",整合全网平台

中心着力探索立体多样、形态多元、融合传播的现代传播格局,形成以《松江报》、松江人民广播电台、松江电视台、"上海松江"客户端四个自有平台为主的传播矩阵,并以"上海松江"的统一名称,相继在微信、微博、人民日报、央视频、上观新闻、澎湃新闻、抖音、快手、今日头条、腾讯企鹅、腾讯微视、优酷等平台开设账号,形成超地域的移动传播格局。其中,《松江报》发行量 4.7 万份;"上海松江"融媒体客户端全网累计下载量超过 210 万次,总装机量 106 万次,位居全市第一,区域人口覆盖率超 50%,总注册用户 94 万,位居全市第二,用户日活率位于全市前列;"上海松江"微信公众号的粉丝数达 70.9 万。中心在内容的分发上严格推行移动优先的发展战略,不断优化策、采、编、发、评流程和机制,重点围绕互联网进行内容生产、分发和产品设计,初步实现区域新闻资讯的主阵地、政务信息的主平台、市民服务的总入口建设目标。

(二) 创新管理机制,优化采编流程

中心将原来的报纸部、电视部、广播部、新媒体部等内设机构改组优化,不再按平台设置部门,而是按内容生产发布保障的流程设置部门,通过机构重构、机制重建、流程再造、队伍重组等工作,将过去的"你中有我,我中有你"推进到"你就是我,我就是你"。中心把原先分散在报纸、电视、新媒体的采访力量全部集中到采访部,实现一站式采集。在此基础上,中心依托"茸采编"系统

和指挥中心,组建编辑部、节目部,通过每日编辑例会等,在编委会的统筹下,现场办公、现场协调、现场指挥、现场调度、现场决策,实现"策—采—编—发—评"的全流程再造和一体化指挥。这不仅解决了过去分平台采访内容重复、形式不融、效率低下等问题,也为精准传播提供机制保障和决策支撑。

中心成立伊始,就组建"松小萌""松小珑"两个融媒体工作室,对好的题材或者重大任务采取项目制的办法,由一人牵头,选配中心其他人员参加制作,在考核中采取拓展奖的方式予以激励。2022年,中心在总结以往经验的基础上,将融媒体工作室升级为一个专门创新创优的部门,专设视觉创作部,抓住内容可视化、短视频爆发式增长和影响力增大的风口,组建专门部门,在生产优质短视频上进一步发力,培养锻造出一支善于创新、擅长运用视听语言讲故事的全媒体人才队伍,为宣传好中国故事、松江故事做足准备。

视觉创作部自主策划摄制《守艺松江》《何以文化自信自强,听你说》《兔年尝兔味》《乡旅松江》《守物松江》等成系列、成体系的原创视频作品70多部,并以视频内容为核心,形成60多件融媒体文图视产品供各平台播出,大部分产品达到被国家、省市级平台采用的标准。《乡旅松江丨石湖荡镇东夏村》获评第十七届小康电视节目工程年度优秀短视频好作品奖(见图16.3);《守物松江》系列微视频获评国家文物局2023年度文物好新闻;《守艺松江》系列荣获2023年上海市电视艺术家协会组织的短视频大赛唯一一个最佳系列奖和社会竞赛单元二等奖,并摘得最佳组织奖;《乡旅松江》作为松江典型案例报送了国家广电总局征集的"智慧广电服务乡村振兴典型案例"(见图16.4)。

图 16.3　《乡旅松江丨石湖荡镇东夏村》

(三)开展特色政务服务,搭建政民连心桥

1. 打造三级信息服务体系

中心制定并实施《关于建立松江区融媒体中心、分中心及服务点实施方

图 16.4　《乡旅松江》系列采访、拍摄

案》,推进分中心及服务点建设。在具体操作中,中心制定《松江区融媒体中心通讯员队伍管理及稿件录用考核办法》,发挥分中心、工作站的作用,扩大传播矩阵。在已建成的 64 家分中心、工作站中,区融媒体中心领导、中层干部、条线记者和各镇分管宣传的领导、科室负责人及宣传骨干组建微信工作群,联动区内各单位形成强大的工作合力,解决服务基层不到位等问题,形成"中心—分中心/工作站—服务点"的三级信息服务体系。体系实现部分街道、镇分中心、委局工作站的实体化运行,分中心做到有场所、有常驻人员、有服务项目,能够和中心共享一个网络平台,实现信息互动,服务项目联动。

2. 搭建政民沟通新平台

中心在广播节目直播方面持续发力,2020 年 6 月 29 日—7 月 16 日,推出全市各区融媒体中心首个广播可视化直播系列民生访谈栏目——《提升城市品质,听民意·集民智 2020 主任、镇长访谈》,邀请 18 个街镇园区的行政主要领导走入直播间,现场回应市民呼声,市民参与热情高涨,互动达到 20 余万次,解决问题 200 余个。广播视频化的松江实践受到市委宣传部、市文旅局领导的肯定。

2022 年,以"建设人民向往的松江新城"为主题的《夏令热线》特别节目邀请全区 18 位街镇(经开区)主任、镇长做客广播可视化直播间,现场解决市民在夏令期间的急难愁盼问题。此档节目共有 16 万余人次通过"上海松江"客户端收看直播,收到市民多渠道反映的问题 414 件,网友留言 1 万余条,点赞量近 20 万次,达到很好的传播效果。节目荣获 2022 长三角广播电视媒体融合优秀案例成长项目、第三十二届上海新闻奖专门类三等奖。

2023 年 7 月 17 日—8 月 9 日,中心开展以"真抓实干大兴调查研究"为主题的 2023 年度夏令热线全媒体访谈。邀请各街镇(经开区)主任、镇长走进直播间,倾听市民对民生建设、社区治理工作的意见建议,解决市民的急难愁盼问题,邀请市民共同参与访谈,及时反馈、传递、落实人民建议。市民积极通过拨打热线电话或者参与互动渠道,主动反映问题、提供线索、建言献策。夏令热线期间,共接到市民反映问题 484 件,7.26 万人次观看客户端直播,网友留言 1 501 条,点赞数逾 14.38 万次。夏令热线设置"云间书房百姓声音""现场探访""回头看"等板块,按照"一次采集、多元生成、全网发布"的要求,积极运用视频、图片、文字、音视频直播、海报等多种表现形式,创新融合传播形式。

在松江区广播电视台综合频率、"上海松江"客户端直播的基础上衍生出《松江报》专版、松江区广播电视台综合频道专题,以及"上海松江"微信公众号、微博、客户端,还有抖音、微视、快手、央视频等十多个短视频平台官方账号的新闻内容,实现全屏覆盖、全网传播,让"人民城市人民建,人民城市为人民"的理念深入人心。

(四) 提供特色生活服务,增强用户黏性

1. 提升内容质量,增加服务入口

在 2020 年抗击新冠肺炎疫情期间,中心主动协调区有关职能部门,及时在客户端推出"口罩预约""听民意、集民智"意见征集窗口。在上海"五五购物节"期间,推出松江九大景区预约信息聚合平台窗口,与区经委、区司法局等合作,推出"五五购物节、小松摇大奖"消费抽奖活动等。2020 年 10 月,推出"盛世华诞、家乡巨变,有你也有礼"网络升旗活动,吸引 30 余万人次参与。在2021 年疫苗接种工作中,客户端开设抗击疫情等相关报道及防控知识板块,联合分中心、工作站招募社会志愿者,在区镇两级疫苗接种点现场推广客户端,得到市民的积极响应。2021 年 3 月,结合建党百年主题,客户端新增"微心愿""志愿者""云缴费""云预约""云办事"等服务入口。在 2022 年助力打赢"大上海保卫战"的疫情防控相关报道工作中,"上海松江"客户端累计发布疫情防控报道和科普宣传 2 350 余条,总阅读量 2 595.6 万次。"让党旗在抗疫一线高高飘扬""我的战疫日记"等新闻专题,记录下松江战"疫"中的难忘瞬间;每日同步上线的上海市新冠肺炎疫情防控新闻发布会,还有"松江区新冠肺炎疫情防控工作问题建议征集平台""融媒上海抗疫专栏",将疫情防控相关信息和资讯打包集纳,方便用户了解最新的疫情资讯。

2. 关注健康科普,提供贴心服务

2023 年 3 月,市卫健委、市健促办第二轮"上海市健康科普品牌征集推选活动"结果揭晓,可视化广播直播节目《健康智慧屋》入选"健康科普培育品牌",松江区融媒体中心成为全市唯一上榜的区级融媒体中心。《健康智慧屋》是中心与区卫健委、爱卫办自 2019 年起联合推出的原创健康养生节目,已播出近千期,突出线上问诊,融合传播。节目由"午间巴士""名医来了""假的真不了"等栏目组成,以常见病为切入点,邀请专家结合节气、节日、医院特色、名

医成果展示等拟定话题并开展科普。在直播过程中,主持人与专家以访谈形式展开话题,并通过电话、留言平台等多种形式与市民实时互动,现场咨询。节目在松江广播电视台综合广播(FM100.9)、"上海松江"客户端、阿基米德等多平台同步直播,相关内容在"上海松江"微信公众号、《松江报》等多平台刊发,所有的访谈、相关视频都可以在客户端上回看。节目打造贴近群众的服务,增加健康科普服务的高质量供给,提升了居民健康素养水平和健康获得感、幸福感。

四、创新探索"松江特色":深度参与基层社会治理,打造全球传播实训基地

(一) 成立舆情小组,深度参与基层社会治理

舆论监督是新闻工作的重要使命。中心主动开展舆论监督工作,积极解民忧、办实事。2021 年,中心配齐配强采访力量,在采访部中挑选精兵强将成立舆情小组,承担区内各类新闻事件、突发事件的舆情监测和报道工作。

舆情小组通过收集"上海松江"客户端"互动—用户报料"栏目和"上海松江"微信公众号后台的留言、接听民生热线电话等方式,主动开展舆论监督工作;通过增配人手、设置 24 小时轮班制等方式,由专人及时回应市民的需求,及时与用户互动,时刻掌握舆情动态,成为联系群众的窗口和纽带;以"更快速、更精准、更高效"的原则联动区公安分局、区社治办、区应急管理局、区消防支队、各街镇等,对收集到的民情、民意进行研判,开展新闻跟踪报道;针对中心各平台刊播的稿件、节目进行后续跟踪,尤其是针对重大时间节点、重要新闻策划进行跟踪,及时掌握公众对热点报道的互动、评论、意见和建议,做到有呼声、有后续,读者关注度很高,有力地推动舆情化解。

舆情小组月均采写舆论监督类报道 5 篇,稿件常常登上"上海松江"客户端推荐页和"上海松江"微信公众号头条。小组成员每月回应"上海松江"微信公众号后台留言超百条,回复"互动"留言、接听热线电话 10 余次。

2021 年 7 月,舆情小组耗时半月跟进的广场舞噪声扰民问题得到区检察院公益检察部门的重视,并着手出台整治措施,解决一大民生关注的难点。困扰绿地·蔷薇九里居民三年的小区内部无移动信号问题也在报道后得到解

决;雨污分流工程在施工过程中给不少小区居民造成出行难,在跟踪报道后得到有效解决,区水务局相关领导更是直接公开热线电话,方便居民反映问题。2021年8月起,舆情小组开始关注小区漏水问题,其中,颐景园131户居民家中的墙体渗水问题在报道后得到区委书记的批示,问题统一解决;合生广富汇小区地下车库频繁积水,也在多番跟进后得到彻底修缮。舆情小组还策划多篇关于老旧小区停车的系列报道,推进多个小区完成停车改造工程,得到居民的致电感谢。

2023年,中心在报纸、广播、电视、微信、微博、客户端等平台累计发布舆论监督类新闻报道近70篇(图文报道50余篇、广播电视新闻播发近20条,新媒体阅读量累计近100万人次)。其中,系列报道《开工又搁置,形成臭水坑,松江这个小区的加装电梯"卡"在哪?》《群众的事无小事!佘山镇翠鑫苑小区"卡"住的加装电梯工程"动"了!》获评上海市"走转改"优秀作品二等奖、上观号第19期双月优质内容。

(二)探索商务实践,反哺新闻业务

市场运营部根据中心的要求,及时完善体制机制,深度思考当前经济环境下的"商务逻辑",秉持"需求＋服务＋共赢"的运营理念,全力打造中心IP的思路,为中心的运营创收创造良好的环境,增强中心的运营创收能力,为媒体融合和中心的高质量发展作出应有的贡献。

1. 积极拓展业务,力促经营发展

从视频号商业直播到"云商圈"卖房,再到各类视频业务的制作、街镇宣传培训班的开展,中心的多元经营涵盖多方面。

市场运营部针对旗下的18个分中心进行调研,并探索业务合作。2023年6月,中心与九里亭街道签署战略合作,并由帜峰公司签订相应的微信托管业务,中心选派成熟的记者和编辑,对九里亭街道的新闻报道、微信编辑予以赋能,并增开视频号,切实提高九里亭街道的整体宣传力量。

帜峰公司与车墩、洞泾、叶榭、石湖荡四镇合作开展宣传干部培训,通过邀请市媒资深的记者和编辑开展新闻理论及写作、舆情应对、新媒体制作、短视频制作、摄影等多方面的业务培训,受训人员为镇所属的各级信息员,真正地给培训人员带去专业的新闻知识,深受好评。

2. 开设"云商圈",增强造血功能

自 2021 年 2 月起,"上海松江"客户端开设"云商圈"栏目,以主持人带货的形式更好地服务群众需求,扩大主流舆论平台的影响力,成为"上海松江"客户端的招牌栏目之一。同时,通过举办粉丝见面会等活动,把解决群众的实际困难与提升主流舆论的阵地建设结合起来,取得良好的经济效益和社会效益。

2021—2022 年,中心举办松江农产品、松江文化旅游、仓桥水晶梨梨树认养、"百万粉丝有你"答谢专场等 18 场不同主题的"云商圈"直播带货节目,总观看量达 13.34 万人次,总点赞量达 105.33 余万次,总评论量有 4.34 万余条。商城共上架商品 178 件,其中包含长期展示的西双版纳对口帮扶助农产品,销售总额累计 34.39 万元。"云商圈"栏目围绕"公益、本土、创新",探索"直播＋"的创新宣传模式,拉动了"上海松江"客户端的日活量和下载量,提升了"上海松江"客户端的影响力和竞争力。

2023 年,中心市场运营部抓住"上海松江"客户端改版的契机,同步改版"云商圈",并由帜峰公司负责运营。针对各新闻客户端带货无量的现状,"云商圈"在策略上进行调整,将销售还给商户,媒体只建立渠道。"云商圈"只负责前期与商家的沟通并建立页面,通过客户端的影响力吸引消费者前往实地进行消费。

(三) 建设国际传播平台,构建"大外宣"新格局

传播力决定影响力,话语权决定主动权。松江区融媒体中心近年来在守正中创新赋能,持续发力建设具有超域影响力的区级新型主流媒体,在推进媒体融合向纵深发展的过程中加快融入世界,围绕拓展顶层设计和传播渠道两个维度不断进行新尝试,服务国家大局和国际传播能力建设。

自 2019 年以来,松江区融媒体中心持续拓展传播渠道,持续创新传播体系、传播手段和话语表达,创新探索建设区级融媒体中心国际传播平台,逐步构建起融媒"大外宣"新格局,持续提升超域传播力和影响力,向全球讲好松江故事、上海故事、中国故事。

1. 打造全球传播实训基地,培养国际传播专业人才

2019 年 7 月 1 日,松江区融媒体中心与上海外国语大学新闻传播学院(以下简称上外)签署共建全球传播实训基地框架协议,开启松江融媒国际传播新

时代。2020年10月14日,上外－松江全球传播实训基地正式启动,基地下设1个众创空间及8个特色实验室,包括上外多语种国际舆情实验室、国家话语与对外传播实验室、松江-G60双创孵化器、大数据与人工智能实验室、创新上海与产业实验室、跨国企业传播实验室、未来全球媒体与教育实验室、全球影视传播实验室。

实训基地已与新华社、中国日报社、中国外文出版发行事业局、中国国际电视台、解放日报社、第一财经、东方网、东方广播中心、上海日报社、第六声、中国报道网等主流媒体搭建战略合作框架。

2. 开通全国首个区县融媒英文频道,搭建城市形象国际传播新平台

2020年10月14日,依托实训基地,松江区融媒体中心与上外新闻传播学院在"上海松江"融媒体客户端共同上线英语频道,成为全国首个区县级融媒体中心客户端英文频道。发布内容涵盖松江风土人情、文化旅游、投资环境等,保持每日更新频率,开拓松江城市形象的对外传播渠道,为外籍人士搭建一个认识松江、了解上海、读懂中国的全新内容平台。

"上海松江"客户端英语编辑部于2021年4月成立,由上海外国语大学专业教师、外籍专家、业界导师、本硕学生及松江区融媒体中心记者、编辑等30多人共同组成编辑部工作团队,落实定岗定责。英语编辑部制定《编辑周例会制度》等规章制度,工作团队通过周例会对重点选题进行沟通,制定采访、编译计划,保持每日更新1至3条的频率。

国际传播能力建设离不开严格的审核机制,为确保信息发布的准确和权威,英语频道在日常运维成员的基础上组建专业的审核团队,对每一篇原创稿件的采、编、审、校、发各环节进行审核、把关,严格执行"三审"制度。

5G时代,短视频带来巨大的流量和影响力,制作、拍摄、发布短视频已成为塑造城市品牌、提升城市影响力的重要传播手段。中心英语编辑部常态化翻译制作适合对外传播的短视频,让网络视听扬帆出海,让更多的外国朋友通过短视频认识上海、了解松江。中心出品的一系列国际传播融媒产品也取得了诸多荣誉。微纪录片《我们,是无声骑手》、短视频《日出松江》、国际新闻作品《长三角G60科创走廊》以及"上海松江"国际传播平台建设案例等获上海市国际传播领域最高奖项银鸽奖。于2022年首创制作的《老外讲故事·另眼观盛会》10集短视频被上海市委外宣办采用,作为党的二十大精神对外宣传重点

作品。

3. 运用多元化媒体平台,开辟连接中外沟通世界新路径

为扩大海外朋友圈,不断增强海外传播力,中心于 2021 年先后注册 Twitter 账号、Facebook 公共主页与 Instagram 账号,成为全市首批在三大海外社交媒体平台进行国际传播的区级融媒体中心,相关账号成为上海市委外宣办的重点账号。账号发布的内容聚焦松江区科技创新、经济社会发展、乡村振兴、人文故事、全域旅游等,保持每日更新,与在上海或松江生活的外籍人士持续互动。2023 年,中心注册 Youtube 账号,常态化地更新英文短视频。

中心与上海日报社合作,精心策划、采制、编译松江本地新闻,精选优质图片,每月推出一期《松江报》英文版。依托中心新闻资源和采编网络,《松江报》英文版原创内容精彩丰富,版面既富有时尚元素,又蕴含松江"科创、人文、生态"的现代化新松江城市特质。《松江报》英文版面向在松江工作生活的外籍人士和广大英语爱好者,讲好松江故事,展现丰富多彩的松江人文元素,分享城市美好生活。

第十七章

青浦区融媒体中心建设运营报告

一、青浦区融媒体中心简介

青浦区融媒体中心于 2019 年 6 月 28 日正式挂牌成立,为区委直属的公益二类事业单位,主要承担统筹广播、电视、报纸、新闻网站、微博、微信、移动客户端等媒介,承担融媒体新闻生产发布等职能,加挂上海市青浦区广播电视台、上海市青浦报社的牌子,归口区委宣传部管理(见图 17.1)。

中心设立 11 个部室,包括办公室(党群部)、人力资源部、总编室、采访部、电视部、广播部、报纸部、移动媒体部、技术应用部、专题制作部、经济发行部。同时建立中心编委会,统筹新闻采编、内容生产、平台发布,推动媒体深度融合。

中心的主要运维平台有:青浦区广播电视台综合频道,青浦区广播电视台综合广播,青浦报,"绿色青浦"微信、微博、APP,青浦区人民政府网新闻中心,青浦大调研微信公众号等。通过"新媒体首发、全媒体跟进、分渠道推送"的宣传路径,中心形成一个全方位的传播矩阵。

"绿色青浦"客户端 APP 以"新闻＋政务＋服务"为定位,深度融合广播、电视、报刊、新媒体等资源,不仅是新闻资讯集散地,还提供生活、教育、交通等便民服务。

"绿色青浦"微信公众号、微博号是青浦区官微,及时高效地向市民传递区内重要动态消息和新鲜资讯。

青浦区广播电视台综合频道的播出时段为每日 08:25—22:20,主要栏目包括:《青浦新闻》时长 20 分钟,每日更新,自制本地时政、民生等新闻;《青浦

图 17.1　青浦区融媒体中心外景

党建》时长 10 分钟,与区委组织部合办,每月一期;《青浦纪事》时长 10 分钟,
自制专题片,每月一期;《青浦警坛》时长 10 分钟,与区公安分局合办,每月
一期。

　　青浦区广播电视台综合广播的播出时段为每日 05:55—21:02,主要栏目
包括:《青广新闻》时长 20 分钟,每日更新;《乐活青浦》和《青听健康》,时长均
为 30 分钟,每周更新,访谈类节目;《社会视点》时长 10 分钟,周一至周六播
出,沪语节目,围绕社会热点话题进行舆论引导;《多彩生活》时长 10 分钟,周
一至周六播出,主要介绍生活百科,引领健康时尚;《小伙伴》时长 10 分钟,周
日播出,针对少年儿童群体,主要内容为故事、音乐等。

　　青浦报为中共青浦区委机关报,每周二、周五发刊,每期发行 5 万份。每期 4 版,其中,第一版为要闻,第二版为综合新闻,第三版为科教卫新闻、民生新闻、经济新闻、社会新闻等,第四版为副刊,包括淀山湖畔、长三角新闻等。并与上海日报社合作签约,上线报刊英文版,提升国际传播能力。

二、青浦区融媒体中心运营情况

(一)再造新闻生产工作流程

中心再造新闻生产"策、采、编、播、发、管"工作流程,以"部门设置与融媒体业务模式相适应"为原则,搭建三大系统"1+2+5"八大功能平台总体框架,通过"中央厨房"一线融通、多级联动,在业务集成、内容、工具、服务等方面全面赋能,实现"统筹策划、一次采集、多种生成、多元传播"的全新业务模式,推动报、台、网、微、端媒介资源、生产要素、信息内容、技术应用、平台终端、管理手段互通共融。

(二)规范新闻生产制度

中心每周召开编委会,每天召开编前会,对本周及近阶段的重点新闻宣传工作进行策划安排,各部门分别召开策划选题会,按照"编委会派单+部室自主策划"的原则,形成重点选题清单,力促中心报道周周有亮点。固化每周《新闻评点》和《优秀案例分析》工作机制,总结复盘本周工作,学习兄弟单位的优秀做法,提升采编人员的业务策划水平。同时,实行严格的"三审三校"(广播电视重播重审)制度,文稿从创建到初审到最后被不同平台的编辑修改录用,实现可管控、可追溯,确保精确生产。

(三)优化采、编、发流程

中心结合岗位现实需要,严格采、编、发程序流程,有效地提升播发效率。总编室作为统筹部门,发挥调度作用,负责策划制定重大主题活动的新闻宣传报道计划,并指导督促和推进落实;统一安排调度新闻采编业务和力量,统筹协调各平台的宣传内容定位、栏目设置、报道重点。记者按规定的时间节点、要求,在融采编系统提交素材,采访成稿经部门主任审核通过后上传报道库,供多平台选择使用。"绿色青浦"微信每天分时段推送 4 波,稿件总数为 32

条;微博每日推送 60 条次;《青浦报》每周二、周五刊发,电视和广播新闻周一至周六播发,周日为新闻集锦,APP、短视频、网站内容及时更新。

(四)打破边界,融合生产

中心主动顺应融时代的发展趋势,积极推动内部打破部门界限开展联动策划,制定《青浦区融媒体中心媒体作品制作录用奖励办法》,鼓励非一线职工参与创作生产,营造"人人都是多面手""个个都是生产力"的氛围。同时,探索建立项目化承接重大宣传任务机制,鼓励记者积极承接重点工作和重大活动的宣传项目,以项目制的形式结合绩效考核,进一步激发创造活力。

三、全媒体服务应用实践

(一)拓展融媒体客户端的各项功能

"绿色青浦"APP 是青浦区融媒体中心全新打造的融媒体客户端产品,内容包括新闻资讯和生活、教育、交通等便民服务。其中,新闻资讯类包含时政新闻、民生新闻、政务服务等板块,给用户提供多样化的新闻消息,帮助老百姓更好更快地了解周边民生、实时热点新闻。服务板块提供实时公交查询、养老保险查询、街镇领导信箱等便民服务,结合老百姓的需求,提供贴近生活的方方面面服务,真诚地服务群众。客户端结合特定主题和法定节日,主办线上特色活动和专题,如"区融陪你乐新年"、清明"云祭扫"、抗疫专栏等。此外,通过融媒平台与路特全媒体报纸采编系统对接,实现《青浦报》的在线浏览。为进一步提升融媒体中心的影响力和客户端运营效果,依托中心统一技术平台的内容和运营管理能力,"绿色青浦"APP 按时按需更新,更新方向包括实名认证功能上线、适老化无障碍改造、直播分享卡功能等。2021 年 10 月,客户端完成无障碍适老化整体改造升级,是工业和信息化部"互联网应用适老化及无障碍改造专项行动"首批通过适老化及无障碍水平评测的 APP 之一。

(二)关切民生,打造青浦"温暖＋"

中心紧盯重大建设项目和民生实事工程,深度挖掘青浦在经济社会发展中的创新成果。

一是传递幸福温暖,推出青浦"温暖家"实景系列访谈。2022年,与上海人民广播电台(以下简称"上广")共同策划青浦"温暖家"实景系列访谈,由部分委办局负责人与上海东方广播中心首席主持人海波共同来到青浦重点项目和民生工程地标性点位,在实景中聊发展、话民生,呈现各领域一年来取得的进展,展现青浦人民城市建设成效和中国式现代化的青浦实践。

二是及时回应关切,生动报道好崧泽高架开通、老旧小区加装电梯、十五分钟便民生活圈等重要民生工作,充分展现青浦百姓的获得感、幸福感、安全感。与上广联合制作《2022夏令热线:区长访谈》,派出记者进行现场连线直播,第一时间对"夏令热线"中群众反映的所有问题及反馈情况进行报道,得到市民群众的广泛认可;与上广等市媒联合策划"对话区委书记·青浦篇",专班打造并推出《视频划重点,"对话区委书记"访谈金句来啦》融媒报道,推动时政新闻更接地气。

(三)结合区域特色,呈现融媒精品

结合青浦特色,中心制作推出一批有思想、有温度、有品质、生动鲜活的融媒作品,在塑造青浦城市形象中肩负起融媒担当。

一是焕发城市新活力,摄制《这就是青浦》系列微纪录片,通过"颜值篇""创新篇""速度篇""温暖篇""味道篇"五个篇章,多角度切入、立体化展现青浦城市生活的百态,相关报道被新华社、解放日报、新民晚报、上海人民广播电台、搜狐网、网易新闻等多家全国、市级媒体转载转发,全平台传播量超百万次。

二是寻觅城市烟火气,先后策划推出"邂逅青浦二十四时""邂逅青浦二十四食""一见青心""早安青浦"等系列融媒产品,聚焦青浦各街镇的经典物产、特色美食、传统美景、新晋打卡点等,以情景短视频等融合创新表现形式,展示经济提振、百姓安居、城市温暖的生动图景,相关作品5次登上《月度热门阅读稿件传播影响力十佳》榜单。

三是擦亮城市高颜值,打造"微度假in青浦""青浦的桥""青浦新城那些融入市民生活的建筑艺术"等系列具有标识度和美誉度的融媒产品,带领青浦市民和八方来客一同领略青浦独有的自然与人文美景。

（四）深化政策解读，展示经济发展的成效

推动高质量发展是时代主题，稳增长、促发展、拼经济是当前的首要任务，中心围绕全区经济工作重点，在区委宣传部的支持下，建立经济领域新闻报道长效沟通机制，加强经济领域报道策划和正面舆论引导，展示青浦在经济高质量发展上探索的新路径、实现的新突破和取得的新成绩。

一是强化"数字干线"宣传报道。"长三角数字干线"建设启动会召开以来，中心组建"长三角数字干线"宣传报道专班，发布宣传片《数字魔幻之城》，开设专题专栏，策划推出《盘点！八大看点解读这座科创园区，推动"长三角数字干线"高质量建设》等一批高质量新闻作品，深入讲好"长三角数字干线"建设故事，对外宣介青浦经济发展的新名片。

二是深化政策解读，播发"提信心、优营商、强发展"系列专题报道，全方位、多角度地对青浦优化营商环境政策举措、成果成效进行立体宣传。

三是展示发展成效，联合相关职能部门，策划推出"跑出加速度，迈向新高度"专栏，从经济发展综述、社零商贸业、交运物流业、软信科技业、工业等角度，将青浦上半年经济发展的成绩单通过深度推文、精美图片等最直观的形式呈现给市民群众。

四是坚持鲜活生动，精心策划"强发展信心　筑实干同心（街镇篇）"专栏，以企业开门红、街镇纾困解难、企业家故事等典型事例推出 11 篇专题报道，为推动青浦经济社会高质量发展提供舆论支持。

（五）内外联动，塑造区域形象

作为上海广播电视台记者站之一，中心与《新闻坊》栏目合作近 20 年。采访部负责人每日与该栏目编辑积极沟通，进行选题申报，尤其是春节、国庆等长假期间，为丰富市媒新闻版面提供很多鲜活的新闻素材。2022 年，中心报送的新闻被上海广播电视台各栏目录用 400 余条。积极参与上海广播电视台各类主题新闻策划，如 2021 年国庆系列人物报道"人生出彩，我在上海"，展现各行各业的人们在上海干事创业的故事。中心记者采写的反映朱家角镇林家村艺术家们的故事——《杨冬白——雕塑中的江南山水情》受到好评。2022 年国庆期间，中心与上海广播电视台联动打造"人民之城融媒联播·青浦篇"特别节目，通过多点直播连线、现场立麦海采、灯光秀等融媒体产品，沉浸式地展现

青浦人民城市建设的生动实践,并在《我们这十年——人民之城》优秀融媒作品评选中,获得现场直播报道、短视频两项优秀奖。上海广播电视台《民生一网通》栏目开办之后,中心更是积极联动,实现中心记者直播连线的队伍组建和能力提升。该栏目获第31届上海新闻奖优秀栏目奖、上海广播电视奖特等奖。青浦记者站获得2021年度《新闻坊》先进集体优秀奖,有30余人次分获上海广播电视奖,《新闻坊》十佳记者、十佳摄像等各类荣誉。

在与市媒联动的基础上,中心还联合区委宣传部策划举办"奋进新征程,建功新时代"主题新闻作品征集评选活动,面向全区征集和展播一批优秀新闻作品,创新展示新时代的伟大成就;联合区级单位分中心开展健康公益讲座、新兴商业体"探店"等系列主题宣传,年均组织直播活动150余场,累计观看人数超百万;与东方网、区文明办、青吴嘉媒体联盟共同发起"这场战'疫',感谢有你——长三角青少年艺术风采展示征集活动",上线后反响热烈,共有百万人参与活动,提交作品超3万件,收到网络投票1.2亿余票;立足防疫知识科普、职能部门重点宣传、市民百姓密切关注疫情信息等要素,梳理重要节假日目录,推出防疫科普知识答题抽奖活动,分别与区委组织部、区委宣传部等15家单位联合开展近20期挑战答题抽奖活动,每场答题的参与人次均突破1万;联合区委宣传部、区妇联等单位开展线上讲座直播,将主管部门精心制作的讲座、微宣讲等面向市民进行广泛科普,进一步扩展宣传阵地、手段和服务对象;携手苏州市吴江区、浙江省嘉善县等举办长三角市民红色故事征集展示活动等,营造媒体联动的浓厚氛围;携手青浦区东部五镇策划推出"对话青东联动发展战略"系列访谈,立足青东联动发展战略,共同聚焦和探讨青浦打造"枢纽门户"的变与机;联合区人社局定期推出就业招聘岗位信息;联合中山医院青浦分院推出"健康医+益"系列名医健康科普直播活动;联合区供销社、现代农业园区开展示范区老字号产品展销直播、蓝莓采摘季直播活动等。

(六)打造全媒体传播矩阵,提升影响力

"绿色青浦"APP政务版块、微信开发端口分别与区"一网通办"平台、区政务办青浦旗舰店连接,线上政务服务便捷高效;上线文化青浦云、市民云、报纸订阅等功能;开通"青浦区新冠肺炎疫情问题建议征集平台",面向市民征集疫情期间的问题,将问题及时反馈至相关职能部门,并将各部门的答复意见及时

反馈给市民;开发景区预约、采摘预约、商圈促消费等线上小程序;开设社保查询、随申办市民云、医院挂号服务等便民服务;设置就业招聘板块,定时提供就业岗位信息;接入"青浦文化云"平台,提供市民线上文化场馆预约、观看戏曲节目、文化活动预告等文化信息嵌入随申办市民云等功能。

"绿色青浦"短视频政务号依托抖音、快手、今日头条、腾讯微视、腾讯企鹅号、优酷大鱼号、微信视频号等平台,开展联通联动,内容涵盖青浦区旅游、文化、美食、人文、新闻时事等。比如,《青浦新城》系列通过对青浦新城的规划、发展、未来、城市建设等多方面的报道,为大众介绍青浦新城未来的发展方向及新城的变化。《建城 500 年》系列短视频结合青浦区历史及红色故事,介绍青浦名字的由来、青浦的历史故事和城市发展。《青浦 QI 人》系列以沪语及青浦话方言的表述方式,结合幽默有趣的剧情内容,旨在用新、老青浦人轻松有趣的生活对话,以百姓喜闻乐见的方式,引起青浦百姓的共鸣。《进博 in 青浦 2021》全方位地介绍"进博会"的故事,并提供看展、美食、周边旅游攻略等服务导引。

四、创新探索"青浦特色":聚力服务重大战略,展现枢纽门户新形象

青浦区承载着"进博会"、长三角一体化发展、虹桥国际开放枢纽、青浦新城等一系列重大战略,作为区域主流舆论阵地的青浦融媒体中心,要切实发挥好媒体职责,围绕重大战略,做深做实主题宣传。

(一)聚力服务区域发展重大战略,塑造城市新形象

1. 打造"青浦热度"

中心围绕青浦发展的重大战略,策划主题报道,拓展传播的广度和深度,把"战略热度"化作"青浦热度"。

一是立足进口博览会和虹桥国际开放枢纽重大战略,连续五届全媒体策划推出"进博 in 青浦""进博总动员""进博知多少"等系列短视频和直播专访节目,展示"世界会客厅"的良好形象(见图 17.2)。二是聚焦示范区发展,全平台开设"潮涌长三角,奋进示范区""逐梦一体化"等专题专栏,做好示范区建设工

作现场会、示范区开发者大会等重要会议活动的宣传报道,多角度、立体式地宣传展示示范区建设重点项目和创新举措。三是围绕青浦新城建设,拍摄《爱了! 青浦新城》形象专题片,推出"青浦新城""小青果画新城"系列短视频,制作发布"一城写江南"H5,向世界展示青浦区的魅力。

图 17.2　第六届"进博会"直播工作照

2. 展现枢纽门户新形象

青浦区融媒体中心围绕长三角示范区建设、虹桥国际开放枢纽建设,聚焦展现青浦枢纽的门户形象,深入实施精品工程,制定系列主题宣传报道。

2022 年,中心推出《这就是青浦》系列微纪录片 5 集,把镜头对准普通人和身边事,用平凡的视角讲述时代故事,向世界展示青浦"高颜值、最江南、创新核、温暖家"的城市发展意象,获得全区广大干部群众的高度评价和广泛转发。

2023 年,《这就是青浦》推出第二季——"1+5"系列城市宣传片,以《潮·青浦》为主题,延续第一季的叙事结构和精致的影像风格,并拓展选题思路、创新表现手法,深入调研青浦各领域的发展,探寻城市的经济活力、发展吸引力和幸福温暖家的无限魅力。以典型人物的故事为牵引,多角度地呈现青浦城市建设与城市奋斗者的双向奔赴、互相成就，提升青浦城市形象的知名度和美誉度。除在青浦区融媒体中心报、台、网、微、端进行播发外，中心为系列城市形象片配双语字幕，并主动对接新华社、人民网、上观新闻、文汇网、新民网、澎湃新闻、东方网、"上海发布"等一批主流媒体和流量媒体，进行转载和转发，以推动形成网络舆论强势。

3. 提升城市宣传质效

多重战略叠加的青浦，在世界舞台上呈现前所未有的"吸睛度"，中心牢牢把握"进博会"这个平台，用心讲好上海故事、青浦故事。会前，创新形式推发3集《"它"的进博故事》系列短剧，以警犬、"小青果"（青浦区融媒体中心的卡通形象）、志愿者徽章的视角讲述青浦服务保障方面精益求精的具体实践。开设"进博 in 青浦""护航进博会""进博老朋友""进博初体验"等专栏，从传播"进博"文化、服务保障举措、青浦"进博"招商故事、"进博"逛展攻略等各个角度宣推预热报道，展现青浦东道主的昂扬热情。会中，紧抓"进博"城市宣传窗口期，一是重磅推出《潮青浦》系列微纪录片，每天一集，聚焦展现青浦的发展活力和人文魅力，提升城市的美誉度。二是做好重要信息发布，抢抓新闻时效，围绕时政新闻、"进博会"开闭幕式、首单、首照、首证签约等重大展会信息，及时做好信息采写整理，全平台无间隙地播发推送。三是打造"进博"系列短视频，汇集第六届"进博会"的特色亮点，及时制作推发系列短视频，科普"进博"知识、推荐看展攻略、展现参展企业风采等，以快节奏的新媒体产品提升市民对第六届"进博会"的知晓度、关注度及参与度。四是做好探馆访谈直播互动，策划线下探馆、企业风采展示访谈、职能保障单位访谈等系列直播活动，以主播、记者出镜的形式，带领观众"云"游"进博会"展馆，全面展示企业发展的良好风采，讲好服务保障"进博会"的背后故事。做好与现场市民的交流互动，采访观展市民的体验感受。五是策划广播特别节目，发挥广播传播即时性、多元化、广覆盖等优势，策划"进博会"主题广播特别节目。六是刊发纸媒"进博会"报道，汇总整合新媒体平台中的优质报道素材，排版编发"进博会"特刊、画刊，并适时推发"进博会"主题评论文章。会后，编发总结性成就报道，汇总、盘活第六届"进博会"期间的图文、影像等素材，形成宣传短视频和融媒产品，全面展现第六届"进博会"成功举办的良好成效，持续放大"进博会"的溢出效应。

（二）夯实融媒矩阵，开创大宣传格局

中心始终坚持大宣传格局和一体化方向，自成立以来，在全市率先推动各街镇和部分区级单位成立融媒体分中心，着力构建"1＋11＋X＋N"融媒体集群框架。建立街镇分中心11个（全覆盖），共配备工作人员近80名，运维本级媒体平台或账号27个，建立区级单位分中心17家，均实现实体运作。为更好地服务"进博会"、长三角一体化、青浦新城建设等重大战略，另建设西虹桥党群服务中心融媒驿站、长三角一体化金融产业园融媒驿站、青浦新城融媒驿站。2023年，区总工会、青浦共青团、区妇联加入青浦融媒矩阵的"朋友圈"，进一步扩大了青浦融媒的覆盖面。

1. 强化管理创新，打造媒体融合转型"样板间"

中心先后制定下发《关于街镇级、区级单位融媒体分中心建设的工作提示》《关于进一步完善融媒体分中心重要时政类报道的工作守则》《融媒体街镇分中心考核办法》等，在运行机制、人员配备、软硬件建设、工作重点等方面明确工作要求；定期发布近期重点宣传报道指南、新闻阅评，举办区级主题新闻征集活动，成立融媒体业务讲师团，邀请分中心记者共同参与"融媒课堂"、无人机驾驶等业务培训，并在新闻人才评定等激励政策中综合统筹，在业务和人才建设等方面与分中心实现良好的联动共建、双向互动机制。

2. 强化联动发声，打造重大主题宣传"共同体"

围绕全区的重大战略和重点工作，中心与各分中心持续拓展媒体融合传播的优势，推动实现协同报道、联动发声、合作共赢。例如，在喜迎党的二十大、区"两会"、"进博会"等重大主题报道中，与分中心建立联动机制，实现重大主题报道全区上下一盘棋。2022年，在与上海广播电视台联合打造的"人民之城融媒联播·青浦篇"特别节目中，赵巷镇分中心参与完成"人民之城"直播连线节目，制作的短视频《品味乡村风韵 探寻新城"桃源"》在节目中播出，取得良好的社会反响。

3. 强化特色培育，打造城市品牌传播"强磁场"

在街镇层面，各分中心在推进媒体融合发展的道路上发挥各自的职能优势，突出品牌特色，盘活资源，激发活力。

徐泾镇分中心依托"四叶草"微信联盟加强对社会自媒体的管控沟通，引导徐泾地区自媒体在可控框架下运营发布相关内容，将基层单位部门的新媒

体纳入统一管理,微信公众号粉丝已突破十万人,在辖区内有较大的影响力。在人民网上海每月发布的街镇微信公众号榜单中,华新镇分中心运营的"通达华新"微信公众号的总阅读量连续两年名列前茅。

分中心大胆创新,试点建设更为下沉的基层融媒体单元。华新镇分中心在村居、园区、企业建立首批10个"微融站",作为市民家门口的"便利信息站"和基层通讯员提供信息宣传的联络点。徐泾镇分中心揭牌成立首个基层融媒驿站——上海大学医学院医大医院"媒好·点滴微平方驿站",驿站提供《徐泾报》等报刊、播报徐泾最新公益宣传视频、提供资讯获取方式等,在实践中探索打造具有媒体属性的社区服务平台。

在区级单位层面,青浦公安分局分中心每年策划制作12期《青浦警坛》电视专题栏目和"防范小剧场",并围绕反诈、反恐、网络安全等时事重点制作系列情景短视频,相关作品多次在全国、市、区级比赛中获奖;中山医院青浦分院分中心与中心联动打造"健康医+益"医疗科普直播,邀请医院具有高级职称的专家做客直播间,科普心血管系统、呼吸系统、儿科、中医科等多个医学领域的常见病和多发病的医学知识,并推出"直播小课堂"延伸产品,深受百姓的欢迎。

(三)深化队伍建设,构建"人才大厦"

中心以"引才、聚才、育才、用才"作为推动新闻传媒事业产业快速发展的抓手,落实人才政策,培育人才队伍,加快构建塔顶更尖、塔体更强、塔基更厚的"人才大厦",为青浦区新闻传媒高质量发展做好人才保障。

1. 强化政策支撑,激发人才活力

中心在全市率先出台《青浦区新闻传媒人才引培激励办法》(全市唯一一家区级层面的新闻人才引培政策),支持引进新闻传媒名家、优才、骨干三类人才,并鼓励本区优秀新闻传媒人才评选特聘首席、首席、名优人才,获评人才允许在新闻作品署名称号、享受人才工作津贴。结合相关政策,中心首次评选出10名首席及17名名优新闻传媒人才,并在2021年记者节活动上进行表彰。中心结合本单位的实际情况,制定实施《青浦区融媒体中心绩效考核管理办法》《季度优秀新闻作品评选办法》等考核激励办法,开展季度优秀新闻作品评选工作,从中评选出的获奖作品成为上海市新闻奖等奖项申报的重要来源,进一步激发了中心的生产力。

2. 深化业务培训,提升专业能力

中心深入推进"融媒大学习",分层分类地开展培训。

一是做好基础培训,每月开设"融媒课堂",围绕党的二十大精神解读、马克思主义新闻观、元宇宙、新闻写作技巧等多个主题开展专题讲座,提升一线采编人员的综合素养,并组织无人机、视频剪辑等业务技术培训。

二是加强系统培训,充分利用与复旦大学新闻学院、浙江传媒学院等各大高校建立的新闻人才实训基地,全面培养高技能、现代化的专业新闻人才。中心联合复旦大学新闻学院共同举办青浦区新闻传媒人才宣传能力提升培训班,60余名学员围绕习近平新闻思想、文旅融合、突发舆情处置、数据新闻、融媒体新闻报道策划等重点、热点,开展为期三天的深入学习和讨论。

三是进行针对性的提升,充分利用季度优秀新闻作品评选的契机,为一线新闻工作者搭建专家"面对面问诊"平台,让记者和编辑在与专家的直接交流过程中及时发现问题,改进和提升专业能力。

3. 注重干部培育,优化队伍结构

根据工作需求,中心把一批骨干人才、优秀人才放到合适的位置,充分激发干事创业的活力。注重干部队伍梯队化建设,有组织、有计划地择优选拔后备干部参与重大项目工作,在实践中增长板、补短板,切实提升后备干部的综合能力。

中心成立以来,累计获得国家、市级、区级各类荣誉140余项。比如,城市形象片《MEET青浦》《潮起青浦》获得上海市银鸽奖;中心首席记者顾舜丽获得第十六届上海长江韬奋奖;中心职工潘胡刚获2022年上海市五一劳动奖章;《载着11个月宝宝的私家车冲入北淀浦河,橙衣英雄上演一分钟生死救援》《2020年首展国家会展中心按下重启键》分获第29届、第30届上海新闻奖三等奖;《青浦区率先开展示范区域跨域涉农数字人民币试点》《青浦:推动数字人民币支付应用 多领域实现便捷支付》《数字人民币红包发放 市民端午消费享便利》获2021年度全国县融中心优秀奖(优秀专题报道奖),多部作品获上海广播电视奖、上海广播电视奖地区奖、上海市"走转改"优秀作品等奖项。

第十八章

奉贤区融媒体中心建设运营报告

一、奉贤区融媒体中心简介

2019年6月28日,上海市奉贤区融媒体中心挂牌成立,增挂上海市奉贤报社、上海市奉贤区广播电视台的牌子,为中共上海市奉贤区委直属公益二类事业单位,归口中共上海市奉贤区委宣传部管理(见图18.1)。

图 18.1　奉贤区融媒体中心办公楼

　　奉贤区融媒体中心深入贯彻落实党中央关于进一步加强和改进党的新闻舆论工作的决策部署,建成主流舆论阵地,宣传党中央的决策部署,宣传党的创新理论和社会主义核心价值观,不断提升融媒体中心的传播力、引导力、影响力和公信力。围绕党的中心工作,中心大力宣传区委、区政府为推进本区经济社会发展所作出的重大决策和部署;根据区委的总体部署,研究拟定本区媒体建设和管理工作总体目标和规划;做好各媒体平台刊播发布工作,以及相关系统的建设、运行、维护、管理等工作;顺应传播技术的发展趋势,实施移动优先战略,形成渠道丰富、覆盖广泛、传播有效、可管可控的移动传播矩阵;负责加强与中央、市级以及外省市新闻媒体间的沟通联系,加强对外宣传报道,不断提升奉贤区的美誉度和影响力;加强与街镇的沟通联系,为基层新闻宣传和融媒体建设提供指导和服务;协助区委宣传部做好涉奉网络舆情动态和重要信息的收集工作,配合区委宣传部开展舆论引导等工作。

二、奉贤区融媒体中心运营情况

　　奉贤区融媒体中心成立后,上线了"美谷奉贤"APP,对原有广播、电视、报纸等媒体形式进行改版优化。目前,中心共有《奉贤报》、奉贤区广播电视台综合广播、奉贤区广播电视台综合频道三大传统媒体平台,以及"上海奉贤"微信公众号、视频号、抖音号、"上海奉贤发布"微博、"美谷奉贤"APP、"学习强国"奉贤融媒号、上海市奉贤区人民政府门户网站七大新媒体平台,同时,还在网易、澎湃、上观等10个APP运营了"上海奉贤"的入驻号,并与其他各级媒体开展广泛合作,不断强化自身运营能力和矩阵建设能力。

(一)完善"中央厨房"体系,优化采编流程,完善采编播制度

　　依托上海区级融媒体中心统一技术平台,奉贤区融媒体中心整合媒体资源和生产要素,形成"一次采集、多种生成、多元传播"的"报、台、网、微、端"一体化内容生产平台,并利用统一技术平台打通各街镇和委办局的通联渠道,建立健全通联制度,完善了通讯员挂职锻炼、定期培训和考核表彰制度。中心每周将《奉贤区一周报道要点》下发给全区各级宣传部门,加强对13个街镇(旅游区、头桥集团)和近70个委办局的公众号指导,引导正确的舆论方向。

2020年10月,中心正式实施《上海市奉贤区政务新媒体日常运营管理和考核办法》,建立了区域内政务媒体矩阵,形成同城联动效应。

中心不断优化生产流程,通过每天发布重点关注提要的方式,加强重大活动、重要会议和重点内容在各平台的发布统筹,通过每周编写《采编部门一周点评》的方式加强采编部门之间的沟通交流;通过每日好稿推荐、《每月好新闻盘点》、每季度"走转改"选送、每年"奉贤区好新闻、优秀新闻工作者"评选,完善推优机制,促进编辑和记者不断提升采编能力。通过建立适应全媒体生产传播的一体化组织架构,形成集约高效的内容生产体系和传播链条;建设了区级融媒体平台指挥中心大屏,实时呈现采集内容提供、内容生产、入库选用及发布的生产过程,并实时监测显示生产内容发布后的效果数据,为统一指挥和内容优化提供依据。

中心严格落实新闻宣传纪律,加强各编辑部负责人、中层干部和业务骨干的学习教育,强化思想意识、提升政治素养;进一步健全完善"三审"制度,在整个融媒体中心总体"三审制"的基础上,根据每个平台的不同特征,建立了对应的细化"三审"流程,确保责任到人;加强网络评论管控引导,对各平台的留言私信内容分类回复,及时解答问题或向相关部门反馈。

此外,奉贤区融媒体中心还建立了20多个广播电视安全播出制度、应急预案等,以健全的制度管理机房播控、技术维护人员,不断提高技术人员的安全播出责任心,提升安全播出的业务水平,优化安全播出流程。截至目前,中心累计投入近1 400万元用于设备改造和维护,为保障广播电视安全制作、播出、传输奠定了坚实的基础,圆满地完成了历年"全国'两会'""新中国成立70周年庆典活动""庆祝中国共产党成立100周年""党的二十大召开"等重大活动、重要会议的广播电视直转播工作任务。

(二)建好融媒体客户端,持续扩大区级融媒体中心的影响力、传播力

奉贤区融媒体中心依托市级统一技术平台,接入政务服务与应用,持续打造并运营以"媒体＋政务服务商务"为主体的"美谷奉贤"移动客户端。客户端主要包含"资讯""事务""视听"和"服务"四大板块,结合"融媒号""外宣栏""贤生活"等本区特色频道,深度融合广播电视、报刊、新媒体等资源,全方位、多角度地渗透市民群众的日常生活,满足群众多样化的信息需求。客户端内除了新闻资讯类板块外,还开辟了"非凡十年·和美奉贤""学习贯彻党的二十大精神""让

党旗在防控疫情斗争第一线高高飘扬"等专题板块,帮助老百姓更好、更快地了解周边民生。中心服务板块提供了生活、教育、人口、交通等多场景服务,同时提供公积金查询、医保查询、社保查询等便民服务,以更好地满足群众需求。

1. 融合新时代文明实践信息平台,提供一站式信息化服务

2021年3月,奉贤区新时代文明实践中心开设融媒体客户端入口,作为深入宣传习近平新时代中国特色社会主义思想的一个重要载体,通过"实践动态""实践阵地""实践团队""实践项目"以及"贤人榜"五大板块,着眼于凝聚群众、引导群众、以文化人、成风化俗,调动各方力量,整合各种资源,创新方式方法,用中国特色社会主义文化、社会主义思想道德牢牢占领思想文化阵地,动员和激励广大群众积极投身社会主义现代化建设。中心以智慧化、信息化、特色化为支撑,汇聚VR、LBS、移动互联、人工智能、大数据分析等信息技术,在平台上整合了区域内三级阵地文明实践服务资源和志愿者、团队资源,提供供需对接、活动超市、活动报名、基地预约、服务地图、在线培训、实践动态、精准推送等功能,通过菜单式、订单式、随时随地的文明实践服务,构建服务管理一站式、PC移动一体化的新时代文明实践信息平台。

2. 举办特色活动,激发用户活力

2020年10月,客户端推出首个线上互动活动"'带着国旗看奉贤'——奉贤区首届青少年视频大赛之网络PK赛",以祖国母亲生日为契机,用微视频的方式记录对祖国和家乡的情感,厚植爱国情怀,激发使命担当。活动期间,共有11万用户关注并参与,页面总浏览量达到10万人次。2021年5月,为配合上海广播电视台FM93.4《市民政务通-直通990》栏目对奉贤区8个镇党委书记的直播访谈,"美谷奉贤"APP快速联动推出"遇见未见——'十四五'开局看奉贤之你最看好哪个镇"线上评选活动。活动期间的页面总浏览量达到16余万人次。2022年9月,为深入宣传学习上海市第十二次党代会精神,为党的二十大胜利召开营造良好的宣传舆论氛围,奉贤区融媒体中心携手中共奉贤区委宣传部面向全区开展"高质量发展我来讲""高品质生活我来讲""高效能治理我来讲"宣讲微视频比赛,在"美谷奉贤"APP上线的微视频投票活动受到各基层单位的积极响应和广泛参与,共吸引20余万用户参与,运营效果显著。

3. 上线积分商城,增加用户黏性

2021年2月,"美谷奉贤"APP积分商城正式上线。通过关联各类客户端

活动、连续签到获取阶梯式积分、每日积分任务等方式,培养用户习惯,增加用户黏性。积分商城上线以来,已有 4 个活动通过抽奖的方式与积分商城进行挂钩,并根据积分兑换情况和用户兑换偏好进行动态调整,最终保留了两种面额的话费充值以及 4 个种类的权益兑换。"美谷奉贤"APP 还引入兑换失败自动返还积分的机制,并设专人负责相关咨询,以提升用户体验。

"美谷奉贤"APP 上线以来,累计更新版本数十次,入驻融媒号提供更丰富的资讯内容,重点推出"积分购""圈子""爆料"等一系列功能,进一步加强与用户的互动,也为区融资讯信息采集扩充了渠道来源。2021 年 11 月,根据"互联网应用适老化及无障碍改造专项行动"的要求,"美谷奉贤"客户端顺利完成无障碍适老化整体改造,加入了适老化长者专版,为老年人和特殊人群提供了更为友好的使用体验,通过了中国信息通信研究院的测评,被授予信息无障碍标识。

(三)创新"新闻＋政务服务商务"运营,积极开展基层服务

为推进"新闻＋政务服务商务"运营,更好地引领舆论、服务人民、做强自身,奉贤区门户网站携手信访办建设了人民意见征集信箱,开设网上征集栏目,定期发布征集与反馈;提供网上咨询入口,方便群众在网站上提交各类咨询,并组织部门进行反馈;建立"区长网上办公"工作制度,进一步疏通沟通渠道,扩大群众的有效参与,及时了解民意,化解矛盾,完善政府决策机制,推进决策的科学化、民主化。与此同时,奉贤区融媒体中心与区 12345 沟通协调,初期采用数据跨网络导入导出的方式,实现系统间的半自动化对接,与12345 建立系统闭环。"美谷奉贤"APP 开设事务模块,提供用户问政入口,对接"一网通办"各类办件。2022 年 3 月,客户端上线"新冠肺炎疫情防控问题建议征集"板块,为本区居民反馈意见建议扩充了渠道,板块开设期间,共收集市民各类意见建议 518 条,处置率达 100%。疫情初期,面临口罩等疫情物资产品紧缺的现状,中心联合区地区办和东方网技术平台推出"口罩网上预约系统",帮助居民安全、有序地进行预约申领。在疫情管控措施升级后,中心联合邮政等多部门搭建"生命通道",24 小时接力为居民送达"救命药",被各大市媒转载报道,体现了新时代媒体人的初心使命。

在商务运营方面,2023 年 11 月 5 日,奉贤区融媒体中心的区级官方抖音

号"上海奉贤"试水直播带货,以"山海齐同心,物产山海间"为主题,沪滇、沪青携手共同推介当地农特优产品,以直播带货的模式探索面向全国统一市场的消费格局,进一步深化东西部协作和定点帮扶工作的"奉贤实践",扩展媒体的商务职能。直播期间,全场总观看人数达 21.6 万人次,峰值同时在线观看人数超 7 500 人,起到了较好的宣传效果和经济效果。

与此同时,中心各部门进一步拓展媒体职能,借助各类媒体平台做好基层服务工作(见图 18.2)。《奉贤报》于 2022 年推出"迎接党的二十大街镇特刊",与区内相关部门合作开设"贤城贤治""战'疫'日记"等主题性栏目;在月末版与区档案局合作开设文史版面,并邀请区作家协会、摄影家协会、美术家协会和书法家协会等团体进行合作,提升报纸版面质量。广播频率主持人们发挥自身优势,自主策划"学习贯彻二十大·喜看奉贤新农村"H5 系列节目《959 走乡村》;2023 年,推出"959 在现场帮帮团"热线,直播节目中 57103103 热线电话随时接听群众的求助,垂直号"959 电台视频号"全天候在线受理群众反映的急难愁盼问题,跨时长、跨栏目努力做到服务最大化,真正做群众的贴心人、暖心人。

图 18.2　2023 年 4 月,奉贤区融媒体中心音视频编辑部在百联南桥购物中心西西弗书店举行"959 阅读分享会"

三、全媒体服务应用实践

奉贤区融媒体中心聚焦媒体主业,借助全媒体传播体系努力打造区级信息传播的权威平台,展示奉贤区域发展的新气象。此外,中心还积极发挥平台优势,优化拓展群众服务功能。

(一) 丰富融媒体产品,打造舆论宣传新"旗舰"

奉贤区融媒体中心牢牢把握正确宣传导向,巩固壮大主流思想文化,加强网上舆论引导,强化阵地管理。围绕新冠肺炎疫情防控、"四史"学习教育、"十四五"开局、"我为群众办实事"、党的二十大召开、新时代新征程、文明城区创建、人民城市建设等主题,开设了近 200 个专题专栏,讲好奉贤故事。2019 年国庆期间,官方微博"上海奉贤发布"刊发的"阅兵式上女兵的口红来自东方美谷"的报道,阅读数超过 300 万人次;2020 年 2 月 7 日发布的《奉贤区公布第 1—9 号确诊病例活动轨迹》成为"上海奉贤"微信公众号平台首个 100 万＋阅读量的报道;2022 年微信公众号系列推文《告奉贤市民书》的总阅读人数近 100 万,总阅读次数达 132 万,抖音平台发布的《♯上海融媒大拜年　来看♯上海奉贤的传统特色"老八样"之三鲜汤》的阅读量破 560 万人次,获 1.6 万次点赞。2022 年,《奉贤报》8 个版面的小报改版为 4 个版面的大报,于 9 月 16 日推出"迎接党的二十大街镇特刊",以图文并茂的形式呈现全区各地的经济社会发展成果;综合广播也进行了整体改版,综合频道自办节目《奉视新闻》改版并更名为《奉贤新闻》;8 月 5 日,奉贤区融媒号正式上线"学习强国"上海学习平台,其中,《奉贤打造产城融合新样式,激发澎湃发展动能》以及《上海奉贤有这么多非物质文化遗产,你知道吗?》被主站选用、转载。

(二) 巩固阵地,激发亮点,打造区级信息传播权威平台

奉贤区融媒体中心坚持移动优先的策略,新媒体各平台的数据稳定增长。微信原创率达 82％,居全市第一。其中,2023 年"上海奉贤"抖音号的播放量超 1.2 亿次,居全市各区第二。微信平台的总阅读量达 2 371.7 万人次,粉丝数超 43 万人。微博平台的总阅读量超 2 亿人次,粉丝数超 15 万人。短视频

抖音平台的播放量超 1.2 亿次,粉丝数超 40 万人。"美谷奉贤"APP 客户端的注册用户超 8 万人。"学习强国"奉贤融媒号被评为 2022 年度优秀融媒号。奉贤区政府门户网站连续多年获评上海市优秀政府网站,2023 年,政府网站无障碍适老化改造被评为上海市通信管理局优秀案例,区政府门户网站适老化改造获得"数字中国"优秀案例国家级奖项。传统媒体也积极守正创新,《奉贤报》推出评论文章,展现主流媒体的观点和态度,结合重要节点和重要事件开展策划组稿,例如,在六一儿童节期间推出《让孩子有一个幸福美好的童年》,在高考期间推出《书写那份独一无二的青春答卷》,在习近平总书记回信勉励虹口区嘉兴路街道垃圾分类志愿者后推出《奉贤区持之以恒抓好垃圾分类工作,全区垃圾分类达标率为 95%》等,挖掘题材的内在本质,增强新闻的思想性。广播平台在原有广播节目的基础上加入"959 电台"视频号直播、短视频等方式,体现区全媒体广播的全覆盖,积极主动地和区内各职能部门联系,请嘉宾走进直播间,立足民生,同时借力宣传提高本土频率的影响力。奉贤区融媒体中心正努力将自身打造为奉贤地区运营最好、内容最准确、信息最权威的平台。

积极拓展融媒体中心阵地和职能。2023 年,中心完成了区网络安全应急指挥中心的组建和运行。通过《奉贤区政务信息化项目建设网络安全管理办法》和《奉贤区实施重大决策网络舆情风险评估的办法(试行)》等文件,主动提高对各类有害信息、政治谣言的快速响应和处置能力,稳妥做好各类网络舆情的应对处置。开展网络安全专项检查,对全区 202 个信息化系统开展日常监测,筑牢网络安全防线,并以全国排名第 16 的成绩顺利通过国家数字乡村试点终期评估。

持续在央媒、市媒发出奉贤声音,联动更多、更大的平台,讲好奉贤故事。每年向市媒、央媒的供稿数量都在 3 000 篇左右,不少新闻登上了人民日报、新华每日电讯、解放日报的头版,报送的电视新闻在央视《新闻联播》、上视新闻综合频道上播出,《新闻坊》的用稿量连续多年居全市前茅,2023 年获得全市第二的好成绩。在 2022 年的"大上海保卫战"中,中心通过自采和主动喂料的方式在中央和市级的 40 余家媒体平台共发布奉贤相关抗疫信息 1 453 条,输送高质量视频新闻 500 余篇,直播连线 50 余次,为其他央媒、市媒提供素材稿件 650 余篇。"满天星便民超市""三辆车""机关干部顶岗""红色帮帮团""防疫专员""云端服务"等奉贤区疫情期间的创新举措多次登上央视《新闻联播》、人民日报、解放日报、文汇报、新民晚报等主要央媒、市媒。

（三）内外联动创特色，打造区级新闻资讯新"引擎"

2021年11月，奉贤区融媒体中心联合新华社在《华尔街日报》和《费加罗报》上刊登了两个奉贤专版，被美联社、捷克通讯社、法新社（日本）、韩联社、波兰通讯社、日本共同社、俄塔社、埃菲社等在内的海外知名通讯社和480家海外网站转载发布，平均每家媒体的访问人次突破40万，法国《费加罗报》奉贤区专版荣获2022年上海市银鸽奖的"最佳国际新闻作品"奖。中心在纽约时代广场等国外重要城市的标志性位置发布"奉贤·让世界聆听"海报，获得2023年上海市银鸽奖的"活动/案例类"优胜奖。2023年，中心委托新华社在脸书和推特运营奉贤的海外双平台账号"Nice Fengxian"的粉丝量超10万，"新年第一缕阳光"等多条视频和新闻获得很高的播放量，引发国外网友热议，该项目还在新华社新闻信息中心"2022—2023年度全国融媒体中心能力建设典型事例"评选中，入选"县级融媒体中心国际传播典型事例"。在新媒体和海外账号推出《外国人看奉贤》系列短视频作品，选取10名在奉工作、生活的外籍人士，透过他们的视角，展示奉贤的营商环境、生活环境，让市民更好地感知、认知奉贤，获得2023年上海市银鸽奖"视频类"优胜奖（见图18.3）。此外，奉贤区融媒体中心还与新华社新闻信息中心上海中心签署合作框架协议，进一步深化国际传播合作，向世界讲好中国故事的"奉贤篇章"；在《经济参考报》《中国城市报》《解放日报》《文汇报》等报媒开设专版报道奉贤的发展成就，集中展示了奉贤新征程中的新干劲、新风尚、新气象。中心还和新民晚报、澎湃新闻、SMG东方广播中心、上海出版印刷高等专科学校、联通公司等签约合作，营造更加活泼的媒体生态环境。

图18.3　《外国人看奉贤》系列视频之《外国人看奉贤｜傅隆》

在此基础上,奉贤区融媒体中心进一步践行"全员媒体"的发展理念,策划组织了系列主题活动,多主体、多角度、多面向地展示奉贤形象。2022—2023 年,中心策划举办"选择奉贤,选择未来"百人融媒采访活动。该活动邀请市作协、区作协的作家和区融媒体中心的骨干记者执笔,区摄影家协会摄影家拍摄,历时一年完成了对 100 位新奉贤人的采访,出版发行了《选择奉贤》一书,讲述各行各业中近百个新奉贤人与奉贤结缘、在奉贤奋斗的故事,通过全媒体进行同步报道,并于 2023 年举办《选择奉贤》首发仪式暨"选择奉贤,选择未来"百人融媒采访成果展,全面展示奉贤吸引人才、留住人才的魅力所在(见图 18.4)。2023 年暑假期间,中心还联动在奉各高校,策划举办了"千名大学生看奉贤暨'发现奉贤'短视频征集大赛"活动,以大学生的视角发掘不一样的奉贤形象。

图 18.4 2023 年举办《选择奉贤》首发仪式暨"选择奉贤,选择未来"百人融媒采访成果展的新闻报道

四、创新探索"奉贤特色":强化共享共创机制,驱动区域品牌建设

奉贤区融媒体中心在日常运营过程中,注重吸纳专家、学者及市民等社会力量参与中心内容生产建设,不但丰富了选题素材,也真正践行了"宣传进基层、宣传进社区、宣传进人心"的融媒策略。与此同时,奉贤区融媒体中心结合地域优势,联合各级媒体进行了品牌宣传建设,取得一定的成绩。

(一)强化共享共创机制,充实自身"编外"力量

一是创新人才队伍建设模式,吸纳社会上的专业力量。奉贤区融媒体中心在制度上进一步突破瓶颈,编制并实施了《奉贤区融媒体中心"共享记者"机

制实施办法（试行）》，充实了新闻采编的"编外"力量。"共享记者"具体分为全职入驻的"共享记者（主持人）"、半数时间入驻的"共享记者（主持人）"、弹性入驻的"共享记者（主持人）"三类，采用项目化管理的方式，不占区融媒体中心的编制，不交社保等费用，参与奉贤区融媒体中心新闻内容的生产，包括提供文字、图片、短视频等新闻产品，按照项目规定的内容给予薪酬。2022年，中心选聘常驻型共享记者2名，录用了57名作家、摄影家等社会专业人士提供的各类稿件和照片。2023年，公开招募共享编辑、美编、主持人、摄影，吸引280余人报名，并于6月成功举办"声动南上海·唱响新发展"奉贤区共享主持人选拔赛，获得第一名的选手以常驻型共享记者的方式在融媒体中心工作。

二是通过"新闻＋政务服务"模式创新，广泛吸纳市民力量。中心与区城运中心联手打造"拍贤城·美奉贤"服务平台，让市民群众化身"啄木鸟"，为奉贤高质量发展积极建言献策，加快推进人民城市建设。此外，中心还在"美谷奉贤"客户端全年定制线上活动和专题共11个，注重加强与市民互动，提供更多政务和服务项目。

（二）创意点亮城市形象，驱动区域品牌建设

奉贤区融媒体中心联动街镇、央媒和市媒，举办了多场富有创意的系列大型活动，并一直延续为特有区域品牌。2020年，中心在上海中心"上海之巅"观光厅举办"勇攀新高峰，创造新奇迹——东方美谷·奉贤图片展"，充分展示奉贤作为南上海核心城区的新面貌、新成就。2021年，和SMG合作举办"遇见未见——'十四五'开局看奉贤"融媒体政务访谈，邀请区领导和各街镇党委书记走进直播间，畅谈新蓝图。2022年，邀请中央、市级等权威媒体参与13场"行走的奉贤——迎接党的二十大"街镇主题日宣传活动等，展示奉贤新征程上的发展蓝图。2023年，联合各街镇策划举办"走好赶考路，奋楫新征程——奉贤区街镇党委书记'高质量发展'融媒访谈节目"，通过全媒体同步播出，展现各街镇共同谱写奉贤高质量发展新篇章的决心和信心。中心还策划组织了第一届"新江南文化与新城建设"高峰论坛，以"传承与创新"为主题，邀请来自国内20多所高校、研究机构的知名专家学者和多个兄弟地市的实务工作者齐聚奉贤新城，为提升城市软实力注入更强大的文化动力，进一步提升了奉贤的形象。2023年，联合庄行镇策划举办"花米美酒宴四方　羊肥梨香品一夏"星

期广播音乐会奉贤专场暨第十六届上海庄行伏羊节开幕式,利用小红书等平台,加大奉贤非遗文化宣传,助推奉贤经济发展。此外,中心连续多年举办"长三角媒体看奉贤""央媒看奉贤"等品牌宣传活动,让更多人通过媒体之眼了解奉贤。奉贤区融媒体中心还加强与央媒的合作,分别在城市导报、新华社客户端等开设奉贤频道,委托新华社运营奉贤的海外账号,通过推特等平台展现奉贤的发展成就。

聚焦短视频创作。2023 年,中心成立短视频专班,探索创新融合发展,切实做好短视频选题、短视频内容策划、原创特色短视频打造,不断优化和创新短视频的内容,借助多样化的表现方式让短视频更加具备特色,吸引大众关注。目前,中心共推出原创短视频近 30 部。同时,新媒体平台精耕短视频创作领域,先后开设了"旧物件小辰光""奉贤风物""烟火闲话""老手艺温暖了冬季"等系列短视频专题,获得市民的青睐;积极和各委办局、街镇合作,联合区卫健委开设时令性食疗系列合集——《点"食"成"精"》,牵手金汇镇开设展现奉贤区乡村振兴新面貌、烟火民俗的《金"灶"吃啥》系列合集 8 篇,总阅读量超百万人次,在抖音、视频号、微信公众号等多个平台引发关注和热议。

(三)完善考核机制,推动媒体融合传播力和影响力

2020 年 10 月,奉贤区融媒体中心正式实施《上海市奉贤区政务新媒体日常运营管理和考核办法》,对区域内的政务新媒体资源进行了整合,加强了指导,实现了平台资源的共享,并同步梳理完善了通讯员队伍,极大地激发了各地区、各部门的积极性,完成了新媒体矩阵体系的构建。在此考核机制下,一方面,能在重大新闻舆论、重要时间节点、重点宣传内容时快速形成新媒体同城联动效应,多点发力,在网络上形成正面舆论传播;另一方面,能够进一步规范各政务新媒体信息发布的手势和流程,指导各政务新媒体坚持以议题设置为重点,开展矩阵式传播。在考核办法的影响下,区域内政务新媒体共发布涉疫正面宣传推文 5 200 余篇,集中梳理了网民普遍关注的疫情防控热点问题;在"上海奉贤"重点发布内容评论栏中设置"问答"60 余期,主动回应网民关切;加大对网络舆论的引导,在微博设置"#奉贤防疫不松懈#""#同心防疫,让我们一起苗苗苗#"等话题,不断促进社会话题的正向表达。2022 年,微博实现矩阵式话题讨论 13 万余次。

第十九章

崇明区融媒体中心建设运营报告

一、崇明区融媒体中心简介

2019 年 9 月 16 日，崇明区融媒体中心正式挂牌成立，是上海市崇明区委直属的公益二类事业单位，归口区委宣传部管理（见图 19.1）。崇明区融媒体中心内设机构 13 个，即办公室、财务部、总编室、新闻采编部、移动传播部、广播电视部、报刊部、通联服务部、技术部、有线网络部、广告活动部、网络应急部（区网信应急中心）和文明实践部。在此基础上，内部成立采编中心，实行“一

图 19.1　崇明区融媒体中心外景

次采集、多元生成、全媒传播"的运行模式,总编室负责策划指挥,新闻采编、移动传播部负责建设平台,技术部负责技术保障,网络应急部负责舆情处置,各部门各司其职,统一形成融媒体中心的闭环管理架构。

崇明区融媒体中心的主要职能是:贯彻执行党中央、市委和区委关于新闻宣传、媒体工作的方针政策和决策部署,巩固宣传思想文化阵地,壮大主流思想舆论,把握正确的舆论导向,扩大新闻舆论的传播力、引导力、影响力、公信力;执行国家广电行业法律、法规,依法维护广播电视设施,确保广播电视节目安全优质地播出;负责崇明广播电视台、崇明报社、"上海崇明"等传统媒体和新兴媒体的运行管理和融合发展;依托"媒体+"的运行模式,发挥区级媒体信息服务平台的作用,对接党政部门的技术平台,提供政务服务、便民服务的资源;加强新闻媒体队伍建设,健全基层通讯员网络和媒体协作机制;负责全区广播电视网络信息数据的传输覆盖、运行维护和管理。

二、崇明区融媒体中心运营情况

崇明区融媒体中心坚持守正创新、深度融合,搭建融媒"主心骨",将广播电视台、报刊、客户端、微信、微博等所有区域公共媒体资源整合起来,形成围绕"上海崇明"的融媒体矩阵架构:第一,广播、电视、报纸等传统媒体,即崇明广播电台、崇明电视台、崇明报;第二,"两微一端一抖一快",即"上海崇明"微信公众号、微博、APP客户端、抖音号、快手号;第三,以"上海崇明"为名称在岛外媒体设立入驻号,包括人民号、上观号、网易号、大鱼号、今日头条、澎湃新闻、一点号等,并进行统筹规划运营。

(一)抓好总体谋划,做好指挥调度

1. 强化编委会运行机制,抓好总体谋划

崇明区融媒体中心组建成立编委会,由中心主任担任编委会主任,分管领导为副主任,相关业务部门负责人和业务骨干为成员,定期研究讨论区融媒体中心的年度宣传计划和重大主题宣传内容,对各平台栏目改版和变动进行审查,研究新闻宣传培训、考核、评优等重大事项。总编室作为编委会的办事机构,及时梳理阶段性宣传工作的成效,形成有效的制度和相关工作规则。

2. 落实编前会制度，做好指挥调度

中心规定，由值班总编每日下午召集人员举行编前会，对次日的采编任务和工作重点进行分工。同时，围绕近阶段的热点和宣传重点，就有关选题和采编内容作出提示，进一步明确选题采访内容，并将任务具体落实到人，做好次日采编的指挥调度，做到事前充分策划和准备。中心着力推动项目化、系列化指挥调度模式，同时，建立每周部门会议、每月采编会议和双月大宣传会议等会议制度，通过在重大主题宣传中形成专项宣传方案、组建工作专班等方式，形成主题宣传项目化、系列化的运作模式。

3. 依托技术平台系统，开展通联协作

崇明区融媒体中心充分整合新技术、新平台，提升通联水平，打通乡镇委局和公司园区供销渠道，了解掌握基层情况和宣传需求，主动挖掘新闻线索并在"上海崇明"APP、崇明台和崇明报开设"基层新闻官"专栏，激发基层通联的活力，培养和锻炼了一支扎根基层的"新闻官"宣传队伍，推动基层融媒工作站和"基层新闻官"队伍的建设。2023年，咔咔通联融合项目获上海新闻奖三等奖。

4. 理顺采编指挥流程，实现融合生产

崇明区融媒体中心注重完善新闻内容的生产流程，深化采编中心的运行管理，对相关部室的采编人员进行梳理整合，实现了更高效率的内容生产。采编中心设采访部、编辑部和制作部：采访部负责采集；编辑部根据采访素材进行编辑及多平台分发；制作部负责移动端小视频制作。经过探索，采编中心运作取得了初步成效，基本上形成了"以采编中心为核心、以编前会为驱动、以采编系统为平台、以考核制度为抓手"的策、采、编、发、评的内容生产流程。2023年，"禾视频"新闻品牌获上海广播电视协会上海广播电视融合奖一等奖，海报《崇明二十四节气》获IP SHANGHAI最佳设计奖，短视频《我的乡村我的家》获中国农业电影电视中心"乡村振兴我代言"美丽乡村短视频导演奖，《崇明这个乡镇巧用妙招　解决群众急难愁盼》获市委宣传部2022年第二季度"走转改"优秀作品二等奖，5条电视选题被中央电视台录用，230多条次电视新闻被上海电视台录用。

5. 加强责任落实，严格安全管理

崇明区融媒体中心注重内容安全审核，着力完善内容管控制度建设，实行全平台内容"三审"制度，制定新闻宣传意识形态工作责任制，全面落实"两个所有",确保中心所有从事新闻信息服务、具有媒体属性和舆论功能的传播平台都纳入依法管理的范围,中心所有新闻信息服务和相关业务人员都实行准入管理。确保安全播出,严格规范执行各项广电播出规范制度,切实加强值班值守管理,加强监听、监看力度,圆满完成党的二十大、全国"两会"、"大上海保卫战"期间的安全播出保障任务。中心注重守护网络舆情安全,及时做好"上海崇明"新媒体各平台涉崇舆情收集、研判、处置工作,第一时间与涉事主体取得沟通联系,并及时回应网民的关切。

(二)建设融媒体客户端,展现崇明特色,对接群众需求

崇明区融媒体中心依托市级统一技术平台,秉持移动为先的理念,充分利用现有资源,在业务方向上积极拓展,打造具有综合服务兼具崇明特色的"新闻＋政务服务商务"移动新媒体产品"上海崇明"APP,开设并制定专属崇明的特色功能。依托区融媒体中心统一技术平台的内容和运营管理能力,"上海崇明"APP 不断更新版本,更新方向包括实名认证功能上线、适老化无障碍改造、圈子回复功能等,也有按用户需求进行的功能性完善。2021 年 10 月,客户端完成无障碍适老化整体改造升级,是工业和信息化部"互联网应用适老化及无障碍改造专项行动"首批通过适老化及无障碍水平评测的 APP 之一。

近年来,通过开发主体的技术支持以及相关各部门的有效联动,"上海崇明"APP 持续推出一系列兼具实用性又富崇明特色的功能,如"一网通办""住崇明""崇明好物"等功能模块,丰富了客户端本地服务的功能性。

(三)以技术反哺内容,做强主流舆论

崇明区融媒体中心通过与东方网的沟通协作,将发布内容在客户端进行了科学的排序和细分,进一步方便了用户的内容索引,并且以"做强首页""做活视频""做优图文"的排布方式,把好的内容"顶"上首页,扩大其传播力和影响力。中心通过开发主体的技术支持以及视频留言、直播互动等方式,将单向的内容输出提升为双向内容互动,有效地提升了平台的内容活力和主题宣传内容的传播效力。以 2022 年 11 月的党的二十大主题宣讲直播为例,"上海崇明"APP 在直播页面同时搭载了"签到"及"PPT 展示功能",使该场直播的体验感进一步增强,最终该场直播累计参与签到 5 000 余人,在线观看人数突破

了 1 万人次。

同时,"上海崇明"APP 结合各重要时间节点,推出了一系列具有影响力的专题内容,如"喜迎二十大""我们这十年""看家乡之变""我的乡村我的家"等,通过 H5 页面、动态长图、短视频、图文等多种表现形态进行综合呈现。通过多种媒体技术的运用,主流内容宣传更具活力,其中,首次设计策划的"看家乡之变",通过多张设计精美的海报带领网友回顾了崇明十年来的变化发展,让受众有耳目一新的体验。2022 年,由中心广播新闻部策划制作的百集音频产品《声音档案》正式在客户端上线,该系列产品以音频的方式呈现了党的十八大以来崇明建设发展取得的新成就和大事记。2023 年,完成"新时代新征程新伟业"主题系列报道和"新时代奋斗者"栏目系列报道,做优"乡镇发展抢先看""我在崇明蛮好的""反复爱上崇明"栏目。与此同时,"上海崇明"客户端不断加强与"上海崇明"抖音号、视频号、微信等端口的运营互动,实现同一内容的多点高影响力传播。

(四)多端发力、多部门合作,以活动运营提升影响力

崇明区融媒体中心注重加强自有多平台的有效联动以及和相关部门的通力合作,为"上海崇明"客户端争取更多的内容资源、活动资源,努力为其可持续发展注入动力和活力。2022 年,"上海崇明"APP 通过与区教育局合作,试水上线了"劳动小达人"主题活动,吸引广大中小学生在专题栏目内上传自己的手工作品、劳动视频,并通过"每周达人"评选激励学生们踊跃参加,最终该活动累计吸引崇明全区 6 000 多名中小学生参与,并遴选出一批优秀作品,在"上海崇明"微信、抖音、视频号等端口进行传播展示。其后,通过技术服务、资源互换等方式,中心和区台办、区经委联动了包括"情系两岸·同心同梦""进博会知识竞赛"等主题活动内容,通过 H5 页面、主页推荐等多种形式使内容更具互动性和吸引力。

三、全媒体服务应用实践

(一)以高效合作做强政务服务

崇明区融媒体中心在"上海崇明"APP 设置了党建专栏,大力宣传习近平

新时代中国特色社会主义思想,及时传递中央和市委的重大决策部署;上线"万事通"板块,内设政务服务、交通服务、社保服务、应急热线等功能,为群众提供线上政务受理和信息查询服务。在中心和区人保部门的协力推动下,"上海崇明"APP于2022年7月正式上线"就业招聘"板块,为招聘企业和求职者搭建起互通的线上平台。

(二)融通本地,强化群众服务效能

通过几年的试水探索,"上海崇明"APP打造出一系列功能性强、本地特色明显的服务功能,也盘活了"首页按钮""圈子""积分商城"等功能板块。崇明区融媒体中心通过与区文化和旅游局、区农业农村委、区大数据中心等的合作,在客户端嵌入诸如"住崇明""崇明好物""景点门票"在内的功能按钮,进一步丰富了"上海崇明"APP的功能性和实用性;通过"冰墩墩抢兑活动""崇明好想你路牌活动""崇明记忆集锦鲤活动"等系列主题文创活动的策划,开发盘活了"上海崇明"APP的积分商城,让"上海崇明"APP占据了本地文创开发的阵地,也进一步激发了客户端的活力。

(三)试水商务,提升自身"造血"活力

根据前期"花博会"以及助农带货直播积蓄的经验和案例,崇明区融媒体中心在"上海崇明"APP上线了多功能式积分商城,集宣传、展示、售卖等功能于一体,通过"积分+"的全新销售模式,实现了平台激活与商务试水的复合型双赢。相较于抖音等第三方入驻销售平台,客户端积分商城有着自主性强、安全性强、互动性强、黏度性强的诸多优势。截至目前,积分商城已累计销售"我爱崇明"系列文创50单,跨出了自主商城试水的第一步。

四、创新探索"崇明特色":构建大宣传工作格局,畅通民生服务

崇明区融媒体中心在近些年的发展中,不断优化自身内容生产力,依托通联技术系统、区级融媒工作室等探索创新融合生产方式。此外,崇明区融媒体中心利用区位特征,注重自身宣传与国家方略、区域战略的有机结合,构建大

宣传工作格局,并不断完善自身移动客户端的建设,为区域居民提供更便捷、更细节的民生服务。

(一)紧扣全区通联"一体化",构建大宣传工作格局

1. 依托采编融合生产指挥系统,推进流程再造和上通下联

崇明区融媒体中心根据媒体融合的实际需求,依托采编融合生产指挥系统和上海市区级融媒体中心统一技术平台,通过选题汇聚、资源共享、作品评价三个环节,实现中心素材、平台、人员大融合。采编人员通过手机或电脑登录采编融合生产指挥系统,即可进行选题上报、上传素材文稿和编辑生产,打破广播、电视、报纸和新媒体之间的壁垒,实现一次采集多平台应用、一个素材多频次创作,在实践中培养一批全媒体人才。在完成内部的媒体生产业务融合后,中心在实践中逐步拓展媒体通联体系,将乡镇委局、企事业单位纳入通联系统,形成上下一体化的通联体系,促成了县级融媒与基层信息员队伍的更有效"联通",大大拓宽了新闻线索汇聚通道,与各乡镇委局逐步实现了共享共用新闻线索和新闻信息,在全区范围内聚集起一支庞大的宣传工作者队伍。此外,崇明区融媒体中心还与在崇市属单位、央企、高校等联合,并甄选有公信力的自媒体加入,逐步构建起符合崇明实际的、从融媒到基层策划、采写、传播为一体的大宣传工作架构,进一步壮大了主流舆论阵地。崇明区融媒体中心新闻通联融合项目获得业界肯定并取得了一系列荣誉,曾荣获长三角广播电视媒体融合项目奖、长三角广播电视媒体融合优秀案例网络人气奖、中国电影电视技术学会科学技术奖三等奖、上海市广播电视局科学技术进步奖二等奖和 2022 年度上海新闻奖。

经过探索实践,崇明区融媒体中心基本上形成了以采编中心为核心,以编前会为驱动,以技术系统为平台,以考核制度为抓手的策、采、编、发、评流程,基本上建成了"中央厨房",基本上实现了"一次采集、多元生成、全媒传播"的融媒体生产传播格局。在此流程下,中心记者和编辑的工作积极性得到了调动,业务工作量逐年提升。经统计,2020 年全年的采访报道量近 5 000 条,是前三年报道量的总和。2021 年,得益于"花博会"等大型活动的助力,中心报道量远超 2020 年,达到 8 200 余条,"上海崇明"各平台视频的播放量突破 3 亿次。同时,中心记者的业务水平不断提升,选送作品荣获 2021 年度第 31 届上

海新闻奖二等奖,位列全市各区的首位。新闻作品《环岛景观大堤:重修堤坝防御提级　"城市阳台"风光无限》获 2022 年度《新闻坊》优秀作品二等奖;《造船人》获 2022 年度《新闻坊》优秀短视频作品奖。

　　2. 启动"基层新闻官"计划,充实基层新闻宣传力量

　　2021 年,崇明区启动"基层新闻官"计划。由区委宣传部牵头,崇明区融媒体中心和全区各部门共同参与,在全区遴选出具有宣传需求的各条线人员,纳入"基层新闻官"计划,成为大宣传队伍的核心人才,形成优秀记者编辑经验课程库,积极为"基层新闻官"提供线上线下的业务培训,已吸纳"基层新闻官"500 多人(见图 19.2)。同时,中心吸纳区域内的优质自媒体达人、政治素养高的市民群众、高校学生、船厂工人、新农人、身边好人、道德模范等为补充,向着"全党做宣传、全员做宣传"的目标迈进。2023 年,全区"基层新闻官"投稿 2 210 篇,录用 497 篇。

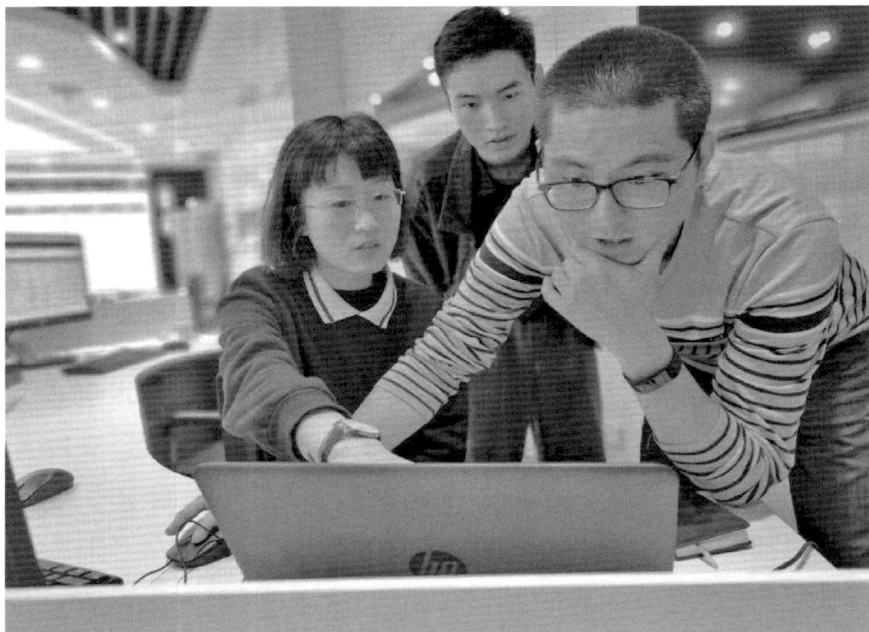

图 19.2　"基层新闻官"业务培训

　　依托区融媒体中心平台开展线上线下业务实训、融媒骨干记者上门培训、开放各大平台展示基层作品以及每年开展评优等活动,"基层新闻官"和融媒体中心记者的能力水平向高质量迈进。"基层新闻官"项目荣获崇明区

2023 年度区级机关基层党建"火炬行动"精品项目。

案例展示

　　疫情期间,崇明区 18 个乡镇在实践中涌现出众多各有特长的"基层新闻官",创作了很多广泛传播的好作品,并通过这些作品帮助老百姓解决了问题。《岛内外志愿联动,为村民送来了"续命药"》《庙镇巧用妙招转"危"为机》等来自"基层新闻官"的作品,经区融媒体中心再次创作后,被人民日报、中国青年报、上海电视台、东方网、上观新闻等登载报道。18 个乡镇的"基层新闻官"们集体发声,积极推动了崇明"疫期帮侬忙"代配药专项行动的诞生与落实,共完成药品配送、代配(取)药 21 753 单,还为 800 多位婴幼儿解决了奶粉、尿布问题,该案例在解放日报头版刊发。在日常宣传中,众多来自"基层新闻官"采写的民生案例将基层声音传递到相关部门,最终为百姓解决了实际问题,赢得了民心。截至 2023 年年底,"新闻官"栏目共为群众解决 500 余个实际问题,回应解答民生问题 2 400 余条,相关短视频累计流量超 100 万次。

　　3. 就地取材顺势而为,打造区级融媒工作室

　　崇明区融媒体中心倡导跨界融合生产,在全市各区首创区级融媒工作室,首批培育的"方言说""冲冲说""主播说""吴大嘴""路路子研究室"5 个融媒工作室立足崇明特色,注重打造差异化风格,通过专业化、垂直化内容生产,以群众喜闻乐见的语言方式和节目形式,创作推出了一批涉及民生、民俗、文化、旅游等方面导向鲜明、富有影响力和感染力的优秀融媒产品,单条播放量超过千万人次的有 10 条,单条播放量超百万人次的有 100 余条。其中,"路路子研究室"首创跨区跨省联合直播,增强了传播影响力;"方言说"工作室的受众群体辐射至长三角以外地区;"主播说"工作室创作的 50 余条短视频累计播放量超 1.3 亿次,其中,《主播说——疫情下的粮食安全》单条视频播放量超 6 000 万次;《吴大嘴说——宁静的崇明》在 2022 年被上视新闻坊录用,成为首个登上市级媒体的区级融媒体工作室产品。2023 年,探索推出"寻味崇明"系列,民间 IP "小菊阿姨"的形象和属性也日渐清晰,同时,"我家小店"系列短视频全新上线,将镜头和话筒对准一家家有故事、有人情味的小店,呈现他们励志的创业故事,

展现他们在崇明的美好生活。2023 年,共发布"寻味崇明"系列短视频 36 条,播放量达 335.8 万次;发布"我家小店"系列短视频 12 条,播放量达 73.6 万次。

以成立于 2021 年的"方言说"工作室为例,其是在产品《方言说》栏目获得一定市场热度及良好社会反响的基础上,综合考虑做深内容、做强影响力、探索可复制性而成立,工作室成员由《方言说》栏目各主创人员组成。该工作室试水实践"工作室+民生",通过方言短视频的形式回复老百姓关心关切的民生问题,在集中居住等重大民生项目的推进中起到重要的协调作用,也得到社会各方的广泛好评。

案例展示:https://cmweb.shmedia.tech/h5/cm/share/index.html? id = 66c519a6493740839238bbaa712a5c6c & type = short-video·+·+·+·+·+·+·+·+·

由"方言说"工作室推出的《方言说》栏目是崇明区融媒体中心依托微信公众号、视频号、抖音、微博、快手、B 站等平台进行多媒体平台投放的方言系列短视频栏目。该系列以崇明方言为载体,围绕崇明本土风俗习惯、方言特点、文化特色、时下热点等内容,通过打造"崇明话小姐姐"IP 形象,采用"一周一期""一期一主题"等形式,运用大众喜闻乐见的方式传播崇明方言,传承方言文化。

崇明区因地域、产业发展等背景因素,外出上海市区等地工作生活的崇明人占有一定的比例,加上普通话的普及推广,崇明方言面临着使用人数越来越少、传统文化可能出现传承断代的问题。在此背景下,《方言说》栏目应运而生,依托指导老师顾晓东的学术性研究,结合工作室成员的主题策划,用最接地气的乡音、最喜闻乐见的形式,讲述各类崇明方言中不被人所知的方言知识以及逐渐被大众淡忘的崇明传统文化习俗,使之极具崇明地域特色。一经推出,因内容的"家乡化"勾起了无数岛内外崇明人的浓浓"乡愁",再经过岛外家乡人士们在各自朋友圈内的转发扩散,吸引了更多人的目光,快速圈粉,建立了稳定的粉丝群体,形成品牌。

《方言说》开播之初便积极寻找设立 IP,以求在受众群体的心中建立起品牌与 IP 之间的连接,使品牌符号化,增加品牌的辨识度。在经过多轮人选试镜录制,充分参考网友评论反馈、点赞量、视频播放量等客观数据的基础上,将栏目固定的 IP 形象确立为一位土生土长的"90 后"崇明青年,并取名"崇明话小姐姐",担任栏目主播。如今,"崇明话小姐姐"IP 形象在崇明本岛家喻户晓,受到了大家的一致好评,也由此引领了本岛一波"小哥哥""小姐姐"IP潮流。

自"方言说"工作室成立以来,团队在原有《方言说》讲述崇明方言文化的基础上,不断作出新的尝试和创新,使内容形式更加多元。一是由方言短视频向方言直播、方言新闻等"方言＋"形式拓展,例如,开展了"'忆'起崇明"系列直播主题,包括"崇明糯食""夏日回忆"等8场直播,由主播带领大家以直播互动的方式,回忆崇明的往昔传统,一起线上忆苦思甜,最高观看量达2万人次。2020年疫情期间,开展多场助农、助企线上直播带货,为企业发声,为农户站台。2021年崇明举办第十届中国花卉博览会期间,工作室举办多场探秘打卡类直播,广泛宣传花博会的内容,最高观看量达2万人次。二是由方言文化向方言游崇明攻略、方言政策宣传、方言热点播报、方言疫情提示等各类"方言＋"内容扩充,例如,"方言＋禁毒""方言＋两会""方言＋生态岛建设20年""方言＋疫情提示"等内容,使得原本枯燥乏味的政策类宣传内容变得更为亲切,提高了受众的接受度,让政府的声音传得更远。

2023年,"方言说"斩获了400万人次的高流量。在收获视频系列高播放量的同时,各工作室也在不断转型,进行"工作室＋"的尝试。以"方言说"工作室为例,今年该工作室试水实践"工作室＋民生",通过方言短视频的形式回复老百姓关心关切的民生问题,在重大民生项目的推进中起到重要的协调推进作用,也得到了社会各界的广泛好评。

4. 结合主题宣传与区域特色,深化媒体主业

在党的二十大主题宣传中,崇明区融媒体中心以项目化、系列化呈现,策划推出"十个一批"内容产品,做好党的二十大主题宣传,全面回顾党的十八大以来崇明世界级生态岛建设在经济、社会、民生、生态发展等领域取得的历史性成就。中心还策划了以"奋进新征程·建功新时代——喜迎二十大"为主题的系列报道,讲述崇明过去十年间的发展故事,描绘未来的美好生活;客户端平台发布"非凡十年""我们这十年""红色老物件""崇明十八境""声音档案——回眸十年(2012—2022)"等专题报道200余条次。

中心注重全方位推介花博盛会,通过园区采访介绍各大展园的特点和花博会的重点活动,提示各类细节服务,为市民提供全面的花博会信息,展现生

态岛建设的成果。同时,中心对花博会的典型人物报道进行深度挖掘,更立体地展现花博盛会中的凡人故事,推出"花博攻略系列""花之系列""你好花博系列"等花博会短视频、微视频和直播节目,其中,"花博攻略系列"视频累计播放量超 300 万次,为扩大花博会的影响力、知晓率,为服务花博会游客作出了突出贡献。围绕花博会开幕式,中心进行了全方位深入报道,开幕前后 2 期《崇明报》增设特刊、专版共 24 个版面,从整体内容到视觉均精心策划采制。同时,中心紧紧围绕花博会策划选题,在"上海崇明""两微一端"相继开设"你好,花博""身边的花博""花博百事通""花之系列"等多个专栏,在花朝节开幕、花博会压力测试、花博会开幕等重要时间节点提前策划,充分发挥移动端的优势,以图文、视频、直播、H5 小游戏、宣传海报、图集、表情包等多种形式进行宣传,着力打造"指尖上的花博宣传",其中,《花博园区成为中国首个碳中和园区》获得上海新闻奖二等奖。

(二) 坚持移动优先策略,畅通民生服务渠道,打造崇明融媒 IP 形象

1. 移动优先,大力构建全媒体传播矩阵

崇明区融媒体中心坚持移动优先,在牢牢守住传统媒体阵地的同时,大力拓展新媒体平台,形成了以"上海崇明"APP、微信公众号、微博、视频号、抖音号、快手号以及中央、市级媒体平台和商业媒体平台入驻号为主的移动互联网传播矩阵。中心建立客户端首发制,牢牢把握主流阵地的话语权。在客户端首页,还开设学习习近平新时代中国特色社会主义思想专栏,收录习近平总书记的重要论述、重要讲话、重要指示,予以宣教。同时,积极推动"两中心"同频共振建设,开设新时代文明实践中心专栏,弘扬和践行社会主义核心价值观。

2. 打通堵点,畅通民生服务渠道

2022 年 1 月 1 日,"上海崇明"APP"小禾帮你忙"民生圈正式上线,当日即收到多条关于民生问题的提问和监督留言。疫情期间,更是通过网络平台帮助群众排忧解难。随着百姓留言的不断增多,"小禾帮你忙"民生圈相关内容累计获得短视频流量超 100 万次、页面浏览超 3 万次,客户端动态留言 2 800 余条,累计办结优秀案例逾千个。

首先,崇明区融媒体中心面向群众,发挥优势,探索本地服务民生圈"萌芽式"发展,推动全媒体"引流",扩大"小禾帮你忙"民生圈的百姓知晓度和影响

力。2022年崇明"两会"期间,在"上海崇明"APP开启"小禾帮你忙"民生圈"两会"专栏,并积极借力"上海崇明"微信、抖音、视频号等平台的流量和粉丝效应,以推文、短视频等方式征集百姓留言,推广客户端民生平台,多平台的联动使得宣传推广效果显著提升。

其次,中心注重深挖资源、靠前服务,疫情期间"小禾帮你忙"民生圈影响力快速提升。2022年3月,随着封闭管理等措施的升级,就医难、配药难、买菜难等问题短时间内骤增,"小禾帮你忙"民生圈主动开展集中宣传和对接服务,记者兼职客服"小禾"每天保持12小时在线回复,从线上互动到电话回应,"小禾"们力求用最快的速度纾解百姓的难题。2022年3月1日至5月30日,客服"小禾"累计回复留言超3 000条次(多层回复),累计通话时长超1 200分钟。"长兴岛术后患者出岛拔管""孕妇出岛产检""本岛宝妈跨区接新生儿"等一条条焦急的留言得到了"小禾"们及时又充满温度的回复、联系、沟通、解决。

最后,中心主动协调、多方借力,推动为民服务常态化进行。疫情期间,很多家庭都出现了母婴用品紧张的共性问题。为此,在"小禾帮您忙"服务平台的积极推动和区经委、各乡镇以及保供企业的协同努力下,"上海崇明"APP推出"母婴保供专栏"——家长线上下单、保供企业集中配货、乡镇志愿者线下代取帮送的母婴保供通道被打通。疫情期间,百姓们的留言除了急难愁问题,也有很多"鸡毛蒜皮"的小问题,如"银行不营业,老人们现金用完了怎么办""孩子上网课,打印机墨盒没了怎么办""猫猫的口粮断了,哪里可以买到猫粮",解决这些看似零碎的民生小事,让"小禾"的粉丝们感受到切实关切和主流媒体的服务温度。

案例链接:小禾帮你忙

https://cmweb.shmedia.tech/h5/cm/share/index.html? id=242298f6d81c4cf5a21740f9169cc003965e&type=community-hotspot

3. 以"小禾"为标识,打造崇明融媒IP形象

崇明区融媒体中心将"小禾"打造成为崇明区的融媒IP形象,注重中心各媒体业务和品牌形象的标识化宣传推广。

2019年年底,崇明区融媒体中心决定打造新闻短视频,并将品牌定名为"禾视频",借助"禾苗"意象传递出的希望与活力,映射崇明区绿色生态发展定

位,并且"禾"与"和""合"同音,寓意着"融合""和谐",体现出中心对媒体融合发展的美好期望。在此基础上,"禾视频"逐渐形成"聚焦崇明重大活动、实事项目""关注社会热点、百姓民生""推广本地民俗文化、自然风光"三大特色内容,通过规范操作,制定流程,统一包装推送,扩大了传播力和影响力,并在2022年度上海广播电视奖评比中荣获媒体融合类一等奖。在此意象的基础上,中心在客户端开设了"小禾帮你忙"民生圈,以便民服务不断提高"小禾"的影响力和辨识度,推出以"小禾"为IP形象的系列文创产品,作为粉丝互动的奖品,以此增强媒体与受众的黏性,不断提高融媒IP形象的影响力和传播力。2023年,"小禾帮你忙"民生圈紧盯"农民集中居住"这一重大项目,从项目建设进展、样板房揭秘、摇号安排、拿房流程等全环节进行对接引导,并加强客户端与微信、抖音等平台的联动,以"新闻＋民生圈"的方式,不断做大、做强客户端民生圈。

经验篇

3

上海 16 个区级融媒体中心在市委宣传部的统筹领导下,在各区委、区委宣传部的领导下,秉承人民城市发展理念,紧贴上海超大城市的社会发展实际,对标国家规范,坚持问题导向、效果导向,坚持管理体制机制创新,不断做强主流舆论引导格局。近五年来,各区级融媒体中心以用户需求、传播效果和技术应用为驱动力,以群众满意为检验标准,逐渐成为基层信息枢纽和治国理政的新平台,"新闻＋政务服务商务"的功能日臻完善。在此过程中,各区级融媒体中心形成较为明显的发展特色,"市—区—街镇—村居"四级主流舆论引导格局和社会服务体系高效协同,在集约化的"精准融合"和矩阵化的"立体融合"布局中,践行服务群众、引导群众的"深度融合"道路。[①]

　　目前,上海 16 个区级融媒体中心的运营生态日趋成熟,基本建成功能完善、流程合理、运作高效的全媒体传播体系,传播力、引导力、影响力、公信力显著提升,在体制机制建设、主流舆论阵地强化、统一技术平台完善以及深度推动或参与基层社会治理、市场化运作等方面,探索出创新融合发展的"上海经验"。

---

　　① 郑雯、万旭琪、施畅:《"螺蛳壳里做道场":城市中心城区融媒体中心深度融合的双重路径》,《新闻与写作》2022 年第 8 期。

第二十章

创新管理体制机制，做强主流舆论引导格局

一、坚持党管媒体的原则，完善相关制度建设

（一）主管部门统筹驱动、一体化布局

上海区级融媒体中心成立之前，各区级媒体发展水平、财政支持力度的差异较大，大部分区的纸媒没有刊号，市区台没有频率资源，在人员编制、从业资格证、职称评审等方面都面临诸多困难。面对央媒和市媒的竞争，各区融媒体中心还普遍面临资源匮乏、人才流失等问题。对此，上海区级融媒体中心建设坚持党管媒体的原则，实事求是、因地制宜，采用主管部门主导驱动、一体化布局的统筹模式，上海市委宣传部牵头进行全市统筹，各区委或区委宣传部直属，各区级融媒体中心按照正处级单位配置，不断完善制度建设。根据中央有关要求，结合上海市的实际，市委宣传部围绕坚持集约发展、坚持移动优先等15 个维度，制定出台了《上海市关于加强区级融媒体中心建设的实施方案》，强化各区级融媒体中心深度融合水平，逐步建成主流舆论阵地、综合服务平台以及社区信息枢纽。

为了确保上海区级融媒体中心的良性运营，上海市委宣传部通过一系列制度安排，推动组织机构建设规范化、宣传管理机制建设规范化、媒体融合建设规范化。上海市委宣传部、市委网信办按照中央和市委关于加快推进区级融媒体中心建设的相关要求，积极推动区级融媒体中心互联网新闻信息服务许可工作，优化审批流程，支持各区级融媒体中心顺利获得《互联网新闻信息服务许可证》《信息网络传播视听节目许可证》等，对达到要求的区级融媒体中心履行频道频率审批手续，并敦促区级融媒体中心建立健全相关制度，依法依

规开展互联网视听节目业务,为做强主流舆论阵地建设奠定了坚实的基础。

(二)完善资格审核和职称评定制度,激发内部活力

与全国大多数地区类似,上海在成立区级融媒体中心之前,部分区的报刊、电视台的人员身份较为多元,既有事业编制的员工,也有企业聘任制员工。当时,企业聘任制方式主要是通过派遣式用工的形式保障新闻采编主业,但有的人员不具备获取各类从业资质的条件,对事业单位的归属感不强,人员流动性大。上海区级融媒体中心成立后,有的中心属于一类事业单位,定编定岗,人员的身份问题得到解决;有的中心属于二类事业单位,多成立下属传媒企业,成为区级融媒体中心的有机组成部分,大大增强了员工的职业归属感。非事业编制的企业员工薪酬待遇完全依靠有限的区域市场,在企业自主经营、自负盈亏的状态下,始终存在"生存之忧",人心不稳。不同于其他地区一些公益二类融媒体中心将企业直接"交给"市场,上海的一些区级融媒体中心创新了事企一体化保底机制,不仅对中心事业编制人员按照财政要求保障,也对非事业编制企业人员薪资、基本运营经费予以保障。例如,嘉定区委明确,区级融媒体中心下属的上海嘉定文化传媒有限公司成立后,由区财政对公司日常运营予以基础保障,保障范围主要包括人员经费以及公用经费在内的各项费用。基于申报人数,区财政按照每人30万元的经费标准对公司在编人员予以薪资保障,解决了企业最基本的"养人"问题。[①] 通过较为坚实的财政托底,解决了工作人员"后顾之忧",也使公司免于创收压力,避免了新闻逐利等违规违纪问题的滋生,较好地保障了融媒体中心的规范良性运营。

在市委宣传部的指导下,区级融媒体中心新闻记者证申领资格通过了国家新闻出版署的审核。各区级融媒体中心可以自主为符合条件的采编人员申领新闻记者证和播音员主持人证,解决了影响各中心事业健康发展的"绊脚石",保障了区级融媒体中心各项新闻业务合法有效、顺畅规范,保证了区级新闻单位的权威性和公信力。此外,在区级融媒体中心成立之前,各区级媒体新闻专业人才职称评聘工作缺乏统一规范,各区人员评聘情况参差不齐。针对

---

① 袁鸣徽、郑雯、杨莹:《县级融媒体中心"适度商业化"的三重面向》,《辽宁大学学报》(哲学社会科学版)2022年第50期。

人才职业发展的瓶颈，上海市将区级融媒体中心专业技术人才职称评聘工作列入市委、市政府重点推进的跨专业新兴领域职称评价工作项目，市委宣传部会同市人社局于 2020 年 9 月联合印发了《上海区级融媒体中心新闻系列职称评聘办法（试行）》，并于 2021 年年底印发有关通知，规范区级融媒体中心新闻系列职称评审和聘用制度，加强区级融媒体中心新闻专业人才队伍建设，充分调动起新闻专业技术人员的积极性。

二、加强日常监管，创新运行管理机制

在市委宣传部的统筹领导下，各区级融媒体中心坚持政治家办报、办刊、办台、办新闻网站，坚持正确的政治方向、舆论导向和价值取向，坚守社会责任，把意识形态安全和社会效益放在首位，全力做优主平台、做强主账号、精办频道频率和节目，积极推出具有高传播力和影响力的融媒体品牌产品，以效果导向全面精准对接各类用户的需求。同时，强化阵地管理，严格规范在各平台发布内容的审核流程，强化"三审三校"制度，加强编审队伍培训，提升业务素质和把关能力。

（一）加强日常监管，搭建常态化互通联动机制

结合中央和市委重要会议以及重大工作节点，市委宣传部定期组织召开区级融媒体中心建设工作视频例会，各区委宣传部相关负责同志、区级融媒体中心主要负责同志等线上参加，会议重点传达中央和市委精神以及最新工作要求，近期重点宣传报道方案、宣传提示和有关通知。除了视频例会外，由市委常委、宣传部部长主持召开的舆情研判与新闻单位负责人工作例会，也邀请了各区委常委、宣传部部长参加。上述工作机制进一步强化了各区级融媒体中心问题导向、效果导向，搜集剖析相关宣传案例，提高舆情研判和应对能力。同时，组织各区全员发动、全面发声，不断提升新闻宣传和舆论引导的针对性、实效性，有效地营造舆论氛围。

（二）推出"融媒上海指数"，提升区级融媒体中心建设的成效

上海区级融媒体中心统一技术平台根据市委宣传部的管理要求，依照《县级融媒体中心省级技术平台规范要求》（GY/T 321—2019）以及区级融媒体中

心实际运营业务需求,对融媒体策划指挥、内容采编、多渠道分发、资源管理、互动运营、绩效评价等业务提供综合数据分析服务,从 2020 年 6 月开始,正式面向各区融媒体中心发布《区级融媒体中心运行数据周报》,从客户端运营数据、融媒体产品数据、融媒体生产数据等维度,对各区级融媒体中心的业务进行综合分析。

随着区级媒体融合工作的逐步深入,各区融媒体中心的业务趋向多元,原有单一分散的指标性数据难以客观反映各区级融媒体中心的整体运行水平。为此,在市委宣传部和行业专家的指导下,市级平台于 2022 年年底正式推出"融媒上海指数",从生产力指数、产品力指数、传播力指数、影响力指数、运营力指数 5 个维度构建上海区级融媒体中心的综合评价体系。在此基础上,平台正式发布《"融媒上海"月度运营报告》(后简称《月报》),包括"融媒上海指数"分析、区级融媒体客户端运营分析、运营业务实践案例分析三个主要板块,涵盖业务生产、信息内容、媒体资源、用户行为、开放互联等多个领域。通过《月报》的综合分析与研判,为各区级融媒体中心媒体产品的迭代升级、运营创新及智能算法提供了有力的支撑,促进各区级融媒体中心内部效能的提升,从更加立体和全面的角度为主管部门和各区融媒体中心提供数据运营决策依据(见图 20.1)。

"融媒上海指数"基于海量数据、用户深度反馈及专家建议,通过开放数据接口、大数据分析、数据挖掘等技术,对区级融媒体中心客户端的运营情况进行综合评价与分析。数据统计采取统一规则,用于衡量各区级融媒体中心在平台上开展媒体融合生产业务的情况以及融媒体客户端的运营情况,主要从融媒体生产力、客户端产品力、客户端传播力、客户端影响力、客户端运营力五个维度构建指标体系。

(1)融媒体生产力。该指标通过对各租户在上海区级融媒体中心统一技术平台上的使用情况进行统计,能够客观地反映各区级融媒体中心在平台各模块和业务端产生的数据量和生产能力,包括平台用户使用时长频率、媒体融合生产各业务流程的数据统计指标等。

(2)客户端产品力。该指标通过对融媒体客户端的新闻内容发布情况和用户行为反馈情况进行实时统计,可直接反映该客户端产品的运行水平。平台依托开放数据接口、数据统计 SDK 以及全网数据采集和大数据计算能力,

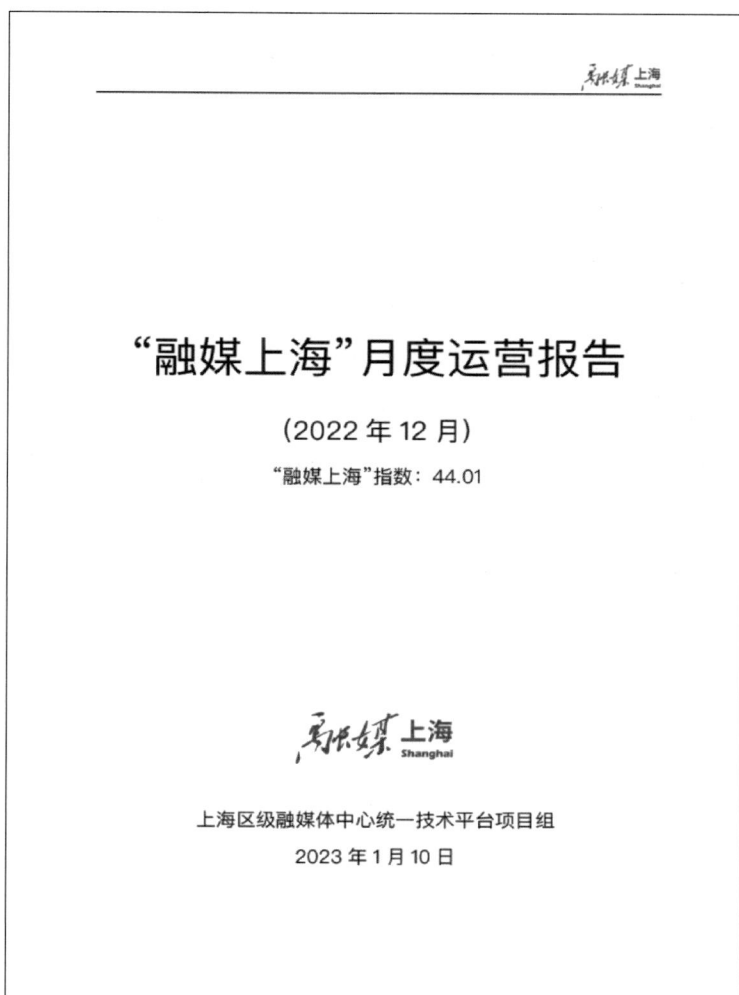

图 20.1 "融媒上海"月度运营报告

综合统计客户端新闻内容的发布情况和用户互动情况等相关指标，汇总形成产品力指数。

（3）客户端传播力。平台对各区级融媒体中心在客户端发布的新闻内容进行全网监测，统计其被不同新闻媒体及第三方平台转载的情况，通过对各平台的传播量和相应权重的计算，得出该租户客户端的传播力指数。简单来说，传播渠道越广，主流媒体转载得越多，最终传播力的数值就越高。从融媒体业务的角度看，传播力指数能够直观地反映区级融媒体中心生产的新闻内容的传播覆盖面。通过对单篇新闻内容的传播力指数分析，可以总结内容生产与传播情况的相关性,并作为后续内容策划的依据;通过比对不同渠道的传播力指数趋势,可以直观地反映该租户在不同渠道的内容发布情况,可重点针对不同渠道的特点,加强内容策划与投放。

（4）客户端影响力。影响力又称影响力指数,反映的是新闻内容在传播过程中引起网民关注和互动的程度。各区级融媒体中心客户端新闻内容发布后,市级平台通过跟踪收集相关内容在各传播渠道的阅读量、评论量、点赞量等互动数据,并结合传播渠道的数量和权重,汇总计算得出该客户端在一定统计周期内的影响力指数。简单来说,该客户端发布的新闻内容在各传播渠道收到网民各类反馈行为越多,影响力指数就越大。

（5）客户端运营力。该指标主要通过对客户端运营力数据指标进行统计,包括下载量、装机量和用户注册活跃度等系列数据指标,可综合反映客户端的用户规模和运营质量。

第二十一章

对标国家规范、紧贴上海实际，创新构建上海市级统一技术平台

上海区级融媒体中心统一技术平台（以下简称市级平台）于 2019 年 6 月 28 日正式上线，面向宣传管理部门和各区融媒体中心提供各项技术支撑和保障服务。近五年来，市级平台在支撑各区融媒体中心日常生产需求的基础上，持续迭代升级，不断强化平台的枢纽作用和创新引领作用，实现全市 16 个区级融媒体中心"拎包入住"全覆盖，显著提升了区级融媒体中心的影响力和服务水平，助力媒体业务向全媒体汇聚、共平台生产、多渠道分发的新型媒体融合生产格局转变，引领驱动区级媒体探索参与基层社会治理，搭建"新闻＋政务服务商务"融媒体运营模式的基础框架，赋能区级媒体深度融合发展，持续推动区级媒体扩大区域传播力和影响力，形成了区级融媒体中心建设运行的"上海经验"。

市级平台统领技术和运营两大业务板块，为各区级融媒体中心提供生产平台和流程服务、全过程工具支撑、基础资源服务、政务服务对接、内容管理和评估、资源共享与协同、培训交流七大功能模块，同时，市级平台丰富的资源可供各区级融媒体中心灵活开展各类管理运营业务。各区级融媒体中心可以在市级平台实现新媒体内容"策、采、编、发"全流程管理，而传统广电、报刊的制作和发布既可以沿用原有系统和流程，也可以与市级平台对接开展新媒体内容融合生产。在业务生态方面，上海区级融媒体中心建设构建了以市级平台为业务中枢，以区级融媒体中心为运营主体，以街镇、社区及自媒体为业务延伸和底层用户覆盖的三级融媒体生态体系（见图 21.1）。在该体系的支撑下，各区级融媒体中心按照"移动优先、互联互通、信息共享、协同互动"的原则进

行运营管理,保证了舆论引导的核心工作与参与基层社会治理、开展社会服务的高效并行。

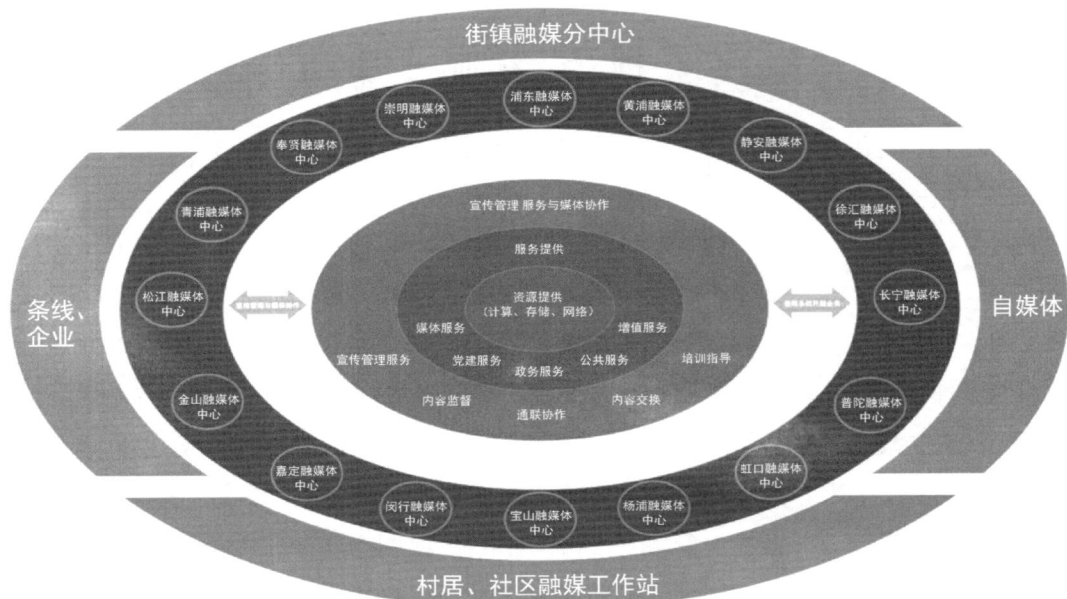

图 21.1　上海区级融媒体生态体系

市级平台的打造为上海市落实中央关于县级融媒体中心建设的要求提供了更强有力的支撑,成为支撑各个区级融媒体中心部署、建设、发展的重要基础。经过多年的积累,上海区级融媒体中心统一技术平台在开发建设、运行保障、升级迭代、运营服务、宣传协作等方面取得了显著的成绩,为打造区级融媒体中心建设的"上海经验"提供了有力保障。本章将从以下方面对上海区级融媒体中心统一技术平台的建设成果予以简要的总结。

一、拎包入驻,全方位支撑上海各区级融媒体中心的运营

上海市区级融媒体中心在建设和运行过程中,由东方网组成的技术团队搭建统一技术平台,提供技术支撑与服务,16家区级融媒体中心依托平台专心开展媒体业务,形成了技术团队与媒体团队专注于自身核心赛道、同时紧密协同合作开展各项工作的运作体系,具有特色鲜明的"上海经验"。

平台支撑融媒体业务模式创新。一方面，得益于充分的前期论证和科学的顶层规划，平台技术力量强大、功能多元且先进，属全国首家实现与传统广电、报刊等不同厂商平台互联互通、数据共享的平台，能够向用户提供全方位的融媒智能生产运营服务支撑。各个区级融媒体中心无需独立搭建技术平台、开发移动产品等，能够直接进驻平台并开展多种类型的融媒体业务。另一方面，平台按照"统一标准体系、统一技术平台、统一安全防护、统一运维监管"的要求，能够实现完全自主可控，满足各区在机构、内容、渠道、平台、人员、经营、管理等日常管理中的各项技术需求，实现区级融媒体机构"拎包入驻"。同时，平台按照"移动优先"的原则支撑各区融媒体中心打造移动传播矩阵，按照"新闻＋"理念从单纯的新闻宣传向公共服务领域拓展，将媒体与政务、服务等业务相结合，提供多样化综合服务，提升上海各个区级融媒体中心产品的生命力和影响力。

上海区级融媒体中心统一技术平台在业务层面结合上海区级媒体中心的实际情况和现实需求，突出移动端新媒体运营在媒体融合过程中的"主力军"作用，重视大数据、人工智能等新技术在媒体融合业务中的应用，将全网传播分析、大数据内容采集、新媒体运营支撑和融媒体指数评价等能力融入宣传管理、媒体协作、媒体服务等媒体融合基础要求，满足全网内容汇聚分析、统一策划指挥、多媒体内容采集入库、融合编审协同、多端统一发布、统一内容存储运营交换、多级媒体绩效管理、新媒体集成运营、媒体融合分析评价的媒体融合流程闭环，实现平台支撑融媒体业务的模式创新。

平台提供高标准服务保障。上海区级融媒体中心统一技术平台提供包括基础资源、工具、服务、运营管理、宣传管理与媒体协作和安全保障等建设内容，并通过数据接口实现与其他互联网系统的互联互通，支撑区级融媒体中心开展业务，提供基础资源、业务能力的全方位服务。平台统一接入政务服务与应用，支持各区集中打造以"新闻＋政务服务商务"为主体的客户端，支持各区建设移动传播矩阵，实现平台赋能，扩大区级融媒体中心的深度、广度、活跃度。

依据国家网络安全等级保护的相关标准，上海区级融媒体中心统一技术平台建立相应的网络安全保护技术体系，从安全的角度强化管理水平，并通过提供有效的安全服务，提升日常运维及应急处理风险能力。2019年年底，统一技术平台通过网络安全等级保护第三级测评备案;同时,平台严格落实县级融媒体中心网络安全规范、运行维护规范、监测监管规范的要求,按照层层授权的管理模式,实现一体化集中管控,确保整个系统安全、稳定、可控,支持各区融媒体中心专注开展媒体业务。平台于 2020 年 6 月通过国家广播电视总局广播电视规划院的验收检测,满足国标要求。

平台注重优化迭代、统一驱动各个区级融媒体中心业务演化与进步。上海区级融媒体中心统一技术平台创新推出"媒体融合生产分布式节点""媒体融合生产边缘节点""媒体融合指挥调度节点"和"媒体融合指挥管理节点",运用 Iot、云计算、5G 等技术,为街道、村居等基层宣传工作提供"资源通融、内容兼容、宣传互融"的技术能力支撑。重点解决基层在媒体生产层面的技术瓶颈,化解融媒体下沉基层的"堵点"和"痛点",在区级融媒体中心整合的基础上,实现多层次处理、多端口共享、多媒体生产、多渠道分发的集约化协同工作体系,贯穿信息采集、编辑制作、指挥调度、发布运营等全流程,提供部署灵活、机动性强、操作方便快捷、数据传输灵活多样、远距离无线传输、扩展性输入输出,全天候、全方位对重大事件、重要报道、突发事件、活动现场等全平台同步即时发布的业务能力(见图 21.2)。

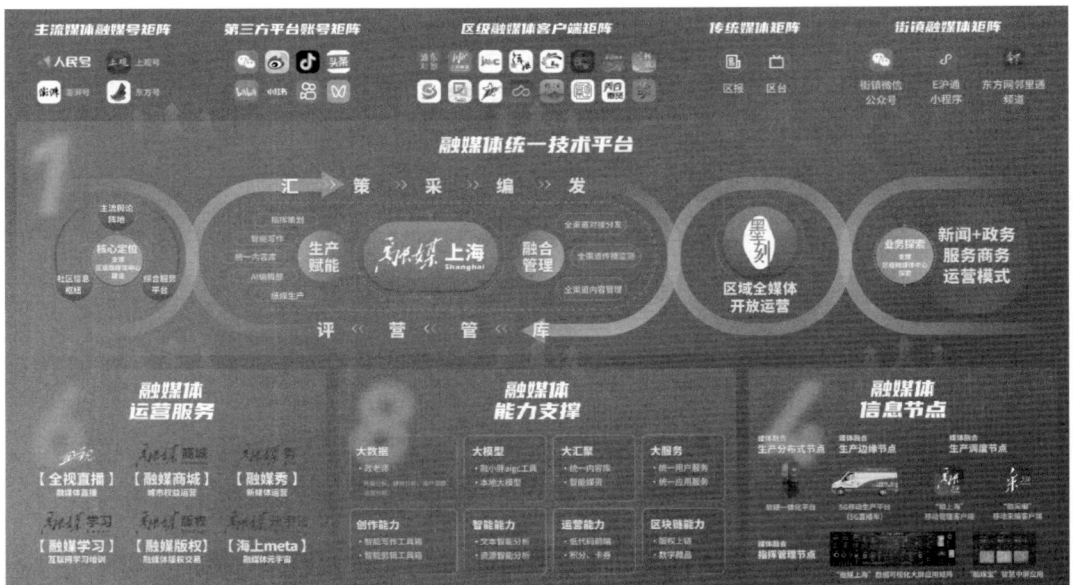

图 21.2　上海区级融媒体中心统一技术平台产品家族

二、移动优先,提升区级融媒体中心客户端的运营质效

上海区级媒体融合工作始终遵循"移动优先"的原则,紧跟当今移动互联传播时代的主流,将移动端作为新闻报道、内容发布的核心平台,按照微博、微信、抖音等社交媒体,以及"人民号""上观号"主流新媒体平台等不同移动端的传播特点进行差异化内容生产,形成移动传播矩阵,全面挺进主流舆论场,做到"快"字优先、"鲜"声夺人。

目前,上海16家区级融媒体中心均已完成融媒体客户端建设,并以此为核心阵地开展"新闻＋政务服务商务"业务,探索互联网商务运营,深度融合电视、报刊、新媒体等各平台的资源,在为市民群众提供最新资讯的同时,不断推出丰富多彩的线上主题活动,有效地增强用户体验,提升市民的参与度。2021年下半年,上海各区级融媒体客户端陆续完成无障碍适老化整体改造升级,成为工信部"互联网应用适老化及无障碍改造专项行动"首批通过适老化及无障碍水平评测的客户端。满足各类人群的"数字平权"。

平台全力支撑各区级融媒体中心开展融媒体客户端运营业务,运营团队积极协助区级融媒体中心开展各类运营服务,提升客户端的传播力和影响力。在各方通力协作下,五年来,各区融媒体客户端的总下载量突破2 200万次、装机量超540万次、总注册用户超过530万人;16家客户端总计更新460余个版本;各区融媒体中心通过市级统一技术平台发布内容超152万篇,用户在各区融媒体中心移动传播矩阵的评论数逾531万条,点赞收藏互动1 272万余次,均保持较高的发布量和互动率。

此外,平台还注重提供客户端的功能创新,先后进行了三代大版本迭代,实现从单一资讯阅读服务扩展成为综合服务平台,进而拓展成为智能化信息服务平台,为各区融媒体中心量身打造具有区域影响力和品牌IP的客户端平台。

三、主动服务,资源智慧聚合实现"阅读即服务"

为了满足区级融媒体中心客户端的智能分发业务需求,上海区级融媒体

中心统一技术平台正在探索"阅读即服务"智能分发业务服务,聚合党务、政务、民生、社区、生活等服务应用和海量媒体内容,通过智能算法实现信息流和服务流的智能分发(见图 21.3)。

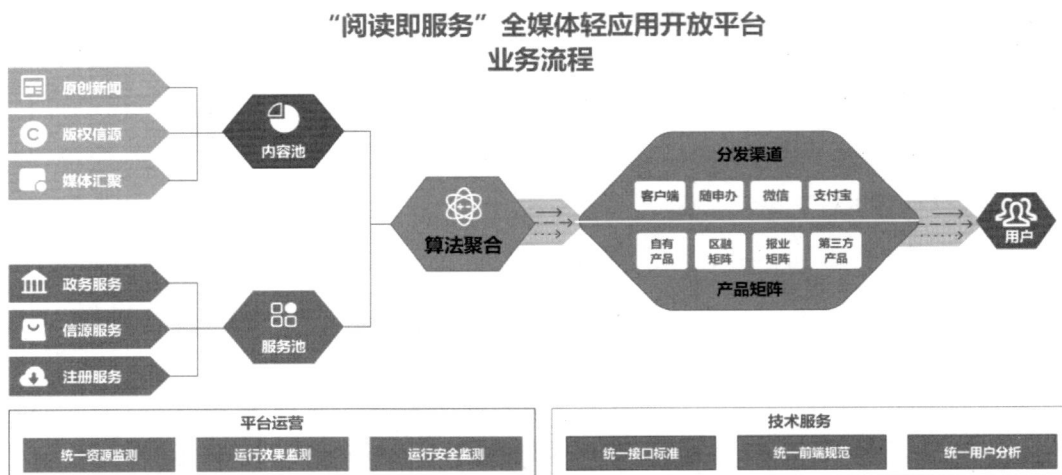

图 21.3　"阅读即服务"全媒体轻应用开放平台业务流程

　　市级统一技术平台开创"新闻＋"服务中台模式,从 SaaS[①] 模式进阶到向各类媒体单位全方位资源开放的 PaaS[②] 模式,升级打造集身份、数据、服务、应用于一体的融合引擎,提供开放的开发框架及标准化资源,可快速开发建设小程序、WEB 站点、H5、APP 等数字化应用,与政务平台和其他第三方平台系统互联对接,打通市区各媒体终端渠道,实现搜索即服务、信息即服务、位置即服务,驱动各区级融媒体中心"新闻＋政务服务商务"的深度融合。

　　对照上海城市数字化转型工作的要求,市级统一技术平台以服务中台为整体架构,支撑新媒体产品按照标准协议规范接入平台,根据业务需求灵活调用平台资源以及与平台进行数据交换[③],为各个区级融媒体中心客户端提供政

　　① SaaS 是 Software-as-a-Service(软件即服务)的缩写,是指一种软件应用模式,由软件提供商为企业搭建信息化所需要的所有网络基础设施及软件、硬件运作平台,并负责所有前期的实施、后期的维护等一系列服务。

　　② PaaS 是 Platform as a Service(平台即服务)的缩写,是指把服务器平台作为一种服务提供的商业模式,通过网络进行程序提供的服务称为 SaaS,是云计算三种服务模式之一,云计算时代相应的服务器平台或者开发环境作为服务进行提供就成为 PaaS。

　　③ 陈小萍、王虎:《价值重塑与生态建构——大数据驱动媒介治理的实践创新》,《电视研究》2023 年第 39 期。

务、服务、商务应用接口等。平台聚合城市生活的高频应用，服务上海城市生活数字化转型，梳理现有政务和社区服务应用，发掘资讯传播和政务服务的结合点，用技术手段推进内容与服务的深度融合，并为用户提供精准推荐。

截至目前，平台聚合了市大数据中心、区级融媒体中心、新时代文明实践中心、各级街镇以及其他政府部门的政务服务内容 800 多项，涵盖预约、快递、医疗、党建、交通、文化教育、休闲娱乐等多种服务，不断扩展城市生活服务的广度和深度，逐步打造区域数字化服务生态。

此外，市级统一技术平台还积极与各个区级融媒体中心探索整合本地优质的民生、文旅、服务资源，推动"新闻＋政务""新闻＋服务""线下＋线上"数字化应用场景案例落地，创新打造具有上海特色的区域数字化应用场景，支撑区级融媒体中心在数字化生活服务方面的独特优势。比如，"上海宝山"APP 的随申码＋公园门票码实现"二码合一"，"今日闵行"APP 可以支撑全区场馆预约，"上海长宁"APP 的"便民就医"平台应用已上线并投入正式运行，这些基于民生应用场景的功能创新广受用户的好评。

四、联动协作，加强全域资源共创共享

近五年以来，上海区级融媒体中心统一技术平台支持全市 16 家区级融媒体中心开展各类运营服务，并且注重不同主体之间的联动协作，各区级融媒体中心之间的联动、区级融媒体中心与其他第三方平台之间的联动等，打通并整合市域内的优质资源，为创新区级融媒体中心运营模式、强化传播效果、提升基层治理水平等创造了条件。

（一）互联互通

上海区级融媒体中心统一技术平台按照国家出台的《县级融媒体中心建设规范》的相关标准，为各区级融媒体中心提供媒体运营、内容交换、通联协作、技术对接的"开放集市"。一方面，打通了传统媒体与新媒体、各级媒体之间的界限和壁垒，为市级主题宣传等业务的统一指挥、跨区联动奠定了基础。在一些专题活动中，可以借助市级平台信息连通优势进行统筹协调，统一宣发节奏，充分利用各区级融媒体中心的媒体矩阵，形成宣传合力，迅速形成热点

效应,在短期内显著扩大宣传效果,引导流量向主流舆论集中。另一方面,市级平台打通了各区级融媒体中心与第三方专业业务系统的对接端口,例如,静安等区级融媒体中心与 12345 系统打通,为满足市民个性化需求、化解基层矛盾、优化基层社会治理体系奠定了基础。

(二)信息共享

市级平台实现与第三方社交媒体与自营移动客户端产品、新媒体与传统媒体、线上与线下媒体运营的信息共享。各区融媒体中心通过市级平台对自营客户端和网站以及微信、微博等第三方社交媒体账号进行"一稿多发";在广电方面,各区原有的广电制播系统与市级平台通过网络专线在内容和素材资源上双向共享,既借此打通新媒体与广电节目制作的业务融合,又将历年积累的海量的广电素材充分挖掘利用,成为新媒体节目制作的资源池;在报刊方面,市级平台提供纸媒业务管理系统,进行文稿和图片的选刊分版,通过专线将文件打包至本地排版系统,进行后续排版与发布。

(三)协同互动

一家区级融媒体中心的影响力有限,但多家中心联动形成合力,能够极大地提升媒体价值,吸引社会舆论的关注。尤其是在专题活动中,市级平台与多中心协作,可以有效地整合各区级融媒体中心的内外部资源,组织区媒与央媒、市媒联动,传播效果显著。

案例 1:融媒五区联动活动

2021 年春节期间,市级平台与静安、徐汇、闵行、嘉定、青浦五个区级融媒体中心联动运营,以五区融媒体客户端为载体,共同发起了"区融陪你乐新年"线上活动(见图 21.4)。通过主题鲜明、寓意深刻、形式丰富的创意交互,营造了欢乐祥和的节日气氛。该活动策划契合春节期间用户线上高活跃时段,通过前期充分预热、主流媒体渠道宣发推广、采用卡片收集和抽奖互动的方式,吸引了海量用户的关注和参与。该活动创新"活动众筹""联合运营""联动宣发"模式,实现各区融媒体中心客户端用户相互引流,受到各区新媒体用户的广泛关注和积极参与,据统计,活动总曝光量超过 1 000 万次,活动吸引用户下载各区客户端超100万次,新增注册用户6万余人,活动参与人次近50万(见图21.4)。

图21.4 "区融陪你乐新年"线上活动

案例2：建党百年专题活动

2021年是中国共产党成立100周年,也是"十四五"规划开局之年。基于这一时代背景,为更好地突出上海作为党的诞生地和初心始发地的独特价值,在上海市委宣传部的指导下,上海区级融媒体中心统一技术平台运营团队协同各区级融媒体中心精心策划,共同启动"奋斗百年路　启航新征程"——红色百年主题活动。活动以区级融媒体中心客户端为载体,通过主题鲜明、形式丰富的创意交互,全面营造共庆建党100周年的热烈氛围。据统计,活动共吸引635万人次参与,为相关区融媒体客户端带来新增下载量超148万次,新增注册用户超34万(见图21.5)。

案例3：融媒上海特别策划

自从上海各个区级融媒体中心成立以来,分众传播、分类覆盖的格局已经基本形成。2021年年末,上海区级融媒体中心统一技术平台联动各区融媒体中心推出"2021融媒上海特别策划"专题活动。活动由"2021融媒记忆"和"年度最忠实用户"两部分构成,通过形式多样、互动性强的多媒体形态,盘点融媒

定制头图
主题专题区定制,融入区地标元素

用户积分
用户学习模块、主题游戏模块积分、能量展示

党史学习教育
党史学习教育、党史知识挑战主题模块入口

云上课堂
以直播类内容为主,精心策划

主题游戏
幸福小镇主题游戏入口、游戏获奖用户信息速递

图 21.5　"奋斗百年路　启航新征程"——红色百年主题活动

年度特色专题,总结回顾了市级平台和各区级融媒体中心在本年度的工作成效和特色,进一步提升融媒体的传播力和影响力(见图 21.6)。

2021融媒记忆.
盘点类H5产品,聚焦融媒平台、区融平台、区融客户端数据和成绩单

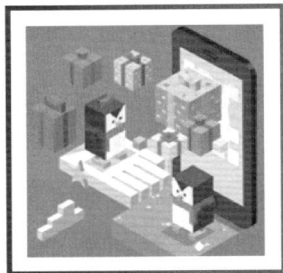

感恩有你·年度用户.
寻找这一年融媒客户端的忠实用户,让用户从幕后走到台前

图 21.6　"2021 融媒上海特别策划"专题活动

案例 4：重大公共卫生事件服务专题

2019 年年底新冠肺炎疫情暴发伊始,在疫情发展轨迹不明,权威防疫信息

获取困难的时期,上海区级融媒体中心统一技术平台协同各个区级融媒体中心在客户端上线"上海在行动"防疫专栏和"夺取双胜利"复工复产专栏,汇总各区疫情最新数据和重要的抗疫新闻资讯,为市民提供"三码"查询服务、意见征集、核酸采样点查询等"一站式"服务以及面向各行业的复工复产政策指导服务,增强广大市民战胜疫情的信心(见图 21.7)。2022 年抗击新冠肺炎疫情特殊时期,在市委宣传部的统一部署和指导下,市级平台协同各个区级融媒体中心在区融客户端上线"抗疫专栏"和"疫情防控问题建议征集平台",在疫情信息传播、问题征集与反馈、社区服务与治理等方面发挥了积极作用。

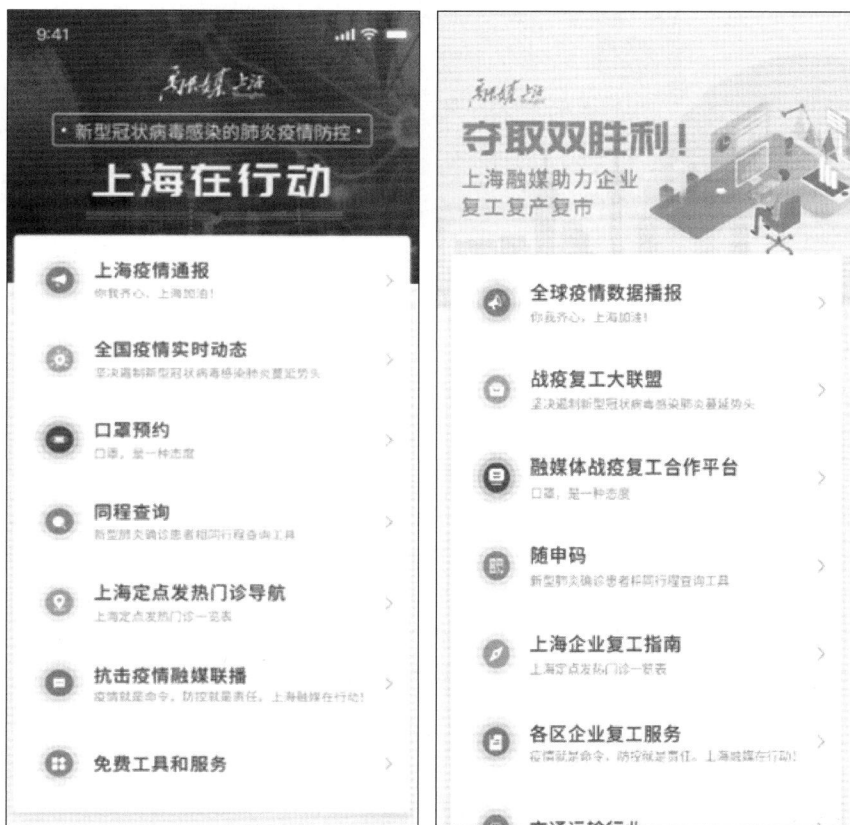

图 21.7　"上海在行动"防疫专栏和"夺取双胜利"复工复产专栏

案例 5：好稿推荐

上海区级融媒体中心统一技术平台基于新闻产品数据库和强大的数据分析能力,定期选择、整合、梳理各媒体的优质稿件,对包括解放日报、文汇报、新民晚报、澎湃 APP、界面 APP、东方广播、第一财经等市级媒体以及 16 个区级融媒体中心的新闻稿,按时间阶段汇总,便捷地实现分类排行、优品推荐、外宣传播等功能。优秀稿件及分析报告等可向相关管理部门及媒体单位报送,辅助各单位高效、及时、动态地掌握媒体报道的现状及热点问题(见图 21.8)。

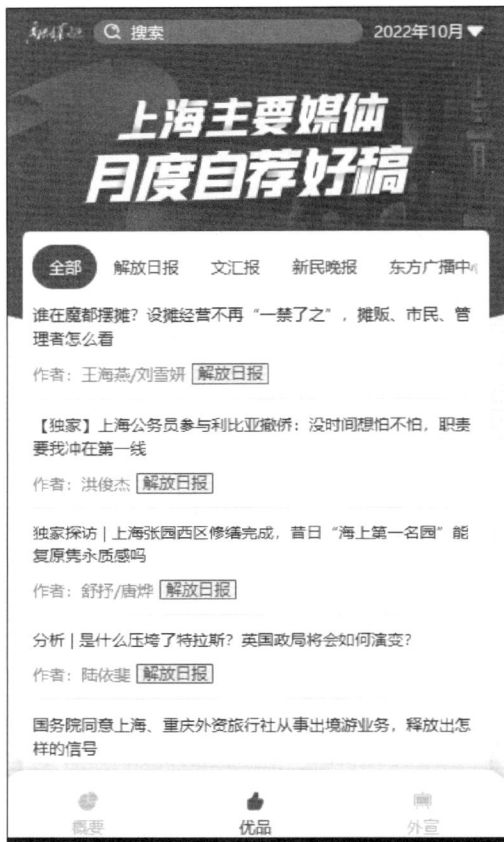

图 21.8　上海主要媒体月度自荐好稿

五、数智化推进,持续创新融媒业态

上海区级融媒体中心统一技术平台在规划之初,就把数智化作为平台完整能力构建的重要内容纳入平台整体架构,主动探索尝试新技术、新业态和新模式。开通至今先后上线了具有自主知识产权的"全视直播""融媒商城""融媒秀""融媒学习""融媒版权""融媒体适老化和无障碍服务"等专业应用平台和专业化服务，拓展了区级融媒体中心的业务领域，保持了融媒体产品的新鲜度。同时，市级平台与市区各级政府和市级媒体单位的数据对接，整合了政务、文化、社区、便民等各类公共服务资源，构建起"服务资源聚合平台"。

立足于各区融媒体中心多年来的丰富运营实践，以及业界主流技术和应用发展方向，平台整合智能文稿创作、智能短视频创作、智能内容安全、大数据创作赋能、大数据传播分析、线上直播运营、线上互动营销等业务模块，提供一站式全媒体数智化运营服务平台，覆盖内容生产传播与运营全业务链条。通过大数据和人工智能等技术赋能，提供生产运营业务中的数智化应用集群，"微服务＋中台"的基础架构支撑平台的灵活迭代，丰富服务功能，创新服务形态，为各区级融媒体中心进一步深度融合发展提供更广阔的拓展空间。

市级平台整合海量数据，持续完善各业务系统数据和应用终端用户行为数据的采集，实现了数据资源的整合汇聚；同时，平台构建了深度数据分析能力，将各类数据按照业务属性、应用场景、工作流程分类统计后借助算法整合分析，赋能融媒体生产的各个环节。

为更好地发挥数智化能力对业务的支撑效果，平台推出专业性融媒体数据运营服务平台——"政老师"，提供融媒体生产监测、客户端运营分析、人员绩效分析、用户画像分析、运营事件监测、数据可视化工具等功能。基于"政老师"的数据采集、数据分析和全网传播力分析能力，平台为区级融媒体中心提供完整的互联网信息采集、媒体生产监测、客户端运营数据分析等业务支撑，为市级主管部门提供更为全面的运营状况分析。在具体的应用场景中，"政老师"不仅可为一线采编人员提供线索和素材的推荐，为运营人员提供海量精细化运营数据支持，同时也为管理人员掌握融媒体中心内各部门的运行绩效提供数据支持，助力管理者增强决策的精准性、科学性，提升各区级融媒体中心的运营质效（见图 21.9）。

上海区级融媒体中心统一技术平台于 2022 年推出"融媒上海指数"，通过融媒体生产力、客户端产品力、客户端影响力、客户端传播力、客户端运营力"五力"指标，综合衡量评价各区级融媒体中心的运营情况。在此基础上，"融媒上海"数据统计报告也升级为运营分析报告，从"融媒上海指数"、融媒体中心生产传播分析、融媒体中心"新闻＋政务服务商务"运营分析、融媒体运营案

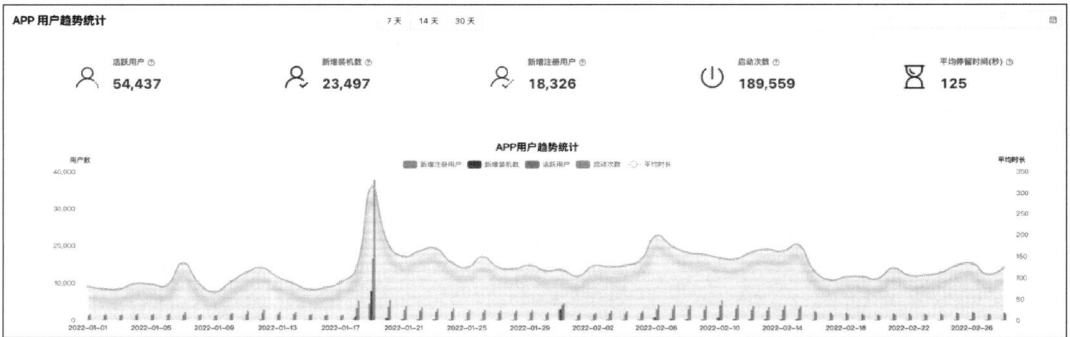

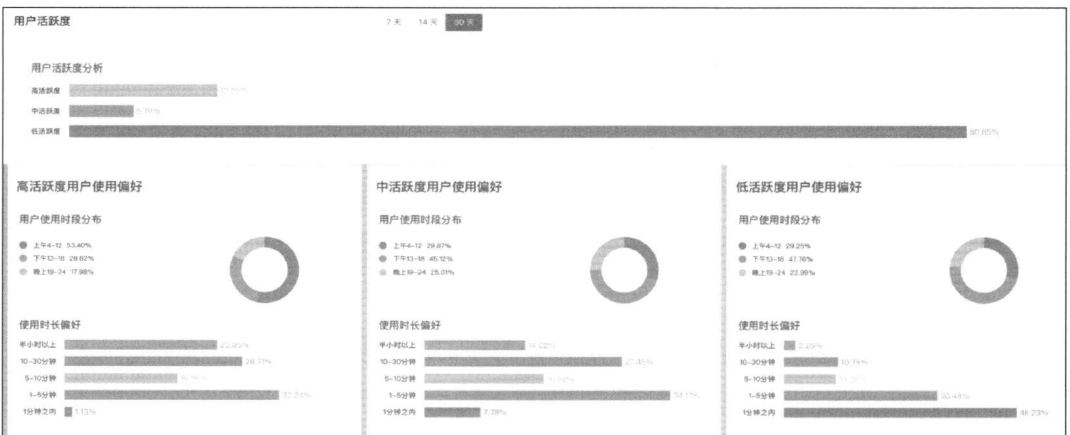

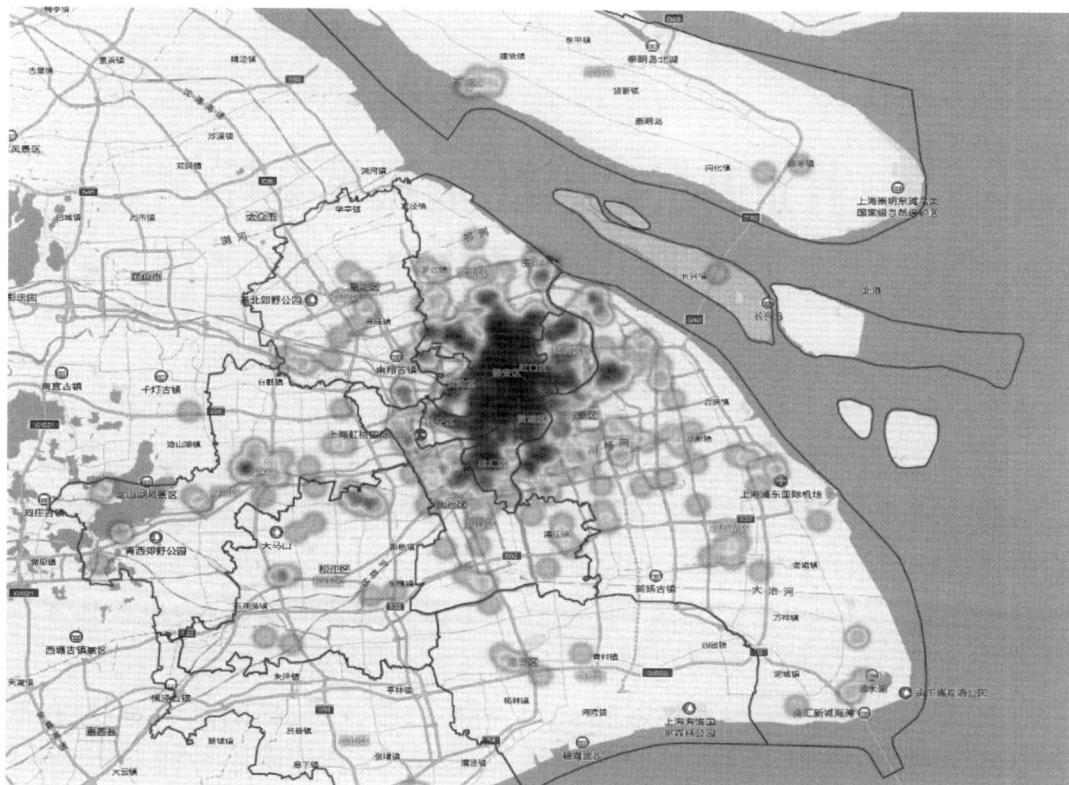

图 21.9 "政老师"平台为融媒体中心提供数据运营服务

例分析等角度,综合分析总结各区融媒体中心的运行情况。目前,各中心已将数据分析融入日常运营和业务决策各环节中,动态调整新媒体线上活动和"线上+线下"数字化应用的运营规则和推送方案,提高新媒体运营效果,借助平台的综合数智化能力推动业态创新。

第二十二章

打造基层信息枢纽,积极参与超大城市基层社会治理

在我国的全媒体传播体系布局中,县级融媒体中心虽然处于媒体融合结构的基础性层级,但它并不是深度融合的"最后一级",在基层政治体系中,它所承担的县域治理责任要求其不断纵深向下探索融合的新路径,以媒体系统转型带动基层社会治理系统转型。

"抓好县级融媒体中心建设,更好引导群众、服务群众"的总要求,也在推动县级融媒体中心从关注传播功能建设的"媒体本位"转向服务社会的"治理本位",从"集成媒体的新机构"转向"治国理政的新平台"。这就对县级融媒体中心的建设提出了更高的要求,即必须与党委政府以及公共服务、民生保障等部门乃至更广泛的市场主体合作,打造基层信息沟通的枢纽,更好地集聚资源,赋能其信息服务和治理能力,以媒体的功能进一步推动完善基层社会治理体系。

当前,上海各区级融媒体中心的建设发展仍然面临严峻的考验,纵向上,面临来自驻沪央媒、市媒以及各类商业媒体的垂直压力;横向上,又要直面市场化主体以及各级政府部门争取信息服务主导权的平行竞争,其发展策略、路径选择、治理模式探索需要更多的创新驱动和制度保障。对此,上海各区级融媒体中心建设更加注重媒体融合的时空维度探索,既有纵向层级的融合深度,也注重发挥横向的资源整合、功能服务作用;既有集约化的"精准融合"模式,也有矩阵化的"立体融合"模式,以多元创新探索媒体参与超大城市社会治理的路径,为打造人民城市、建设具有世界影响力的社会主义现代化国际大都市奠定了坚实基础。

一、建强基层主流舆论阵地,有效地发挥宣传引导功能

区级媒体平台是听取民意的最短路径,可以以最高的效率打通党同人民群众信息沟通的"最后一公里"。一方面,它向外打通传播渠道,通过市级统一技术平台与央媒、市媒互联、互通、互动,扩大区域信息覆盖面,提升影响力;另一方面,它向内与区、镇、社区等各级行政组织单位的微信公众号等新媒体宣传平台有机联动,构建新媒体传播矩阵,实现同频共振,不断提高本地媒体的权威性、专业性及精准性。

例如,在新冠肺炎疫情防控工作中,各区级融媒体充分运用融合传播的优势,及时准确地发布疫情防控的权威信息、普及防疫知识、宣传抗疫部署、讲好抗疫故事,相继推出了《中国"最高级别网课"里,习近平为何特别提到这些人?》《上海居委干部太难了,究竟难在何处?》等一批接地气、易传播、群众点赞转发量高的报道,起到了有效引导舆论的重要作用。

高效的疫情信息传播体现出各区融媒体中心突发公共事件报道和应对水平的提升,各区建立起多形态、广覆盖的传播矩阵,并尝试跨平台、跨区域媒体联动,壮大主流舆论的声势,发挥了稳定人心的作用。2022 年 3 月 23 日,"疫情防控问题建议征集平台"在各区级融媒体中心客户端统一上线(见图 22.1)。面对复杂严峻的疫情防控形势,该平台能够及时汇聚群众的关心关切,并由各区级融媒体中心梳理整合,发挥"穿针引线"的作用,及时将信息同步给区域相关职能部门,推进疫情防控工作。截至 2022 年 6 月 2 日,16 个区级融媒体中心共收集各类意见建议 83 190 条,主要集中在核酸检测、物资保障、病例处置等方面。市级平台统一为各区配备了数据专员,进行每日的数据整理和传递,各区级融媒体中心成立疫情防控问题建议征集工作小组,制定相关工作流程,确保完成信息征集的闭环管理,保障市民群众的反馈能及时地传达和处理。市级平台还与各区融媒体中心联合制作推出《抗击疫情上海在行动》等抗"疫"服务聚合类融媒体产品,16 个区级融媒体中心客户端矩阵集体发声,既发挥了网络公共平台的优势,放大了上海媒体的声音,也通过不同平台实时更新疫情内容,满足了基层疫情防控和群众的信息需求,为打赢"大上海保卫战"作出了重要贡献。

图 22.1　上海区融"疫情防控问题建议征集平台"

二、打造治国理政新平台,增强服务群众和社会的能力

　　近五年,上海市各区级融媒体中心按照《上海市关于加强区级融媒体中心建设的实施方案》的要求,始终肩负着作为"治国理政新平台"的历史使命,着力打造成为各区新闻资讯的集散地,进一步强化基层信息枢纽的作用,通过智慧政务、智慧社区等功能,拓展赋能超大城市基层社会的综合治理。上海作为直辖市,各区级融媒体中心建设的战略纵深不足,在结构上偏向扁平化,面临来自央媒、市媒和各级政府部门自建政务信息平台的多重压力。一方面,来自驻沪央媒及上海市级媒体形成"虹吸效应",它们在新闻采访、政府部门沟通、社会资源统筹以及报道经验上都拥有竞争优势,媒体的集聚对区级融媒体中心的传播力带来较大的影响;另一方面,以"一网通办"为代表的市级政务信息化改革也影响到区级融媒体中心拓展公共服务功能的空间。上海市政府整合了各级政府部门、职能部门的政务服务资源,形成公共数据的汇聚、互联、共享

机制，建成上海政务"一网通办"总平台，统管各类便民服务信息的查询及事项办理。由此几乎完全覆盖了各区级融媒体中心所能提供的政务服务类型，分流了区级融媒体中心提供政务服务功能的用户基础。

面对来自不同块面的限制，上海各区级融媒体中心建设依据自身特点，深耕本地资源，选择"下沉式"的发展路径——集约化的精准融合与矩阵化的立体融合。集约化的精准融合是在人力、物力、财力相对有限的情况下，在深度融合中对区域资源禀赋进行考量，并精准抓住其中的"关键要素"，既包括有形的物质资源，如自然资源、核心技术、基础设施等，也包括无形的文旅商务资源、政策信息资源等，通过对"关键要素"的深度挖掘与精细化运营，以要素组合方式的调整来增进融合效益。矩阵化的立体融合呈现权力的放射结构，在垂直向下的阵地融合中，叠加了水平拓展，将融合的触角探及街镇、社区等基层社会网络的各个节点，并通过大力拓展关系网络以及与其他权力机关的密切合作，打通各个环节的融合障碍，将资源集纳后进行整合再分配，以实现基层社会的协同治理。

从区域实践来看，静安区虽然本身区域狭小，但富集优质的商业资源、红色文旅资源与媒体资源，三重资源叠加赋予其可开掘的"深度内容"空间。与此同时，静安区"白领、白发"人口结构突出，使得该区发展过程中的关键群体凸显，推动区级融媒体中心在立足新闻宣传主业的前提下，专注所在区域的垂类媒体，探索社群运营和区域垂类模式以实现精细化内容生产和精准化服务，集约化"精准融合"的路径初步显现。[①] 普陀区人口老龄化程度较高，通过街镇分中心积极探索基层媒体服务老年群体的独特化发展路径，为老人打造线上"15 分钟养老服务圈"区域化应用集成平台，为社会老龄化背景下街镇融媒的发展提供了样板。

综合上海各区级融媒体中心在打造基层治国理政新平台、增强服务群众和社会的能力上的路径探索，主要可以归纳为以下 3 个特点。

一是积极整合线上线下资源，着力拓展政务服务。各区级融媒体中心充分发挥信息服务平台的作用，深度整合线上线下媒介资源和生产要素，连接各

---

① 郑雯、万旭琪、施畅：《"螺蛳壳里做道场"：城市中心城区融媒体中心深度融合的双重路径》，《新闻与写作》2022 年第 39 期。

政府部门的数据、信息及服务资源,积极参与智慧城市建设。开辟申报审批、注册办证、办理社保、投诉受理等政务服务入口,提供公用事业缴费、环境监测、就医、税务等各类便民服务,持续深化区级特色服务。

二是精准对接百姓需求,提供全方位的民生服务。各区级融媒体中心积极接入政务、文化、体育、教育、养老、公共事业等广大市民关心的生活服务内容,从功能业务型向创新服务型转变。例如,部分区级融媒体中心与区人社局对接,为企业推广招聘岗位;与区教育局对接,推出一站式求学地图,方便市民查询学校及学区;与区卫健委对接,在客户端实现预约挂号、检查报告查询等功能;与区房管局联手,推出"物业直通车""既有多层住宅加装电梯问答"等服务。

三是深度参与社会治理。部分区级融媒体中心设置"问政"栏目,围绕中心工作开展政策解读,进行在线访谈,"区长直通车"24小时内回复网民问题,提升了社会治理的时效性。"今日闵行"为拥有6万多居民的上海最大社区开通"上海康城网上社区",将优质资源引入社区,建成国内首个"中风120"(脑卒中预防、急救及康复)社区项目,为推进超大城市媒体参与社会治理提供了创新实践经验。

三、逐步完善"市—区—街镇—村居"四级融媒体传播与服务体系

随着区级融媒体中心建设和发展不断走向深入,各区级融媒体中心普遍面临着核心运营数据增长瓶颈,用户活跃度不高、信息传播和运营服务"神经末梢"尚未完全打通等问题。对此,上海各区级融媒体中心积极探索,将技术能力和运营服务能力下沉至街镇、村居,支持基层单位打造核心融媒体产品和融媒体运行体系,构筑起"市-区-街镇-村居"新四级融媒体传播与服务体系,通过"贴近社区"求发展,由过去的单一宣传职能拓展到为基层服务、为群众服务,由区级融合逐渐走向区域融合再到区域生态融合,实现区域内多层级、多类型基层媒体资源与社会公共资源的良性互动和深度融合,呈现发展重心下沉、以人民为中心、重视阵地建设的特点,为基层治理现代化提供了更加丰富多元的载体。

上海各区级融媒体中心因地制宜，根据各自的实际情况积极探索建立街镇分中心，拓展集群的覆盖面，开拓具有"唯一深度"的区域垂类内容产品。"唯一深度"是指在重要区域新闻报道中，生产出独具区域特色的内容产品，继而成为该区域最为权威的内容生产者和提供者。例如，青浦区融媒体中心打造"1 区级＋11 街镇＋10 区级单位＋N 融媒体驿站"的融媒体集群工作框架，普陀区融媒体中心向各个街镇派驻驻点记者等，均通过完善基层供稿机制，聚焦突发社区新闻、凡人小事、垃圾分类、"两白群体"（白领、白发人群）等区域市民群体关注的非典型新闻事件，提供精准化的信息服务。同时，坚持为社区市民说话的立场，形成"内容合作＋运营常态化"的运行模式，也形成与央媒、市媒的错位竞争。

2021 年 2 月，普陀区融媒体中心甘泉分中心正式成立，形成"1＋2＋20"架构布局，设有 1 个分中心、2 个片区工作点、20 个居民区通讯站，着力让工作网络覆盖全街道，触达最基层。该中心围绕"人老、房老、城厢老"的街道特点，积极打造全国适老化示范点，聚焦社区老年人关心的新闻点，联合文汇报、上海人民广播电台等市级媒体，推出《寒潮来袭，甘泉的他们为社区老人保驾护航》《甘泉为老服务队怎么做到十年不停歇》等数个代表甘泉典型的特色宣传，切实让融媒体分中心成为街道层面的基层主流舆论阵地。同时，"甘泉街道"微信公众号改版升级成为街道融媒平台，将街道的社区治理要素"嵌入"其中，让社会治理从线下延伸到线上，从多端归拢为一端，实现"一媒统管"。甘泉融媒平台集合了全链条服务功能，如活动预约、15 分钟生活圈、便民服务等，还有"养老百事通""小心甘伴成长"等特色内容，聚焦甘泉"一老一小"两个服务群体，实现"一站直达式"政务服务，通过"一机在手，点单配送，专业服务送到家"的模式，为社区居民构建一个便捷安心的"云居"甘泉社区，用优质服务提升受众黏性，提升了街道融媒的公信力、影响力。

第二十三章

统筹推进"新闻＋政务服务商务"，实现区级融媒体中心的特色化发展

上海各区融媒体中心按照中央提出的"引导群众、服务群众"总要求，进一步强化"新闻＋政务服务商务"的服务体系，同时深入探索全媒体传播体系构建，成为创造社会连接、吸纳多方参与、发展互助网络、更好聚拢资源的重要"节点"。通过多元化融媒体客户端的运营，让群众搭上融媒体的信息快车，打通各区级融媒体中心在功能和资源上的业务壁垒，在数据互通、信息共享的基础上，进一步提升服务能级，着力打通党的声音在基层传递的"最后一公里"，把党的组织优势转化为强大的传播效能。

一、加强政务信息公开，发挥好"新闻＋政务"功能

各区级融媒体中心加强与区委区政府和各委办局、街道镇在政务信息方面的对接沟通，在 APP 和门户网站上开设"政府公报""政务公开"等专栏，及时发布政务信息，并持续拓展政务服务板块。通过整合政务平台资源，围绕群众关心的议题打造政务融媒体产品，将政府工作直观呈现在群众面前，突出政府解决市民群众急难愁盼问题的决心和做法。例如，2023 年 7 月 17 日—8 月 9 日，松江区融媒体中心开展以"真抓实干大兴调查研究"为主题的夏令热线全媒体访谈，邀请 18 个街镇和经开区的主任、镇长走进直播间，倾听市民对民生建设、社区治理工作的意见建议，解决市民急难愁盼问题，共接到市民反映问题 484 件，7.26 万人次观看客户端直播，网友留言 1 501 条，点赞数逾14.38 万次。

各区级融媒体中心不断打破数据壁垒，整合资源，接入更广泛、更精细的政务服务，成为市民"指尖上的政务中心"，推动基层治理的精细化与智慧化。闵行区融媒体中心在客户端设置"问政""物业直通车"等栏目，24小时内回复网民提出的问题；嘉定区融媒体中心与区人社局推出"上海市嘉定区公共招聘平台"，为企业和求职者打造更加便利的网上服务平台；杨浦区融媒体中心开设杨浦区"双创"地图，提供集项目、资金、订单、政策、活动等信息于一体的综合性创业投资服务平台，为创业企业提供股权融资、债权融资、订单对接、政策申请、活动报名等服务。

二、打造数字化生活场景，推进"新闻＋服务"深度应用

上海市级统一技术平台接通了包括上海"一网通办"在内的共134项党建、政务、公共服务的功能，以"移动优先"为导向，支撑各区级融媒体中心集中打造"媒体＋政务服务商务"客户端产品和移动传播矩阵。各区级融媒体中心充分发挥区域主流舆论阵地的功能，将"最后一公里"延伸到市民身边，将有限的信息服务转变为适配于移动场景和心理场景的"柔性服务"，便捷地反映百姓呼声，协调解决实际问题及困难，同时，追踪报道落实情况，形成"发现问题—推动解决—跟进报道"的工作闭环。例如，金山区融媒体中心主动加强与12345市民服务热线的协调对接，第一时间流转、处置人民群众的意见建议，反馈至相关职能部门进行情况回复，构建起人民意见建议征集、转交、处置、反馈的有效机制。

同时，各区融媒体中心与平台探索整合本地优质的民生、文旅、服务资源，推动一系列数字化应用场景案例落地和长效运营，探索开展各类体育场馆、校园场地场馆、校外活动、少年宫、科普教育基地、公园、景点、商业项目等预约项目，不断提升民生服务的实用性和有效性。例如，静安区融媒体中心依据地区红色资源打造"红色场馆一网通"，为市民群众提供线上一站式预约各类红色场馆进馆及讲解等服务。

推进公共服务的精准化、深度化应用，是上海各区级融媒体中心的普遍做法。例如，有的区根据白领多在商务楼办公的特点，与医院、医疗机构等单位合作，采用楼宇地推的方式，策划上门为楼宇白领看病活动，切中白领群体的

身体健康痛点;有的区通过开展楼宇党建活动,加强年轻群体的党建服务意识。针对老年群体,进行客户端的适老化和无障碍技术改造,积极探索解决老年人运用信息化设备困难的方案,同时,整合区内乐龄老人助老服务、老年人助餐服务点、老年人日间服务中心、居家养老服务中心等系统,在各类政务服务的基础上提供适应各区实际情况的个性化生活服务。有的区进一步完善体育、文化场馆资源预约服务系统的用户友好程度和服务的针对性、精确性,与市级平台功能形成有效互补。

上海各区级融媒体中心还因地制宜,积极探索适合本区的数字化应用场景建设。例如,"上海宝山"APP推出随身码+公园门票码"二码合一"应用,"今日闵行"APP推出全区场馆预约平台应用,"上海长宁"APP整合资源上线便民就医应用平台,拓展了区级融媒体中心在医疗卫生领域内的数字化应用场景。此外,宝山、普陀等区级融媒体中心在客户端开设便民服务板块,提供物业报修、搬家物流、上门开锁等一系列线上便民服务,积极对接市民需求,着力解决实际问题。

以上服务模式都在一定程度上反映了上海区级融媒体中心在组织属性和改革目标上的共性,即如何在更好地服务群众、引导群众的过程中,精准对接发展所需、基层所盼、民心所向,赋予"新闻+服务"深刻的社会意义,既完成融媒体中心自身系统的深度融合改革,又带动基层社会治理系统的融合转型。①

三、推动"新闻+商务"融合创新,以适度商业化提升市场化运作水平

我国的县级融媒体中心在体制属性上主要分为公益一类和公益二类两种类型。其公益属性与商务属性如何界定,会影响其身份定位、发展方向、服务拓展、制度和资金保障等一系列问题。公益性的传媒事业与经营性的传媒产业一定程度上具有天然的矛盾性,虽然"一体两面"的实现方式在我国媒体长期的实践探索中已有不少成功经验可以依循,但是对于县级融媒体中心而言,

---

① 郑雯、万旭琪、施畅:《"螺蛳壳里做道场":城市中心城区融媒体中心深度融合的双重路径》,《新闻与写作》2022年第39期。

该模式在实践层面中还是会不断出现纷繁复杂的困境与矛盾。与此同时，与央媒、省市级媒体相比，处于"尾部"的县级融媒体中心受到市场规模限制、人才匮乏、财力不足等因素的影响，在走向市场进行商业化探索的过程中面临诸多复杂问题。纯事业属性的公益一类融媒体中心受到刚性体制的束缚，找不到合理商业化、合法商业化的路径，在探索建立"新闻＋政务服务商务"的运营机制中方向较为模糊；"事业单位企业化管理"或"事企一体化"的公益二类融媒体中心，也在相对激进的市场化过程中出现理论与实践层面的重重矛盾。①

　　经过多年的建设，我国不少县级融媒体中心面临新的发展瓶颈，下载量、月活度、传播力、影响力等都有待提质增效。如何在政府"输血"之外找到自身"造血"的有效途径，是建强融媒体中心的必由之路，也是用好融媒体中心的经济基础。经营方面的改革和创新，将直接决定县级融媒体中心能否在提质增效的目标要求下实现发展的良性循环。2020年9月，中共中央办公厅、国务院办公厅印发的《关于加快推进媒体深度融合发展的意见》指出："要发挥市场机制作用，增强主流媒体的市场竞争意识和能力，探索建立'新闻＋政务服务商务'的运营机制，创新媒体投融资政策，增强自我造血机能。"2020年11月，《中共中央关于制定国民经济和社会发展第十四个五年规划和二〇三五远景目标的建议》明确提出："推进媒体深度融合，实施全媒体传播工程，做强新型主流媒体，建强用好县级融媒体中心"。"市场机制""运营模式""造血机能""商务"等关键词在媒体融合发展新阶段的相关文件中被多次提及，标志着县级融媒体中心建设已经基本上完成以整合机构部门、加强基础设施建设为中心的初级阶段，进入推动传播和运营体系深度发展的新阶段。

　　在这一战略指引下，上海区级融媒体中心积极创新，通过机制改革、制度创新适度赋予区级融媒体中心在具体治理工作中的自主决策权，通过适度商业化的融合创新厘清公益事业单位商务功能的发展方向。例如，嘉定区融媒体中心是上海市首批建设的10家区级融媒体中心之一，统合了原嘉定报社、嘉定广播电视台、区委宣传部下属的"上海嘉定"微信、微博及区政府门户网站新闻频道编辑部，于2019年6月28日正式挂牌成立，为区委直属的正处级公

---

① 袁鸣徽、郑雯、杨莹：《县级融媒体中心"适度商业化"的三重面向》，《辽宁大学学报》（哲学社会科学版）2022年第50期。

益二类事业单位,归口中共嘉定区委宣传部领导。2019 年 11 月 19 日,嘉定区国资委注资 1 500 万元成立了区属国有企业——上海嘉定文化传媒有限公司,由区国资委委托区委宣传部管理,区融媒体中心负责日常运营。公司作为中心的运营平台,承接一系列商务项目。在有限的市场空间中,以新闻宣传核心能力为支撑,以地方财政补贴为保障,通过"事企一体化保底机制",围绕区域内公共服务和"引导群众、服务群众"的根本目标,发展围绕主责主业、符合本地人民群众需求的有选择性的经营路径。适度商业化不以营利规模最大化为目标,而是要求区级融媒体中心业务内容紧紧围绕引导群众和服务群众展开,围绕提升主流媒体的传播力、引导力、影响力和公信力展开。通过多年的探索建设,上海嘉定文化传媒有限公司实现年均 1 500 万的经济收益,年度利润超过 300 万元,以商业收益反哺事业推进。

以嘉定区为代表的上海区级融媒体中心建设在现有公益一类和公益二类模式之间,走出了第三条道路,其适度商业化路径为"新闻+政务服务商务"在基层的探索提供了借鉴意义,一定程度上平衡了新闻宣传与经营创收、人才保障与绩效激励,有效地缓解了"输血"和"造血"痛点,并在实践中形成事业引领商业、商业反哺事业的良性循环,推动社会效益和经济效益的双效提升。

有学者认为,走向市场的县级融媒体中心既作为具有公益服务功能的基层治理主体存在,也作为平等参与市场竞争的企业存在。县级融媒体中心与区县领导部门间、与区县同级政府部门间、与其他竞品市场主体间的关系都需要适度。在激发体制活力的同时,确保公益性和社会效益,持续营造"社会有我""市场有我"的氛围,促进融媒体中心社会效益和经济效益双效提升。[1]

在具体操作层面,上海各区级融媒体中心不断推动互联网新媒体运营的融合创新,以丰富多元的运营活动开拓经营创收新领域,不断激发区级媒体的市场生命力。多数区级融媒体中心与盒马、支付宝、麦当劳通过资源置换方式展开非营利性合作,设置"周边"板块及时发布区内各商业活动资讯,企业提供咖啡券、电影和音乐会赠票、活动抽奖名额作为福利,借助微信公众号抽奖等

---

[1] 袁鸣徽、郑雯、杨莹:《县级融媒体中心"适度商业化"的三重面向》,《辽宁大学学报》(哲学社会科学版)2022 年第 50 期。

方式提供给市民,满足市民的文化消费需求。非营利性的资源置换合作,也成为盘活本地商务服务资源的重要手段。[①]

以市级统一技术平台为核心,以主题内容和成就系统为激励,巧妙地设计活动规则,引导用户分别下载、注册并进入各区的融媒体客户端进行互动,实现用户规模的倍数级放大。针对活动的策划设计、技术开发、宣传推广、运营服务、用户激励、安全保障等方面,在合理预算的基础上,各区分担项目成本,在保证效果的同时降低执行成本,显著提升了活动的性价比。近五年来,各区级融媒体中心客户端通过市级平台开展网络直播 3 572 场,观看人次超过 970 万;开展投票、答题、签到抽奖、征集等各类新媒体线上活动专题 493 场;各区客户端线上商城的总订单突破 6.2 万单,除了销售运营各区的特色文创和扶贫产品之外,还开展积分兑换、答题抽奖等营销活动。各区级融媒体中心通过良好的运营口碑吸引了广泛的社会参与,形成良性发展的循环。

从表 23.1 统计的 2022 年 12 月上海区级融媒体中心各类服务应用排行榜来看,排在前几位的分别是"看电视""用户积分兑换中心""留学生公寓申请""医疗服务"等服务类、商务类应用,它们已成为区级融媒体中心与用户之间互动的桥梁,活动持续时间长,参与门槛低,梯度式的奖励不断引导用户持续参与,进一步强化了用户的使用黏性,提升了客户端的活跃度。

表 23.1　2022 年 12 月上海区级融媒体中心最受欢迎的服务应用

	APP 应用名称	APP 名称
1	看电视	浦东观察
2	用户积分兑换中心	上海黄浦
3	用户积分兑换中心	上海静安
4	用户积分兑换中心	徐汇通
5	留学生公寓申请	上海长宁
6	医疗服务	上海普陀

① 郑雯、万旭琪、施畅:《"螺蛳壳里做道场":城市中心城区融媒体中心深度融合的双重路径》,《新闻与写作》2022 年第 39 期。

	APP 应用名称	APP 名称
7	积分商城	上海虹口
8	智慧健康	上海杨浦
9	炮台湾公园预约	宝山汇
10	体育场馆预约	今日闵行
11	招聘	上海嘉定
12	闲话金山	上海金山
13	茸城圈	上海松江
14	我要答题	上海青浦
15	我的收藏	美谷奉贤
16	积分商城	上海崇明

第二十四章

以"人、品、评"构建部校共建新模式

上海市委宣传部 2020 年开展的一项调研表明,在区级融媒体中心建设过程中,人力不足是普遍存在的问题,但相较于此,全媒体专业素养不足的问题更为关键,主要表现在内容策划和创意能力、新媒体技术和制作能力、新产品运营推广能力不足①,现有人员难以完全满足区级融媒体中心的专业需求。对此,上海各区级融媒体中心在市委宣传部的指导下,积极发挥部校共建带来的人才和智力资源优势,借力推进融媒体中心建设。

上海市在国内最早开展部校共建新闻学院工作,2001 年 12 月,上海市委宣传部与复旦大学签署合作协议,共建复旦大学新闻学院。此后,上海交通大学、同济大学、华东师范大学、上海大学、上海外国语大学分别与市委宣传部开展共建。《上海市关于加强区级融媒体中心建设的实施方案》明确指出,"市委宣传部组织开展共建工作的高校新闻学院师生到区级融媒体中心开展新闻实践、提供智力支持"。在部校共建新闻学院机制的支持下,上海高校与区级融媒体中心共建的"人、品、评"模式逐渐成熟。

一、建立人才培养招培并举的双通道

在市委宣传部的统一部署下,上海各区级融媒体中心充分利用部校共建新闻学院机制的智力优势和人才优势,紧紧依托各高校的综合性学科资源,在

---

① 张克旭、赵士林、邓江:《国家战略的地方路径:区县融媒体中心建设的上海探索——基于上海 8 个区级融媒体中心的实地调研与问卷调查》,《新闻记者》2022 年第 6 期。

大学生实习、人才招聘、专业培训等方面与新闻学院展开充分合作。具体由市委宣传部部校共建新闻学院领导小组办公室（以下简称"部校共建办"）协调各区与市级媒体、部校共建新闻学院加强协作，建立实习、交流、轮岗、培训基地等，就马克思主义新闻观、新闻采编规范和实操能力等开展有针对性的培训工作。近五年来，央媒驻沪机构、上海报业集团、上海广播电视台等新闻单位选派记者编辑前往复旦大学、上海交通大学、同济大学、华东师范大学、上海大学、上海外国语大学等高校新闻传播学院担任授课老师，一是加强新闻采编写作和评论能力的教学实践，二是加强媒体融合舆论引导能力的教学实践，三是加强选题策划和国际传播能力的教学实践。6 所高校新闻学院派出近百人次赴市委宣传部、市委网信办、市级新闻单位和区级融媒体中心挂职锻炼，参与媒体采编管理，丰富一线实际工作经验，以一线实践来提升教学水平。

每年 5 月，市委宣传部新闻处部校共建办向 16 个区级融媒体中心征集暑期实习岗位需求，共同拟定各学院实习人数的计划（年均参与总人数超过100 人），并将有关情况及时汇总同步至共建高校，组织各新闻学院学生开展暑期"四力"实践活动。该活动以习近平总书记关于党的新闻舆论工作重要论述为指导，着力强化"四个意识"，坚持正确舆论导向，在实践中提升新闻传播专业学生的脚力、眼力、脑力和笔力，提升新闻报道和舆论引导的能力。

暑期"四力"实践为期两个月（每年 7 月至 9 月），为了保证活动顺利实施，在部校共建办的统一领导和组织下，各高校新闻学院做好大一、大二本科生及一年级研究生的组织动员工作。各区融媒体中心负责做好实践活动的具体安排，落实指导老师、具体实习岗位，从学习、工作和生活等方面关心大学生，防止出现"空转"现象。东方网、澎湃新闻网开设专栏，刊发各区融媒体中心选送的大学生"四力"实践活动优秀作品（含文字报道、音视频报道、新闻图片等）。

在暑期"四力"实践中，新闻传播专业学生走出课堂，深入小区听民声，奔赴远郊接地气，既写"本报讯"，又拍短视频，深度参与区级融媒体中心所属报纸、广播电视、新闻网站、"两微"一端、出版物等各类平台的内容生产及运营岗位的实习工作，坚定正确政治方向、舆论导向和价值取向，充分了解区级融媒体中心"一次采集、多种生成、全媒传播"的生产流程和传播特点，产出一批优秀的新闻作品。对于区级融媒体中心而言，也培养了自身发展所需的新闻传播后备人才。经过近五年的建设,暑期"四力"实践已经成为部校共建过程中的典型探索,形成了"第一课堂"与"第二课堂"的良性互动,开启了利用社会优质资源助力人才培养、促进高校与区级融媒体中心合作共赢的新模式。

二、打造"一区一品"

上海市各区级融媒体中心的建设基础有较大差异,一些中心城区区域面积小、人口资源集中,但媒体基础较为薄弱,区级融媒体中心发展在平台、功能等方面存在空间限制;一些郊区虽然有媒体基础,但是人口分散、老年人口占比高,又受制于市级媒体的"虹吸效应",难以做大做强。如何在自己的区域中做出特色,提升引导群众、服务群众的能力,是摆在区级融媒体中心面前的一大课题。

为此,上海市各区级融媒体中心与高校新闻学院合作,紧密结合本地实际,发挥合作研究优势,紧贴地方实际开展产品创新、用户调查、市场分析等工作,充分运用互联网思维、智能媒体技术、融合传播手段打造特色活动,在"螺蛳壳里做道场","一区一品"的区融特色逐渐形成,用户的活跃度、黏度不断提升。该部分将以以下5个区举例说明。

浦东新区立足优化机制,加强服务功能,与上海浦融传媒有限公司实行一体化运作。该融媒体中心打造的"浦东观察"APP致力于"观浦东、察天下",每日实时滚动发布浦东重点新闻报道,第一时间传播改革开放前沿声音;按照"应接尽接"原则,加强与"一网通办"联动,逐步提供一站式政务服务和生活服务入口,满足市民群众的多元化需求。

静安区深耕内容建设,精准定位人群。深入挖掘区域品牌资源,包括安义夜巷开街、咖啡文化节、克勒门文化沙龙等区域重大活动和"红色文化"IP等,不断产出优质新闻作品。在客户端的设计中,充分考虑用户特点和需求痛点,针对"两白"(白领青年和白发老人)定制开发周边板块,强调丰富多彩的活动运营和全面便捷的社区服务,发挥静安商务、文旅、体育等优质资源作用,大大增强用户黏性,打造有静安品格和气质的移动融媒体精品。

徐汇区融媒体中心整合线上线下资源,构建综合服务平台。依托区行政服务中心、移动端、门户网站等信息服务终端,打造融媒体综合服务平台,为群众提供"一网办理""一窗办成"的移动端入口。"徐汇通"APP 还立足社区服务,开通便民服务通道,例如,为方便群众更好地实施垃圾分类,引入与支付宝合作的"垃圾分类大件回收"功能服务,群众可通过 APP 预约家电、数码和可再生垃圾免费回收服务。

宝山区强化移动优先,重视用户体验。"宝山汇"APP 开通"看、听、帮、办、我的"五个一级栏目,提供"一网通办"主题式套餐式政务服务。做好数字生活场景应用,推出"四季四城·爱上宝山-汇选攻略"等子应用,以樱花节为契机,借力宝山全区重大活动,提供区内文旅资源、便民服务、赠送预约等服务,为群众、企业、政府搭建"所想即所得"的沟通桥梁,进一步提升宝山宜居、宜游、宜购的城市形象,助力宝山转型发展。

闵行区融媒体中心强化"移动优先、客户端置顶"意识,推动舆论引导和政务服务不断向下延伸与扎根,以"内容好看、信息实用、互动及时、服务贴心"的鲜明特征,讲好闵行故事。围绕虹桥国际开放枢纽、上海南部科创中心、党建引领、经济发展、城市建设、全国文明城区创建、疫情防控等工作,推出《寻访家门口的红色印记》《街镇工业区书记访谈》等一批"价值+美学+技术"的"破圈"作品。

三、加强新闻评阅和评奖制度化建设

在新闻评阅和评奖工作中,上海各区级融媒体中心借力市媒和新闻院校,确保坚持正确的政治方向、舆论导向、价值取向,注重捕捉新闻作品的亮点,发现新闻作品的缺点,提出新闻作品的改点。例如,静安区融媒体中心深化同市级媒体合作,落实新闻阅评制度、新闻业务指导与咨询工作;松江区融媒体中心完善区首席新闻工作推评机制,设立云间新闻奖,开展新闻质量测评等工作机制。

在市级层面,加强新闻评奖制度化建设,市委宣传部分别与市总工会、市科技工作党委等单位沟通,逐步将区级融媒体中心纳入上海新闻奖、上海市五一新闻奖、上海科技新闻奖、"走转改"优秀作品等奖项的评审范围。

有了新闻评阅和评奖的制度化支撑,各区级融媒体中心在增强内力上下功夫,提升采编人员专业素养,提高新闻报道质量,积极组织策划建党百年、疫情防控、全面建成小康社会等系列主题报道，关注新能源、中国制造等时代和发展之问，挖掘群众中的感人故事，记录时代发展的变迁，涌现一批弘扬真善美、创新表达方式、感染力强的精品力作，为做强主流舆论引导格局提供了制度保障。

展望篇

4

经过五年多的建设，上海区级融媒体中心已经初步形成全媒体传播的崭新格局，凝练出具有较显著特色的"上海经验"。但是，随着新一代信息技术及其各类媒体应用的广泛普及和快速迭代，信息传播方式、全媒体传播格局和舆论生态都在不断发生变化，也对区级融媒体中心的建设发展提出了更高的要求。因此，明确上海区级融媒体中心创新发展的主要方向，对于优化媒体结构，提高新闻舆论传播力、引导力、影响力、公信力等具有重要意义。

一、践行人民城市理念，提升融媒体发展质量

上海区级融媒体中心将更加深入地践行"人民城市人民建，人民城市为人民"的重要理念，积极探索创新服务模式，以适应超大城市发展过程中市民多维度的服务需求。在参与城市服务方面，上海区级融媒体中心目前仍存在不同程度的内容同质化、服务单一化、传播效果欠佳等问题。未来，将基于人民城市建设的要求，从诸多维度实现突破。第一，丰富服务内容，上海区级融媒体中心应针对不同群体的需求，提供多样性和个性化的服务内容，除了新闻资讯，还应增加各类教育、医疗、文化等服务内容，满足基层群众多元化的信息需求；第二，创新服务方式，上海区级融媒体中心应积极引入新的技术手段、创新服务方式，通过建立互动平台、开展线上活动、推行智能化服务等手段，增强与基层群众的互动，提高服务质量和效果；第三，加强效果评估与改进，上海区级融媒体中心应定期对服务效果进行评估，了解基层群众对服务的满意度和反馈意见，根据评估结果，及时调整服务内容和方式，持续改进服务质量。

上海区级融媒体中心建设的重要目标是更好地服务上海市民，满足市民追求美好生活的多方面需求。随着我国社会的主要矛盾转化为人民日益增长的美好生活需要和不平衡不充分的发展之间的矛盾，上海区级融媒体中心应更加全面地挖掘、对接市民需求，积极承担市民在政务与公共服务、文化娱乐、城市生活等领域的需求。目前，上海区级融媒体中心仍然存在信息传播功能强大、其他服务功能相对较弱的问题，在发展中将在提升传统优势的同时，也应继续在市民工作、生活、学习、休闲场景中主动发挥作用，由此使上海市基层的政务服务、城市建设、科教文卫等资源与市民生活产生更为直接、深入的联系，使上海区级融媒体中心成为全面服务上海市民的新平台。

上海区级融媒体中心通过丰富服务内容、创新服务方式、加强效果评估与改进等措施,将进一步强化服务功能,满足基层群众的信息需求,实施效果评估对于确保策略的有效性具有重要意义。未来,上海区级融媒体中心将继续关注服务过程中的基层群众需求,从多方面强化对本地化服务的探索与创新。在服务上海市民的过程中,上海区级融媒体中心将进一步优化以上海区级融媒体中心统一技术平台为支撑、各区融媒体客户端 APP 产品全面覆盖的立体化布局。未来,将在此整体框架之下,在明确各个板块定位、职责的基础上,进一步优化工作流程,多方面支持区级融媒体中心的持续发展,使各个区级融媒体中心的管理、运营模式能够适应人民城市建设的动态要求,为上海市民提供更为全面的服务。

二、不断强化"互联网＋治理"双重逻辑的创新路径探索

随着国家治理体系和治理能力现代化的不断推进,上海区级融媒体中心在基层社会治理中的角色和作用日益凸显,需要上海区级融媒体中心更为有效地参与基层社会治理,在推进国家治理现代化的进程中发挥重要作用。上海区级融媒体中心在未来的发展过程中,将基于"互联网＋治理"的双重逻辑探索更多元、更有效的创新运营路径。

基于互联网的逻辑能够使上海区级融媒体中心的发展理念与思路更为高效,便于应用更先进的技术、更灵活的机制来提升运营效率。基于治理逻辑则有助于进一步提升上海区级融媒体中心参与社会治理的能力,发挥舆论监督和引导作用,通过及时报道政策动态、传播权威信息、解读热点事件等途径,有效引导基层舆论,维护社会稳定。上海区级融媒体中心应积极履行社会矛盾调解者的职责,在基层社会治理中发挥自身优势,通过及时报道、解读和调解社会矛盾,促进基层群众的沟通和协商,推动矛盾的解决和问题的改善。同时,上海区级融媒体中心还应加强与政府、社区、法律等专业机构的合作,共同推动基层社会治理水平的提升。未来,上海区级融媒体中心会基于"互联网＋治理"的双重逻辑更好地呼应社会治理的需求和变化,为推进国家治理现代化提供有力的支持。

三、大幅提升运营的智能化水平

智能技术的发展与应用会进一步驱动上海区级融媒的生态建设,智能化运营水平的提升将改变上海区级融媒体中心的运作模式,使其能够更有效地满足公众的信息需求。随着上海区级融媒体中心智能化运营水平的提升,也将对公众的信息获取方式、新闻消费习惯以及媒体自身的发展产生深远的影响。对受众来说,智能化运营将使他们能够更方便、更快捷地获取到自己感兴趣的新闻内容,同时,个性化的新闻推荐也将提高他们的阅读体验。对媒体来说,智能化运营不仅可以提高其运营效率,降低运营成本,还可以增强其对市场变化的敏感性和应对能力,通过优化资源分配,媒体可以更好地满足公众的需求,提高其在竞争中的优势。

上海区级融媒体中心的整体架构目前已经搭建成熟,随着基层媒体深度融合发展进程的推进,也将在现有整体架构的基础上得到优化与更新。在未来上海区级融媒体中心整体发展架构的优化过程中,智能技术的支撑作用将更为突出,各种智能技术的应用也将推动上海区级融媒体中心发展架构、运营策略的优化和升级。上海区级融媒体中心未来将建成为在全国具有标杆属性的全媒体平台,其整体架构在纵向与横向维度均需要得到进一步优化。在纵向维度,上海区级融媒体中心统一技术平台的支撑作用将越发凸显,随着平台智能化、移动化、集成化程度的提升,将为 16 个区级融媒体中心的创新发展提供更大的可能性,而且能够推动平台与区融 APP 的创新联动机制的创新,助力"市—区—社区"形成全方位连接。在横向维度,一方面,每个区级融媒体中心内部的业务板块、团队架构、资源调度、管理考核等会得到个性化的调整与优化,以适应所在区信息传播、多元服务的需要;另一方面,各个区级融媒体中心之间的合作与协同也会更为深入。上海区融的整体发展架构也将体现出更为明显的开放性,不仅能够为更多元的主体提供传播、展示平台,也能够使优质内容在更广阔的范围得到传播,由此能够与各类平台、媒体深度对接,比如,与长三角其他区县融媒体中心的互通,与中央和省级媒体的互动,与抖音、快手等新媒体的互联等。

智能传播时代的到来将赋予上海区级融媒体中心建设诸多新特点,各种先进类型的媒体技术也将在未来区级融媒体中心的多元业务中得到应用。不同技术有其独特的应用逻辑与模式，基于技术应用模式能够更好地适应未来区级融媒体中心的业务形态和发展趋势。

第一，上海区级融媒体中心技术架构的智能化程度将持续提升。上海区级融媒体中心在建设之初便重视先进技术的应用，比如，在上海区级融媒体中心统一技术平台的搭建中充分发挥了云计算、大数据等技术的作用，用以支撑各个区级融媒体中心多元化、立体化的业务类型。随着5G、AI、VR等新技术的发展与应用，上海区级融媒体中心技术架构、运营管理的智能化程度将持续得到提升，内容生产、信息传播、社区服务的方式也将得到智能化改造与升级。

第二，智能化的媒体产品与服务将会不断涌现。不同的数字技术有着各自的呈现形态与方式，能够与各类媒体业务结合形成具体的媒体产品，未来，上海区级融媒体中心将会在新闻、政务、教育、医疗、购物等诸多方面为市民提供服务，智能技术应用将助力通过新的产品与方式满足这些领域的需求，上海区级融媒体中心的媒体产品与服务类型将在这一过程中得到丰富。

第三，积极推动AIGC的应用与发展。随着Chat-GPT的推出，AIGC（人工智能生成内容技术）迅速成为媒体领域的热点，并被认为是能够"颠覆"未来媒体生产的新技术。AIGC的应用与发展，能够为传媒行业带来更为智能、更加高效的生产模式，上海区级融媒体中心统一技术平台正在积极布局AIGC技术在媒体生产运营领域的技术应用，探索和挖掘更多创新工作场景。目前，平台已经推出AIGC体验产品"融小胖"，该产品基于大模型技术在自然语言处理领域的应用，适用于融媒体采编人员辅助采访创作等各类场景，能够助力开启人工智能技术赋能媒体生产的前沿探索。未来，上海区级融媒体中心在运营中将会利用AIGC技术实现多方面的创新。

四、构建多层次、多元化的区级融媒体生态

未来，上海区级融媒体中心之"融"将体现在更为丰富的层面，并逐步构建成熟的上海区级融媒体生态，形成以区融为中心向社区、各个委办局及企事业单位等扩展的区域全媒体体系。通过区级融媒体中心的建设，横向打通更多经济社会发展场景之间的界限，纵向贯通区、街镇、社区的关联，使中心在市民

生活中发挥更为广泛和积极的作用,通过生态融合发展提升区融建设的质量。

未来,区级融媒体中心将进一步"下沉",在街镇层面获得更大规模、更广范围、更高质量的发展。目前,上海市区级融媒体中心已经取得了一定的建设成果,从平台搭建到技术升级、从内容优化到模式创新等均能够为区级融媒体中心进一步"下沉"运营创造条件。积极服务街镇居民的多方面需求也是上海市区级融媒体中心创新发展的重要方向,通过挖掘街镇居民信息与服务需求、创新街镇融媒体赋能方式来优化运营模式,是区级融媒体中心未来发展的重要方向。

街镇融媒体的进一步发展也将驱动上海"市—区—街(镇)—基层"四级联动模式的创新、升级。目前,上海区融已经打通了"市—区—街(镇)"等多个层级之间的信息沟通渠道,为不同层级之间展开更为深入、便捷的互动沟通创造了条件。上海区级融媒体中心未来将更为全面地融入"市—区—街(镇)",通过成熟的基层媒体构架连接各级管理部门与市民,在做好新闻报道、传播等基本职责之外,还能够在基层四级联动过程中发挥新的功能、开发新的业务类型,不仅使上海区级融媒体中心成为新闻宣传的主战场、主战地,还能够在打通城市不同管理层级之间的沟通、提升互动效果方面发挥更为积极的作用。

按照"新闻+政务服务商务"的建设要求,商业在多元化区级融媒生态中还未受到充分重视。为了适应新的媒体市场环境,上海区级融媒体中心也将不断探讨商务运营的尺度和边界,提升商务运营与造血能力,寻找多元化的创收来源和发展模式。上海区级融媒体中心将继续积极探索新的商务运营模式,如数据营销、社交媒体推广、线上电商等,通过拓展多元化的盈利渠道,降低对传统广告盈利模式的依赖。与其他媒体机构、企业和社会组织建立合作关系,共同开发市场资源和商业机会,如与广告商、电商平台等合作,推出多样化的商业合作模式,扩展多元化的盈利模式,由此通过创新经营策略和管理模式提高自身的造血能力和市场竞争力,实现可持续发展和盈利增长。目前,上海区级融媒体中心管理、运营中仍存在一些不足,在一定程度上限制了各个区级融媒体中心在"新闻+商务"领域的探索。在未来的发展中,主管部门、平台、各个区级融媒体中心将从多方面展开探讨与尝试,逐步形成既能够满足规范管理要求、又能够激发区级融媒体中心商务运营活力的有效模式。

五、进一步优化考核机制

目前,在上海市区级融媒体中心的实际运营中,仍存在考核维度单一、过于侧重量化指标等问题,考核机制优化是未来上海区级融媒体发展的重要内容。首先会根据各个区的具体体量和实际情况,建立更科学的考核体系与方法,会对各个区的实际情况做出综合考虑,结合各区的经济、文化、人口等基本情况,以及融媒体中心的基础设施、人员配备、资源情况等因素,制定差异化的考核指标,建立科学的评价标准,并且随着各区的发展和区级融媒体中心的变化,定期调整和优化考核机制,使其更加符合实际情况和发展需求。其次会丰富考核的维度,除了传播力和影响力的考核,还会综合内容质量、原创性、互动性、用户反馈等诸多方面的诉求,注重新闻内容质量和用户体验,而不是仅仅关注发布数量。通过优化考核机制形成不唯流量、分类考核、质量优先等导向,构建更有效、更多元的排行指标,通过考核驱动良性竞争,进一步提升上海区级融媒体中心建设水平。

图书在版编目（CIP）数据

聚合共振 心心向"融"：上海区级融媒体中心建
设发展研究报告：2019—2023/本书编写组编著.
上海：复旦大学出版社，2025.6. -- ISBN 978-7-309
-17883-8

Ⅰ. G219.275.1

中国国家版本馆 CIP 数据核字第 2025EB4916 号

聚合共振 心心向"融"——上海区级融媒体中心建设发展研究报告(2019—2023)
本书编写组 编著
责任编辑/朱 枫

复旦大学出版社有限公司出版发行
上海市国权路 579 号 邮编：200433
网址：fupnet@ fudanpress.com http://www.fudanpress.com
门市零售：86-21-65102580 团体订购：86-21-65104505
出版部电话：86-21-65642845
常熟市华顺印刷有限公司

开本 787 毫米×1092 毫米 1/16 印张 20.25 字数 321 千字
2025 年 6 月第 1 版
2025 年 6 月第 1 版第 1 次印刷

ISBN 978-7-309-17883-8/G·2665
定价：80.00 元